MERIAN *momente*

ROM

EVA-MARIA KALLINGER

Die Reiseführer-App von MERIAN m*omente*, ab Mai 2014 im Apple App Store und bei Google Play.

Zeichenerklärung

- barrierefreie Unterkünfte
- familienfreundlich
- Der ideale Zeitpunkt
- Neu entdeckt
- Faltkarte

Preisklassen

Preise für ein Doppelzimmer mit Frühstück:
€€€€ ab 250 €   €€€ ab 150 €
€€ ab 75 €   € bis 75 €

Preise für ein dreigängiges Menü:
€€€€ ab 60 €   €€€ ab 40 €
€€ ab 20 €   € bis 20 €

ROM ENTDECKEN 4

Mein Rom 6
MERIAN TopTen 10
MERIAN Momente 12
Neu entdeckt 16

ROM ERLEBEN 20

Übernachten 22
Essen und Trinken 26
Grüner reisen 30
Einkaufen 34
Im Fokus – Kompliziertes Verhältnis 38
Kultur und Unterhaltung 42
Feste feiern 46
Mit allen Sinnen 50

ROM ERKUNDEN 54

Einheimische empfehlen 56	Vatikan, Engelsburg und Prati 110
Stadtteile	Im Fokus – Das schönste Wahllokal der Welt 120
Palatin und Kolosseum 58	Nicht zu vergessen! 124
Trastevere und Testaccio 68	**Museen und Galerien** 130
Spanische Treppe 76	Im Fokus – Museo Archeologico Nazionale 142
Bahnhof Monti und Esquilin 84	
Villa Borghese 92	**Spaziergang:** Kirchen, Thermen und Panorama 146
Navona und Pantheon 98	

DAS UMLAND ERKUNDEN 154

Ostia 156
Tivoli 158
Viterbo 160

ROM ERFASSEN 162

Auf einen Blick 164	Service 178
Im Fokus – 3000 Jahre Kunst und Künstler 166	Orts- und Sachregister 187
	Impressum 191
Geschichte 170	Rom gestern & heute 192
Kulinarisches Lexikon 176	

KARTEN UND PLÄNE

Rom Innenstadt ..... Klappe vorne	Bahnhof, Monti und Esquilin ... 86–87
Verkehrslinienplan ..... Klappe hinten	Rund um die Villa Borghese 94–95
Palatin und Kolosseum 60–61	Navona und Pantheon 100–101
Trastevere und Testaccio 70–71	Vatikan, Engelsburg und Prati 112–113
Spanische Treppe und Tridente 78–79	Spaziergang 148–149

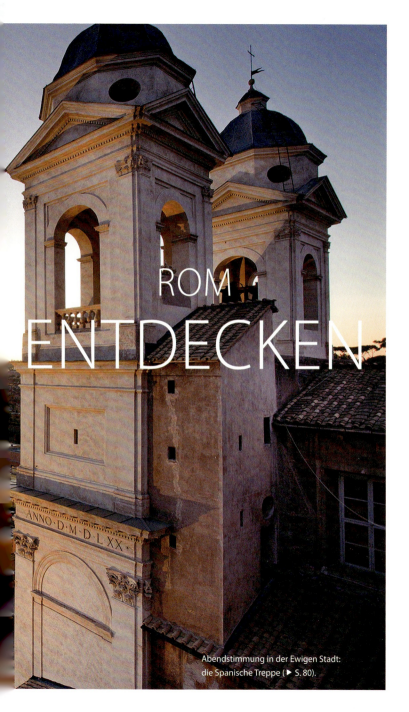

ROM ENTDECKEN

Abendstimmung in der Ewigen Stadt: die Spanische Treppe (▶ S. 80).

MEIN ROM

Rom ist ewig. Ewig schön und ewig eine Reise wert. Bis heute wirkt die Stadt wie ein riesiges Open-Air-Museum. Doch die faszinierenden Kulissen – ob antik, barock oder modern – sind bis zum Rand mit Leben erfüllt.

Alle Wege führen nach Rom. Die Stadt prahlt, prunkt, protzt. Man stolpert über Tempel, Triumphbögen, Säulen und Statuen von Roma Aeterna, Roma Felix, Mirabilia Romae und Roma Restaurata. In den letzten Jahren hat Rom seine schönsten Museen wieder geöffnet, Archäologen buddeln immer neue Reste der gloriosen Grandezza von Jahrtausenden aus. Mein Leben führte mich vor gut 40 Jahren an den Tiber. Tagelang lief ich dieses Open-Air-Museum ab, genoss auch profane barocke Bühnen als Kulisse für den Kaffee und romantische Dörfer mitten in der Weltmetropole wie Trastevere oder Monti mit ihrem In-den-Tag-hinein-leben, wo sich jeder »Ciao, bello« oder besser »Ciao, bella« zuruft, wo sich alle zu kennen scheinen. Es fiel mir leicht, dem Charme dieser Stadt zu verfallen.

◀ Schmökern zwischen Statuen: Pause im Café Canova Tadolini (▶ S. 82).

Diese Fahrt war keine Reise wie jede andere. Rom ist nicht Paris, London, Peking oder New York. Hier zu leben ist ein Stelldichein mit Göttern wie Jupiter und Minerva, die im Pantheon und auf dem Kapitol zu Hause waren und sind. In Rom winkt das Wiedersehen mit Altbekannten aus Lateinbüchern wie Caesar und Cicero und ihren Kollegen, deren Büsten auf Plätzen und in Museen die Anfänge des Abendlandes verkörpern. Und nicht zuletzt gibt die Stadt Einblicke ins frühe Leben und Leiden der Christen. Wie dunkle Geister flogen die bekannten Schreckensgeschichten im Kolosseum oder in den Katakomben auf mich zu. Rom ist ein tägliches Déjà-vu. Als ich nach Rom zog, war die Atmosphäre nördlich der Alpen oft unfreundlich. So genossen wir Ausländer dieses gastfreundliche Land – oft auch unkritisch. Heute finden viele von uns, dass die Menschen in Deutschland oder Österreich oft freundlicher sind als die Römer.
Jedenfalls wollten wir entdecken, warum an deutschen Dichtern und Denkern über Jahrhunderte das Südweh nagte. Was Johann Wolfgang Goethe 1787 beim Blick auf die Stadt zu den Worten bewegte: »Ich zählte einen zweiten Geburtstag – von dem Tage an, da ich Rom betrat.« Mich beeindruckte eine Römerin vor dem Pantheon: »Vor diesem Monument werden meine Sorgen ganz klein.« Rom ist eine Schule für die Archäologie des Wissens und lehrt, die Gegenwart über die Vergangenheit zu verstehen. In Kirchen, wo die Werke der größten Künstler gratis zu besichtigen sind, begegnete ich den Titanen aus dem Kunstunterricht und staunte, wie lebhaft Päpste über Jahrhunderte die Legenden und Tradition des Glaubens für ihre Analphabeten in Bildern erzählen ließen.

SIE BLEIBEN NUR ZWEI TAGE IN ROM?

Gehen Sie also ins Kolosseum und über Palatin und Forum Romanum. Schauen Sie sich den riesigen Petersdom und eine kleine Kirche mit großen Kunstwerken an, San Pietro in Vincoli, Santa Maria del Popolo oder das Multi-Kulti-Gebäude San Clemente, wo die heidnische Mithras-Kultstätte unter der frühchristlichen Basilika und einem mittelalterlichen Gotteshaus liegt. Bewundern Sie die schönen Damen in Marmor und auf Ölbildern in der Galleria Borghese, die erotischer als auf vielen Bildern der Neuzeit verewigt sind. Genießen Sie eine Prise Dolce Vita, Carpe Diem: eine Pause der Entspannung bei einem Cappuccino am Morgen auf der barocken Bühne des großen Bernini, der Piazza Navona, und beim Aperitif am Nachmittag auf der Piazza Santa Maria in Trastevere, jenem Dorf mit seinen verwinkelten Gassen und der größten Restaurant- und Kneipendichte. Gehen Sie aber nicht ins erstbeste Lokal, nur weil es voll ist. In der Innenstadt isst man in vielen Restaurants schlecht.

Faszinierend ist, wie stolz Römer darauf sind, hier geboren zu sein. Sogar die Fans des Rivalen S.S. Lazio applaudieren ausnahmsweise AS-Roma-Kapitän Francesco Totti, wenn er im Dialekt tönt: »So romano e me ne vanto« – »Ich bin Römer und bin stolz darauf.« Stolz laden auch Roms Bürgermeister zum Blick auf das Forum Romanum. Auf dem Balkon der Amtsstube des Stadtvaters liegt ihm und seinen mächtigen Gästen das Herz der antiken Welt zu Füßen: echte Triumphbögen wie der des Septimius Severus, der Lapis Niger, der Schwarze Stein über dem Grab des Romulus, oder die Basilica Julia, die Gerichtshalle, die Caesar kurz vor seiner Ermordung erbauen ließ. Und Mächtige sind ausnahmsweise mal sprachlos.

BRAUCHT ROMA AETERNA AUCH EIN FACELIFTING?

Der neue Bürgermeister Ignazio Marino meint Ja, aber hat Geldsorgen und zum Glück zurzeit einen großzügigen Assistenten. Schuhhersteller Diego della Valle sponserte 25 Millionen Euro für die Renovierung des Kolosseums, mit der im Herbst 2013 nach zähen Verhandlungen begonnen wurde. Der italienische Stararchitekt Renzo Piano verzweifelte zwar fast am Bau des neuen »Auditorium Parco della Musica«, doch nun stehen die futuristischen Konzerthallen für 2700 Besucher, sehen aus wie ein Raumschiff – und auch der Klang ist beinahe überirdisch. Sein Kollege Massimiliano Fuksas hadert noch am Bau des 1998 beschlossenen neuen Kongresszentrums mit der »Nuvola« (Wolke), einer schimmernden, mit Säulen am Boden verankerten, 3500 Quadratmeter großen Blase. 2015 soll alles fertig werden. Römische Zeiten. Eine Ewigkeit eben.

DIE SCHATTENSEITEN DER GRANDEZZA

Ignazio Marino, ehemals Transplantationschirurg, ist seit 2013 Bürgermeister Roms und verspricht den dringend nötigen Kampf gegen Umweltverschmutzung, denn das öffentliche Verkehrsnetz ist ungenügend und unter der Erde dürftiger als das der Katakomben. Brachliegende Projekte wie der Bau eines Aquariums unter dem Laghetto, dem kleinen See des modernen Stadtviertels EUR, will er beschleunigen und als Radfahrer, der auf dem Drahtesel ins Büro am Kapitol fährt, natürlich neue Radwege bauen. Marinos Vorgänger Gianni Alemanno vom Mitte-Rechts-Bündnis des Silvio Berlusconi hinterließ wenig Konkretes. Dafür ein Heer von Freunden und Verwandten in der Verwaltung. Rom ist eine Großindustrie, ein aufgeblähter Apparat mit 25 000 Arbeitnehmern alleine in der Gemeinde und weiteren 37 000 in den kommunalen Unternehmen, die Rom kontrolliert. Und Vetternwirtschaft gehört nun mal zu Rom wie der »espresso«.

Erschütternd sind die Zustände in den Vorstadtvierteln mit ihren kaputten Häuserfassaden, oft ohne Grünflächen und Kultureinrichtungen, weil das Zentrum nach dem Zweiten Weltkrieg in einen hässlichen Gürtel von meist illegal hochgezogenen Trabantenstädten geschnürt worden war. Doch die zähe alte Signora überlebte viele Bauskandale. Und Diskussionen, ob etwa faschistische Denkmäler abgerissen werden sollten, enden immer mit dem Fazit »alla romana«: Lasst sie stehen, schließlich sind sie Teil der Geschichte. Und die ist manchmal hässlich.

ALLTAG MIT DEM VIKAR CHRISTI

Römer zu sein heißt, ein offenes Herz zu haben – nicht zuletzt weil es Tourismus und Prestige guttut. Immer wieder versorgt die Stadt Riesenheere von Pilgern aus aller Welt, zuletzt 2013 beim Rücktritt von Papst Benedikt XVI. und Amtsbeginn des Argentiniers Jorge Mario Bergoglio als Papst Franziskus. Die weltliche Stadt profitiert durchaus vom Stellvertreter Christi. Denn was wäre Rom ohne den Petersplatz, ohne das Gotteshaus über dem Grab des Apostel Petrus, ohne den nie endenden Kulturmarathon durch die Vatikanischen Museen? Und Römer brauchen ja auch einen »Santo in Paradiso«, einen »Heiligen im Paradies«. Gemeint ist ein Fürsprecher auf Erden: ein Dottore, ein Politiker oder sein »portiere«, der Pförtner, die als Vermittler dienen für den Job oder das Krankenbett. Ansonsten hilft den Römern und auch den elf Millionen Besuchern jährlich, wenn gerade mal wieder die Busfahrer oder Museumswärter streiken, nur Engelsgeduld.

DIE AUTORIN

Eva-Maria Kallinger, geboren in Österreich, lebt seit 1972 in Rom. Als Italien-Korrespondentin für das Magazin »Focus« schreibt sie über italienische Politik, Kultur und Gesellschaft sowie über den Vatikan. Im Jahr 2008 erhielt sie für ihr Bemühen um die italienisch-deutschen Beziehungen den internationalen Journalistenpreis »Cinque Stelle al Giornalismo«.

MERIAN TopTen

Diese Höhepunkte sollten Sie sich bei Ihrem Besuch auf keinen Fall entgehen lassen: Ob das Kolosseum, die Piazza Navona oder die Sixtinische Kapelle – MERIAN präsentiert Ihnen hier die wichtigsten Sehenswürdigkeiten Roms.

1 Colosseo
Schaurige Geschichten überliefern Roms Dichter über die Gladiatoren-Spiele vor 2000 Jahren in diesem grandiosen Amphitheater (▶ S. 61).

2 Forum Romanum
Die Ruinen der Herren aus dem Lateinbuch zeugen vom politischen und geschäftigen Rom. Darüber liegt Roms Gründungsort, der Palatin (▶ S. 62).

3 Gianicolo
Die ganze Skyline von Rom mit ihren prächtigen Palästen, Kuppeln und Kirchtürmen liegt dem Spaziergänger hier zu Füßen (▶ S. 72).

4 Via Condotti
Wo einst Goethe schlenderte, residieren heute in Roms Nobelstraße große Modefürsten (▶ S. 76).

5 Fontana di Trevi (Trevi-Brunnen)
Nur einmal gratis: Wer wiederkommen will, muss eine Münze in den Brunnen werfen (▶ S. 78).

6 Scalinata della Trinità dei Monti (Spanische Treppe)
Hinaus geht es zur Kirche der Heiligen Dreifaltigkeit und hinunter zum Schaufensterparadies. Auf der Treppe wird geflirtet (▶ S. 80).

⭐ Pantheon
Eine himmlische Kuppel mit Blick zum Himmel. Die Rotunde, der am besten erhaltene antike Tempel der Heiden, ist heute eine Marienkirche (▶ S. 102).

⭐ Piazza Navona
Die barocke Bühne mit dem Vier-Ströme-Brunnen von Gian Lorenzo Bernini bietet die schönste Kulisse für einen Cappuccino (▶ S. 104).

⭐ San Pietro in Vaticano (Petersdom)
Das berühmteste Gotteshaus der Christen im kleinsten Staat der Welt. Hier zelebriert Papst Franziskus Hochämter und jeden Sonntag vom Päpstlichen Palast daneben das Angelus-Gebet (▶ S. 116).

⭐ Cappella Sistina (Sixtinische Kapelle)
Schöpfungsgeschichte und Sintflut von Michelangelo in den Vatikanischen Museen. Hier wählen die Kardinäle der Welt auch den neuen Papst (▶ S. 120).

MERIAN Momente
Das kleine Glück auf Reisen

Oft sind es die kleinen Momente auf einer Reise, die am stärksten in Erinnerung bleiben – Momente, in denen Sie die leisen, feinen Seiten der Stadt kennenlernen. Hier präsentieren wir Ihnen Tipps für kleine Auszeiten und neue Einblicke.

1 Blick vom Caput Mundi D7

Es ist ein gewaltiges Panorama, das sich von hier oben bis hinüber zum Gründungshügel Roms, dem Palatin, und zum antiken Amphitheater, dem Kolosseum, auftut. Hinter dem Rathaus haben Sie eine fast so schöne Aussicht auf die Triumphbögen und die Heilige Straße im Forum Romanum wie den Blick, den die Bürgermeister der Stadt von ihrem Balkon aus stolz Besuchern aus aller Welt präsentieren.
Via di San Pietro in Carcere | Tram/Bus: Venezia

2 Schmökern am Palatin D8

In den Ruinen auf dem Palatin laden schattige Bänke zum Lesen ein. Ein Vergnügen ist hier die Lektüre über den Alltag der Antike, etwa von Jérôme Carcopino. Vor dem inneren Auge sieht man die Alten in Tunika über den Hügel spazieren und kann sich das Treiben im darunterliegenden Forum Romanum lebhaft vorstellen. Schön für Kinder ist die Comic-Erzählung »Eine Reise in die Vergangenheit und die Zukunft mit der Katze Cicero.«
Palatin | Metro: Colosseo

3 Spaziergang auf dem Gianicolo　B 7/8

Von den hochherrschaftlichen Hallen im Vatikan zum volkstümlichen Viertel Trastevere, wo viele Restaurants für das Abendbrot liegen, spazieren Sie am besten in der Abenddämmerung. Dann liegt die römische Skyline mit ihren Kuppeln, Kirchtürmen und Dachterrassen in einem besonders verführerischen Licht. Im Sommer ist von Juni bis Ende September hier die offene Salon-Bar Gianicolo 150 bis spät am Abend In-Treff – auf dem höchsten Punkt neben der Reiterstatue des Einheitshelden Garibaldi, mit bequemen Stühlen und erfrischenden Cocktails.
Trastevere | Passeggiata di Gianicolo | Bus: Villa Corsini

4 Dolce Vita auf der Piazza　C 8

Jeder Römer hat seine Piazza. Mein Lieblingsplatz ist die Piazza Santa Maria in Trastevere, vielleicht weil ich sehr nah wohne. Der Kiosk hat deutsche, österreichische und Schweizer Zeitungen und beim Cappuccino, Campari oder auch beim guten Eis in der Bar gegenüber der Kirche ist auch der Blick auf die Mosaike ein Genuss.

Nachmittags und abends singen, spielen und tanzen oft mehr oder weniger gute Straßenkünstler auf der Piazza.
Trastevere | Piazza Santa Maria in Trastevere | Tram/Bus: Belli

5 Durst stillen am Brunnen

In wenigen Städten der Welt gibt es so gutes Leitungswasser wie in Rom. Es schmeckt besser als viele überteuerte Getränke an den kleinen Kiosken auf Rädern, wo ein kleines Fläschchen Wasser oft drei Euro kostet. Die Trinkfontänen, in Rom »Nasen« genannt, stehen an vielen Ecken im Stadtzentrum. Finger auf den Hahn unten und die Erfrischung sprudelt oben heraus.

6 Michelangelo und Bernini ohne Eintrittskarte

Römische Museen bieten unzählige Kunstschätze. In Kirchen bewundern wir Statuen von Michelangelo oder vom Barockgenie Bernini und Bilder von Raffael oder Caravaggio ohne Eintrittskarte. Im Sommer spenden die Gotteshäuser auch kühle Momente. Setzen Sie sich also zwischendurch einfach mal eine Viertelstunde auf eine Kirchenbank und lassen diese großartigen Kunstwerke auf sich wirken.

14 | ROM ENTDECKEN

7 Rudern im Park　　　D 4

Die Villa Borghese ist der Lustgarten der Römer zum Spazierengehen, Joggen und Ausruhen. Hier kann man Räder ausleihen, Rikscha fahren oder auf dem See rudern, im Parkcafé die Ruhe genießen oder die »vita romana« der Familien beobachten. Kinder schließen beim gemeinsamen Spiel auch schnell Freundschaften. Und manche Multi-Kulti-Liebe entsteht, wenn sich Jugendliche einfach auf den Rasen setzen und dabei ins Gespräch kommen.
Flaminio | Villa Borghese | Metro/Tram/Bus: Flaminio

8 Absacker auf der Piazza Farnese　　　L 7

Die Piazza Navona ist zu voll und der Campo de' Fiori zu chaotisch, weil Jugendliche aus ganz Rom am Abend hierher pilgern? Dann ist die Camponeschi Wine Bar auf der eleganten Piazza Farnese mit dem Renaissancepalast und den großen alten Wannen aus den Thermen ein besonders schöner Ort fürs gemütliche letzte Gläschen vor dem Schlafengehen. Einfach dasitzen und in die Nacht hineinträumen.
Centro Storico, Piazza Farnese 50 | Bus: Piazza Farnese | Mo–Sa 18–23.30 Uhr

9 Ruhepause im Chiostro del Bramante　　　C 6

Die Füße sind müde. Ich brauche eine Couch. Im alten Renaissance-Kreuzgang von Donato Bramante unweit der Piazza Navona gibt es Lehnstühle und das ersehnte bequeme Sofa. Dazu Kaffee und kleine Speisen sowie einen herrlichen Blick durchs Fenster in die Renaissance-Kirche Santa Maria della Pace mit Raffaels Fresken der Sybillen, Cumaea, Persica, Phrygia und Tiburtina in der Capella Chigi, denn die kleine Kirche mit ihrer schönen Barockfassade ist nur selten geöffnet (Mo, Mi, Sa 9–11.30 Uhr).
Centro Storico | Via dell'Arco della Pace 5 | Bus: Zanardelli | www.chiostrodelbramante.it | tgl. 10–20 Uhr

10 Handwerkern auf die Finger schauen　　　B 7

Beim Spaziergang durch die schönste Straße Roms, die Via Giulia, sollten Sie auch einen Abstecher in die Neben- und Parallelstraßen mit zahlreichen Läden von Handwerkern einplanen. Die Handwerksbetriebe in der Innenstadt werden zwar immer weniger, weil die Ladenbesitzer lieber teurer an Bars vermieten. Aber in der Via dei Banchi

MERIAN Momente | 15

Vecchi beispielsweise lässt sich Pietro Simoncelli gerne über die Schultern schauen, wenn er alte Statuen oder Tierfiguren in Gips neu belebt.
Centro Storico | Via Giulia | Bus: Lungotevere Tebaldi-Perasi

11 Blick auf den kleinsten Staat der Welt A 6

Rechts von der Petersbasilika führt zuerst ein bequemer Lift nach oben. Dann müssen Sie aber mehr als 300 Treppenstufen durch die enge doppelschalige Kuppel überwinden. Doch der Blick von oben auf den ganzen Vatikanstaat mit seinen grünen Gärten und alten Palästen ist die Mühe wert. Vielleicht sehen Sie ja auch ein weißes Pünktchen, wenn gerade der Papst spazieren geht.

12 Konzerte in der Engelsburg B 6

Die dicken Mauern der ursprünglich als Mausoleum erbauten Festung wirken mit der abendlichen Beleuchtung noch mächtiger, die erleuchtete Kuppel vom Petersdom scheint zum Greifen nah und vor diesem beeindruckenden Bühnenbild organisiert die Stadt im Juli und August beinahe täglich kleine klassische Konzerte, Liederabende und Jazzmusik. Wenn Sie im Sommer da sind, nicht entgehen lassen!
Castel Sant'Angelo, Engelsburg, Lungotevere Castello 50 | Bus: Crescenzio | www.nottiacastelsantangelo.it

13 Am Abend in die Vatikanischen Museen A 6

Unter dem Titel »Il Bello da Sentire« – was in etwa »Das Schöne fürs Ohr« bedeutet – können Sie im Mai, Juni, Juli, September und Oktober jeweils von 19 bis 23 Uhr die Vatikanischen Museen besuchen und dabei auch einem einstündigen Konzert von Studenten des Turiner Konservatoriums beiwohnen. Ein wunderbarer Serenaden-Genuss! Die Eintrittskarten für die Museen (16 €) ohne Aufpreis für die musikalische Einlage müssen allerdings vorab online gebucht werden (mv.vatican.va).
Vatikan | Viale Vaticano | Metro/Tram: Ottaviano

NEU ENTDECKT
Worüber man spricht

Rom befindet sich stetig im Wandel: Sehenswürdigkeiten werden eingeweiht, neue Museen entstehen, Restaurants und Geschäfte eröffnen und ganze Stadtviertel erlangen neue Attraktivität, die Stadt verändert ihr Gesicht. Hier erfahren Sie alles über die jüngsten Entwicklungen – damit Sie keinen dieser aktuell angesagten Orte verpassen.

◄ Erstklassiges Fleisch, aber auch Salate und Pasta serviert das Bistro Ginger (▶ S.18).

SEHENSWERTES

Caracalla-Thermen (Terme di Caracalla) 🔖 E9

Zehn Tonnen Brennholz wurden zu Zeiten der Römer täglich für die Warmwasserbäder verbrannt, in den unterirdischen Gängen konnten bis zu 2000 Tonnen Holz gelagert werden. Die Räume für die raffinierte Technik und die Korridore, wo das Holz mit Karren angeliefert wurde, können seit 2012 mit Voranmeldung beim Besuch der alten Thermen besichtigt werden.

Via delle Terme di Caracalla 52 | Tel. 06/39 96 77 00 | Metro: Circo Massimo | Reservierung unter www.coopculture.it/ticket.cfm | Eintritt 7 € + 1,50 € Reservierung

Unter dem Kolosseum (Colosseo) 🔖 E8

Neuerdings kann man auch die unterirdischen Gänge und Kammern des Kolosseums besichtigen. Dort bereiteten sich die Gladiatoren auf ihren Einsatz vor, waren die wilden Tiere in den Käfigen eingepfercht, bevor sie mit einem Aufzug zum Spektakel nach oben gebracht wurden. Besonders beeindruckend ist die zweistündige Tour abends in den Sommermonaten von 20.20 bis 22.15 Uhr.

Piazza del Colosseo | Metro: Colosseo, Bus: Piazza del Colosseo | Reservierung unter Tel. 06/39 96 77 00 oder www.coopculture.it/ticket.cfm

MACRO Future 🔖 C 9/10

Dieses neue Museum, Dependance des bekannteren MACRO 1, zeigt gute Ausstellungen und zeitgenössische Installationen. Im alten Schlachthof Mattatoio wurden Ställe zu zwei attraktiven Museumspavillons umgebaut. Besonders lebhaft ist das Areal sonntags, wenn Biobauern aus der Umgebung Roms Gemüse, Obst und Schinken verkaufen, und bis zum späten Abend – wegen der teils ungewöhnlichen Öffnungszeiten (16 bis 24 Uhr).

Piazza Orazio Giustiniani 4 | Bus: Franklin oder Zabaglia | www.macro.roma.museum | Öffnungszeit je nach Ausstellung | €

Palazzo Valentini 🔖 D7

Hier lebt das alte Rom. Unter diesem Palast, seit 1873 Sitz der Provinz Rom, fanden Archäologen die Reste eines Hauses aus der Kaiserzeit und nun steht Antike mit Mediashow auf dem Programm. Hier unternehmen Sie einen virtuellen Gang durch das alte Rom. Die Magie alter Fresken, die Säulen, die bunten marmornen Böden werden mit raffinierter Lichttechnik anschaulich rekonstruiert.

Via IV Novembre 119 A | Tram/Bus: Piazza Venezia | www.palazzovalentini.it | Mi–Mo 9.30–17.30 Uhr | Eintritt 10 €, erm. 8 €, 1,50 € Vorbestellung

ESSEN UND TRINKEN

Boulangerie MP 🚇 C7
Matteo Piras und seine koreanische Frau benutzen in ihrer Bäckerei nur Bio-Mehl. Es gibt zum Beispiel wunderbare Pizza zum Schnellimbiss, feine Kekse und »crostata«, die Mürbteigtorte mit Bio-Marmelade.
Corso del Rinascimento 34 | Bus: Corso Vittorio-Sant'Andrea della Valle | tgl. 8.30–22 Uhr | €

Ginger 🚇 D6
»Sapori e salute« (Geschmack und Gesundheit) ist der Untertitel dieses originellen Bistros, das seit 2012 der Ort für ein leichtes Mittagsmahl in einer der feinsten Einkaufsstraßen Roms ist. Sojamilch- und Frucht-Shakes in vielen Varianten, Salate, Pasta, erste Qualität bei Fleisch. Besonders lecker: die mit Ricotta und Bottarga (Meeresfischrogen) gefüllten Zucchini-Blüten. Man sitzt etwas eng und in der Mittagspause von 13 bis 15 Uhr wartet man zuweilen sehr lange auf das Essen.
Via Borgognona 43/44 | Bus: Largo Goldoni | Tel. 06/96 03 63 90 | www.ginger.roma.it | tgl. 10–24 Uhr | € €

Officina Biologica 🚇 B6
Regisseur Claudio Pappalardo lebte lange in Deutschland und öffnete 2012 diese »Officina« (Werkstatt) in einem Liberty-Palast, wo früher ein Bildhauer arbeitete. Das Ambiente ist bunt und lässig. Ein besonderes Auge hat Claudio auf die Zutaten: Vom Mehl für die Pizza bis zu Steak oder Tartar ist alles bio, Käse, Obst, Gemüse kommen zudem nur von kleinen Produzenten aus der Umgebung. Am Abend gibt es auch feste Menüs für 40 bzw. 60 Euro.
Via Borgo Angelico 30 | Tram/Bus: Risorgimento-San Pietro | Tel. 06/6 83 38 97 | www.officinabiologica.it | Di–So 18–2 Uhr, Mo geschl. | €

EINKAUFEN

Armani 🚇 D6
Armani in der Via Condotti hat auf drei Etagen über zwei Palazzi vergrößert und zur Einweihung 2013 kam auch Sophia Loren. Seither gibt es hier den Chic von »Re Giorgio« (König Giorgio) auf 700 Quadratmetern für die modebewusste Dame und ihren Gatten. Emporio Armani mit Mode für die Jüngeren liegt in der Via del Babuino 140, Armani Jeans in derselben Straße, Nr. 70.
Via Condotti 77 | Metro/Bus: Spanga | www.armani.com | Mo–Sa 10–19.30 Uhr

FrankLo 🚇 C6
»Schmück deine Augen« ist das Motto von Massimiliano Savo, seine Brillen im 2012 eröffneten »Optical Store« sind echte Hingucker. Savo hat spektakulär schöne Modelle von 200 bis 20 000 Euro. Wer an einem Retro-Modell von Oma oder Opa zu Hause hängt, dem reproduziert Signor Savo das Modell und schickt die Brille dann nach.
Via del Leone 8 | Bus: Largo Goldoni | www.franklo.it | Mo 15.30–20, Di–Sa 10–20 Uhr

Marta Ray 🚇 C8
Marta Ray entwirft weiche Kalbsledertaschen in vielen Farben und verkauft sie seit 2013 in ihrer Boutique in Trastevere. Das kleine Geschäft hat auch flache bequeme Ballerinas und Sandalen von Frau Ray und Schals von anderen Designerinnen.

Via del Moro 6 | Tram/Bus: Belli | Mo–So 11–21, Sa bis 23 Uhr

Piazza Italia 🚩 C5
Ein 900 qm großer neuer Megastore ist seit September 2013 das Dorado für kauflustige Touristen und modebewusste Römerinnen, die in der Innenstadt ein Bekleidungsstück für sich, ihren Gatten oder ihr Kind suchen. In der Ecke namens »capi da maltrattare« (Kleidung zum Schlecht-behandeln) findet man auch hübsche Teile zu günstigen Preisen.
Via del Corso 486/487 | Bus: Corso-San Giacomo | tgl. 10–20 Uhr

Re(f)use 🚩 C6
Die Fendi-Tochter Ilaria Venturini Fendi bietet in ihrer Boutique Taschen und Accessoires aus recyceltem Material und präsentiert diese recht schick und bunt. In ihrem Sozialprojekt »Carmina Campus« in Kenia lernen unter dem Motto »no charity, just work« junge Frauen die Handwerkskunst, schöne Taschen oder Schmuck aus Altmaterial zu kreieren. Deren originelle Modelle verkauft Ilaria Venturini Fendi hier in Rom.
Via Fontanella Borghese 40 | Bus: Largo Goldoni | Mo 15–19, Di–Sa 10–19 Uhr | www.carminacampus.com

AKTIVITÄTEN

Ecovia 🚩 E7
»Das Fahrrad für die sieben Hügel«, lautet die Werbung einer Firma für Elektrofahrräder, die man neuerdings auch ausleihen kann – für eine bequeme Tour über den Gianicolo, von der Piazza del Popolo hoch zur Villa Borghese oder mit Navigationssystem auch weiter (▶ S. 67).
Vicolo del Buon Consiglio 34 | Metro: Colosseo, Cavour | Tel. 06/45 50 89 23 | www.ecovia.it | 4 Std. 15 €, 1 Tag 20 €

🚩 Weitere Neuentdeckungen sind durch dieses Symbol gekennzeichnet.

In einem ehemaligen Schlachthof präsentiert heute das Museum MACRO Future (▶ S. 17) zeitgenössische Kunst. Die Grenzen zur römischen Realität sind oft fließend.

ROM ERLEBEN

»Dolce far niente« ist das Motto in dieser Open-Air-Lounge am Tiberufer.

ÜBERNACHTEN

Das müde Haupt in Rom zu betten hat seinen Preis – je zentraler, desto teurer. Dafür reicht die Auswahl vom charmanten Bed & Breakfast bis zur Luxusherberge, vom Barock-Palazzo bis zum Avantgarde-Hotel. Günstiger geht's im Kloster oder privat.

Viele träumen von Rom. Das weiß die alte Dame und lässt sich dafür saftig entlohnen. Zur Freude der Hoteliers, die für eine gute Lage im Zentrum oder auch nur ein Fenster mit Kuppelblick Spitzenpreise kassieren. Ob im antiken Palazzo oder im modernen Designhotel – es gibt keinen Zweifel, dass eine Unterkunft mit Terrasse über den Dächern Roms einfach schöner ist. Die Preise für diesen Charme variieren: Die meisten Hotels haben hervorragende Last-Minute-Angebote – auch wegen der großen Konkurrenz von privaten Vermietern. So können Rom-Besucher in schönen Häusern oft zu Schnäppchenpreisen, die manchmal von Stunde zu Stunde variieren, traumhaft residieren.
Wohnen in der Innenstadt, vielleicht sogar neben dem Pantheon oder rund um die Piazza Navona, ist besonders begehrt und auch zu empfehlen: So können Sie nach langem Laufen durch Museen und Boutiquen

◄ Bei den Schwestern von San Giuseppe
di Cluny können Pilger übernachten.

eine Pause einlegen, und am Abend liegt die Bar, die Vinothek, der Spaziergang vor der Tür. Natürlich sind Hotels billiger, wenn sie etwas außerhalb liegen. Wer sich vom Verkehr und der rauen Stimmung rund um die Stazione Termini nicht abschrecken lässt, findet auch rund um den noch relativ zentral gelegenen Hauptbahnhof vergleichsweise günstige Unterkünfte. Für Frauen ohne Männerbegleitung ist die Gegend nicht zu empfehlen. Die Bahnhofsgegend ist allerdings am besten durch Busse und U-Bahnen mit dem Rest der Stadt vernetzt.

CHARMANT IN TRASTEVERE – PREISWERTER IM KLOSTER

In Trastevere, dem Viertel neben dem Vatikan, steigen gern Reisende mit Sympathien für das römische Alltagsleben ab. Das Viertel ist verkehrsmäßig gut angebunden, Stadtzentrum und Vatikan liegen in Fußnähe und die Preise sind geringer als in der Innenstadt um die Piazza Navona. Auch Prati bietet viele Herbergen, gute Restaurants und Lokale für den Abend, ist als bürgerliches Viertel aber ruhiger. Übernachtungen im Kloster mit mitternächtlicher Sperrstunde schonen den Geldbeutel. Das deutsche Pilgerzentrum in der Via del Banco di Santo Spirito 56 führt auf seiner Webseite (www.pilgerzentrum.de) unter »Informationen« eine Liste religiöser Häuser. Das Angebot an »Bed & Breakfast« ist ebenfalls enorm. Viele zentral gelegene »B & B«-Zimmer findet man unter www.bed-and-breakfast.it. The Beehive, das günstige, aber schmucke Hostel einer Amerikanerin mit Doppel- und Mehrbettzimmern, vermittelt auch private Zimmer und Wohnungen (www.the-beehive.com). Günstige Hotels, Zimmer mit Frühstück und Apartments findet man auch bei www.venere.com.

SPAREN DURCH GUTE PLANUNG

Teuerste Reisezeit sind die Monate April bis Oktober, mit Ausnahme des Ferienmonats August. Sie haben die Wahl, ob Sie lange im Voraus buchen – meist mit Preisnachlass – oder auf Last-Minute-Angebote setzen. Der Tourismus am Tiber ist allerdings erheblich und Herbergen mit gutem Preis-Leistungs-Verhältnis sind oft monatelang vorab ausgebucht. Seit 2011 kassiert Rom eine Fremdenverkehrssteuer: zwei Euro pro Nacht bei Bed & Breakfast, Pensionen und Hotels bis zu drei Sternen, drei Euro in höheren Preiskategorien.

BESONDERE EMPFEHLUNGEN
Best Bed & Breakfast

Mittendrin – Sehr zentral liegt dieses Bed and Breakfast Pantheon unweit der Piazza Navona mit fünf hellen, freundlichen und modernen Zimmern. Auch die Häuser Sistine und Vatican von Francesca und Rodolfo liegen in guter Lage im Viertel Prati. In manchen Zimmern steht ein Computer.
– B&B Pantheon: Centro Storico | Corso Vittorio Emanuele 21 | Bus, Tram: Venezia | 4 Zimmer
– B&B Vatican: Prati | Via degli Scipioni 135 | Metro A: Ottaviano–San Pietro | 4 Zimmer
– B&B Sistine: Via Duilio 6 | Metro A: Ottaviano–San Pietro | 3 Zimmer
Tel. für alle: 3 35/8 71 48 40 | www.bestbb.it | €€–€€€

Campo de' Fiori   C7
Zimmer mit Aussicht – Fragen Sie nach den Zimmern ganz oben. Nummer 601 hat einen kleinen Balkon mit Blick auf die St.-Peters-Kuppel von Michelangelo, vom Balkon 602 ist die Kuppel von Sant'Andrea zum Greifen nah, und die beiden Dachterrassen bieten allen Gästen einen Blick auf die Skyline Roms. Das Hotel wurde 2007 renoviert. Die Zimmer sind eher klein, aber lauschig und elegant. Der Service ist freundlich, bei Kartenbestellungen oder Online-Buchung von Museen behilflich und organisiert Privatführer für Rom – auch in Deutsch. In der Nähe bietet das Hotel auch Privatwohnungen zur Kurzmiete an.
Centro Storico | Via del Biscione 6 | Bus: Corso Vittorio-Sant'Andrea della Valle |Tel. 06/68 80 68 65 | www.hotelcampodefiori.com | 23 Zimmer | €€€€

Donna Camilla Savelli   B8
Herrschaftlich – Hier nächtigen Sie in einem Barockpalazzo des großen Architekten Borromini. Das alte Kloster mit Borrominis geschwungener Fassade aus dem 17. Jh. liegt in Fußnähe von Vatikan, Piazza Navona und Pantheon am Ausläufer des Gianicolo. Manche Zimmer haben eine Terrasse mit schönem Blick, die Luxus-Zimmer und der romantische Innenhof garantieren einen Traumaufenthalt in Rom.
Trastevere | Via Garibaldi 27 | Bus: Mameli | Tel. 06/58 88 61 | www.hoteldonnacamillasavelli.com | 87 Zimmer und Suiten | €€€

Isa Design Hotel   C5
Modern mit Stil – Obwohl das neu renovierte Boutiquehotel vier Sterne hat und relativ fürstlich eingerichtet ist, fand ich hier im Oktober 2013 ein schönes Doppelzimmer für Freunde zum Superpreis von 95 Euro. Das Hotel ist nicht weit vom Vatikan entfernt und hat eine Terrasse, wo man beim Frühstück die Kuppel des Peterdoms schon vor dem Besuch dort bewundern kann.
Prati | Via Cicerone 39 | Metro A: Lepanto | Tel. 06/3 21 26 10 | www.hotelisa.net | 40 Zimmer | €€–€€€

Ripa Hotel   C9
Avantgardistisch – Dieses Refugium schuf das Architektenduo Riccardo Roselli und Jeremy King. Das minimalistische Interieur mit extravaganten Möbeln ist vorwiegend in Weiß und Grau gehalten. Als Kontrast dazu leuchten Polster, Stühle, Teppiche in knalligem Rot oder Grün. Ein Babysitter wird gerne organisiert und auch auf Fitness mit persönlichem Trainer

brauchen Sie hier nicht zu verzichten. Extrem gutes Preis-Leistungs-Verhältnis und gute Busanbindung.
Trastevere | Via degli Orti di Trastevere 3 | Bus, Tram: Trastevere-Bernardino da Feltre | Tel. 06/5 86 11 | www.worldhotelriparoma.com/it | 197 Zimmer | €€–€€€

Villa Laetitia Residence C 4
Charmant – Jedes Mini-Apartment in dieser perfekt renovierten Jugendstilvilla aus dem Jahr 1911 hat eine Kochnische und eine kleine Terrasse oder ein mit Zitronenbäumen geschmücktes ruhiges Plätzchen im Garten. Zeitgenössische Kunst, antike Möbel und die gestreiften Fendi-Stoffe sind mit Geschmack kombiniert, und wer mal ein Laptop braucht, kann sich das Gerät an der Rezeption leihen.

Prati | Lungotevere delle Armi 22–23 | Metro A: Lepanto | Tel. 06/3 22 67 76 | www.villalaetitia.com | 15 Zimmer | €€€

Wollen Sie's wagen?

Sie wollen länger in Roma bleiben und dies ohne Kosten für die Übernachtung? Ein Wohnungstausch macht's möglich. Auf www.homeforexchange.com finden Sie attraktive Apartments auf Zeit – und deren Eigentümer ziehen währenddessen in Ihr Heim nördlich der Alpen.

Preise für ein Doppelzimmer mit Frühstück:

| €€€€ | ab 250 € | €€€ | ab 150 € |
| €€ | ab 75 € | € | bis 75 € |

Schlichte Eleganz erwartet die Gäste im Designhotel Ripa (▶ S. 24). Die offenen Bäder und luftige Vorhänge sorgen für ein großzügiges Raumgefühl.

ESSEN UND TRINKEN

*Selbst das Schlemmen ist in Rom eine uralte Geschichte.
Marcus Gavius Apicius schrieb bereits vor 2000 Jahren
138 Rezepte für Saucen auf, und die Vielfalt der »cucina romana«
ist bis heute immens. Doch Qualität muss man suchen.*

Essen gehen in Rom ist teuer, aber Qualität Mangelware. Die Mammas, die früher in den Trattorie kochten, sind leider in Rente und viele der alten Gasthäuser sanken in der Kochkunst und stiegen bei den Preisen. Dafür öffnen Jungköche, die ihr Handwerk bei Sternechefs erlernten, kleine Lokale. Viele passen sich auch den neuen Essgewohnheiten an und bieten mittags kleine Gerichte. Nur eines ist geblieben: Oft wartet man lange auf die Speisen, denn Römer sitzen in Gesellschaft gern lange im Ristorante.

Zur »cucina italiana«, der weltweit beliebten italienischen Küche, hat Rom die traditionelle jüdische Küche und die »Fünf-Viertel-Gerichte« beigetragen. Das »Fünfte Viertel« bezeichnete einst die nicht verkäuflichen Innereien, mit denen am Schlachthof Arbeiter entlohnt wurden. In der Trattoria finden Sie deshalb auf der Karte oft »trippa alla romana«,

◀ Italienische Kochkunst wird in römischen Restaurants zumeist mit Hingabe zelebriert.

Kutteln auf römische Art mit Tomaten und Minze, oder »pajata«, in Wein und Gemüse gedünsteten Kalbsdarm. Aus der jüdischen Küche stammen die »fritti vegetali«, frittiertes Gemüse. Die dritte Spielart römischer Kochkunst kommt aus der nahen Campagna: »Abacchio scottadito«, Lamm aus dem Ofen, gehört zu diesen Gaumenfreuden ebenso wie »pollo alla cacciatora«, mit Essig und Rosmarin gedünstetes Huhn. Rauchen ist in öffentlichen Lokalen verboten.

WEINHERSTELLUNG ZWISCHEN TRADITION UND MODERNE

Zu den uralten Traditionen der Region Latium gehört die Weinherstellung. Jedoch hielt man hier am Bewährten fest – im Unterschied zu den meisten anderen Weinregionen Italiens, die sich Erneuerungsprozessen gegenüber aufgeschlossen zeigten. Dennoch findet man ansprechende Weine, insbesondere von kleinen Winzerbetrieben. Der Cesanese aus der gleichnamigen Rebsorte gilt als wichtigster Rotwein der Region und erreicht mit einer fruchtbetonten Charakteristik etwa bei den Weingütern Casale della Ioria oder Ciolli eine verlässlich hohe Qualität. Kommt der weiße Frascati in der Regel als einfacher und ausdrucksschwacher Massenwein daher, heben sich die schmackhaften Weißweine der Grechetto-Traube aus der Gegend von Viterbo im Norden positiv ab, etwa von den Kellereien Mottura und Falesco. Südlich von Rom, in der Provinz Latina, hat das Weingut Casale del Giglio die unangefochtene Führung inne. Nach jahrelangen Experimenten hinsichtlich der Wahl der am besten geeigneten Rebsorten für die Gegend heißen die weißen Trauben hier heute Sauvignon, Chardonnay, Viognier und Petit Manseng oder für die Rotweine Cabernet, Merlot, Syrah und Petit Verdot.

BESONDERE EMPFEHLUNGEN

Da Cesare westl. A 9/10

Auswahl und Stil – Die Menükarte dieser beliebten Trattoria ist lang und alles schmeckt köstlich – von Bulletten aus Kochfleisch und frittierten Auberginenbällchen über Tagliatelle oder Gnocchi »ai frutti di mare« (mit Meeresfrüchten) bis zu den Fisch- und Fleischgerichten. Am gepflegten Service erkennt man, dass Besitzer Leonardo viele Jahre Maître in Sternehäusern war. Einige Gastronomiekritiker halten Da Cesare, 2009 eröffnet, für die beste Trattoria.

Trastevere, Via Casaletto 45 | Tram/Bus: Gianicolense-Casaletto | Tel. 06/53 60 15 | Mi geschl. | Reservieren! | €€

Da Teo 🍴 C 8

Deftige Köstlichkeiten – Draußen sitzt man herrlich auf der Piazza, drinnen etwas eng. Doch wenn die riesigen Portionen auf den Tisch kommen, ist die Welt mehr als in Ordnung. Die »carciofi alla giudia« (ausgebackene Artischocken), Pasta mit wildem Spargel, Steinpilzen oder Trüffeln, Huhn mit Paprika, Fisch von bester Qualität und hausgemachte Desserts sind nur einige Leckereien von der langen Karte.
Trastevere | Piazza del Ponziani 7 | Bus: Lungotevere Alberteschi | Tel. 06/58 18 355 | www.trattoriadateo.it | So geschl. | Reservieren! | €€

Wollen Sie's wagen?

Neuerdings bieten mehrere Dutzend Römer ein Abendessen bei sich zu Hause an. www.ceneromane.it koordiniert diese Gastfreundschaft. Sie essen ab 30 € pro Kopf und die Gastgeber erzählen auch über ihre Stadt.

Felice 🍴 C 9

Traditionell trifft zeitgemäß – Das Lokal wirbt mit dem Slogan: »Unsere Gerichte sind seit 1936 gleich geblieben.« Allerdings ist das Restaurant inzwischen fein rausgeputzt und serviert römische Küche für jeden Gaumen. Exzellent die »spaghetti alla felice« mit Tomaten, Oregano, Minze und Basilikum und die »polpette di bollito« (Fleischklöße). Unbedingt reservieren.
Testaccio | Via Mastro Giorgio 29 | Bus: Marmorata-Galvani | Tel. 06/5 74 68 00 | www.feliceatestaccio.com | Aug. geschl. | Reservieren! | €€

La Bottega di Cesare 🍴 C 6

Pasta satt – In einer winzigen Kneipe serviert der Neapolitaner Luigi Pasta, etwa mit Büffelmozzarella und Tomaten. Oder kalte Gerichte wie den Schinken-Käse-Teller, darauf vier Jahre lang gereifter Parmesankäse. Kommen Sie vor 13 oder nach 15 Uhr, denn in der Mittagszeit stehen die Leute Schlange. Luigi kocht Pasta bis 19 Uhr.
Tridente | Via dell'Arancio 60 | Bus: Largo Goldoni | Tel. 06/89 01 96 17 | www.labottegadicesare.it | So geschl. | €

La Rosetta 🍴 C 6

Schlemmen für alle – Nicole Kidman machte dem Wirt das Kompliment: »Der Fisch von Chef Massimo Riccioli ist der beste der Welt.« Riccioli hat einen Michelin-Stern und serviert mittags ein leichtes Menü für 30 Euro oder das Austernmenü für 45 Euro: Austern und roher Fisch als Vorspeise, danach gegrillter Fisch. Am Abend verwöhnt er die Gaumen seiner VIP-Gäste zum dreifachen Preis.
Pantheon | Via della Rosetta 8 | Bus: Senato | Tel. 06/68 86 10 02 | www.larosetta.com | So geschl. | Abends reservieren! | €€€€

Oliver Glowig 🍴 D 4

Sternengeschmückt – Der deutsche Sternekoch Oliver Glowig hat die römischen Feinschmecker im Sturm erobert: Das leichte Antipasto aus Apfel, Sellerie und Pfirsich auf Tomatenkonfit zergeht auf der Zunge, der rohe Tunfisch auf Salatcreme ist ein Gedicht, und alle Gerichte – von Pesto-Pasta mit Tintenfisch bis zur Rotbarbe auf Gemüse – sind auch ein Genuss fürs

Essen und Trinken | 29

So könnte auch Goethe hier gesessen haben: Im Antico Caffè Greco (▶ S. 81) frönen seit mehr als 270 Jahren Intellektuelle und Touristen dem gepflegten Müßiggang.

Auge. Es gibt zwei 6-Gang-Menüs für 130 bzw. 150 €. An warmen Abenden sitzt man auf der Terrasse im Grünen.
Borghese | Hotel Aldrovandi, Via U. Aldrovandi 15 | Tram/Bus: Aldrovandi | Tel. 06/32 16 126 | www.oliverglowig.com | Nur abends, So und Mo geschl. | Reservieren! | €€€€

Open Colonna   E 6/7
Modern und kreativ – Beim täglichen Mittagsbüfett mit Pasta, zwei Hauptspeisen und viel Gemüse kann man für 16 Euro im Dachgarten über dem Museum auch mehrmals zugreifen. Am Abend (außer So und Mo) serviert Antonello Colonna ein Gourmet-Menü für 95 Euro oder man bestellt à la carte. Samstags und sonntags Brunch.
Quirinale | Palazzo delle Esposizioni, Via Milano 9 a | Bus: Nazionale-Palazzo Esposizioni | Tel. 06/47 82 26 41 | www.opencolonna.it | Reservierung am So Pflicht | €–€€€€

Weitere empfehlenswerte Adressen finden Sie im Kapitel **ROM ERKUNDEN**.
Preise für ein dreigängiges Menü:

€€€€	ab 60 €	€€€	ab 40 €
€€	ab 20 €	€	bis 20 €

Grüner reisen
Urlaub nachhaltig genießen

Wer zu Hause umweltbewusst lebt, möchte vielleicht auch im Urlaub Menschen unterstützen, denen ein verantwortungsvoller Umgang mit der Natur am Herzen liegt. Empfehlenswerte Projekte, mit denen Sie sich und der Umwelt einen Gefallen tun können, finden Sie hier.

»Wir pflanzen Obelisken, nicht Bäume«, sagte der Bildhauer Antonio Canova zu Napoleon, der sich in Rom am liebsten im Quirinalspalast umschaute, den er gern zu seinem zweiten Versailles umgebaut hätte. Wenn Rom dennoch eine grüne Stadt ist, verdankt sie dies ihren Adelsfamilien, den Borghese, die im 16. Jh. von Siena nach Rom gezogen waren und neben dem Stadtpalast auch einen Landsitz vor den damaligen Toren Roms pflegten. Rund um die Altstadt zieht sich ein grüner Gürtel mit der Villa Borghese, der Villa Pamphili und der Villa Torlonia. Sie dienen heute als Joggingstrecken der Römer, Kinderspielplätze, Picknick-Nischen und Veranstaltungsorte für Feste.

Ein echtes Umweltbewusstsein war den Römern lange fremd. »Ökonomie vor Ökologie« war und ist noch heute die Devise. Die italienischen Zeitungen gehören traditionell Parteien oder Unternehmern, und die hatten südlich der Alpen nun mal lange kein grünes Herz. Da machte der deutsche Papst Benedikt XVI richtig Schlagzeilen, als er die Audienzhalle im Vatikan mit 2700 Solarzellen abdecken ließ, die nun die Aula mit den 6000 Sitzplätzen beleuchten und heizen. Zurzeit plant der Vatikan die größte Solaranlage Europas auf 300 Hektar in Santa Maria di Galeria, wo das Zentrum von Radio Vatikan steht. Damit ist er sicher der grünste Staat der Welt. Das Stadtgebiet Rom zählte Ende 2012 mehr als 5000 Photovoltaik-Anlagen, meist kleine auf Schulen oder Unternehmen in der Vorstadt.

Gegen die Umweltverschmutzung verordnet die Stadtverwaltung des öfteren grüne Sonntage. Dann werden die Via dei Fori Imperiali und die Via Appia Antica zum Fußgänger- und Fahrradparadies, wenn die Straße von der Piazza Venezia zum Kolosseum von 9 bis 19 Uhr ganz und die Via Appia Antica teilweise für den Verkehr geschlossen werden. Seit 2011 dürfen die römischen Geschäfte ihre Waren nur noch in Papier- oder Biotaschen eintüten, was viele Touristen freut.

Umweltbewusst geben sich viele Italiener beim Essen und frönen daher der Slow-Food-Bewegung des Norditalieners Carlo Petrini. Gegründet hat er sie nach Protesten gegen eine Mc Donald's Fastfood-Filiale im Jahr 1986 gleich neben der Spanischen Treppe. Im Slow-Food-Logo kriecht die Schnecke – als Symbol der Langsamkeit im Gegensatz zu Fastfood. Speck, Schinken und Käse seien ebenso ein Kulturgut wie Schlösser, Kirchen und bildende Kunst, sagt Petrini. Seine Devise »Gut, sauber, gerecht. Wissen, was man isst« hat im Land des Lukullus großen Erfolg. So eroberte Petrinis Kampf für die biologische Vielfalt, den Geschmack handwerklich hergestellter Qualitätsprodukte, für indigene Völker als Bewahrer der Ernährungstraditionen und die Werbung für kleine Bauern die Haushalte. Auch viele neue Restaurants stärken in jüngster Zeit die von Petrini geförderte lokale Wirtschaft. Die Bauernmärkte zwischen dem Brenner und Sizilien werden fast monatlich mehr und auch in Rom steigt die Zahl der Kunden stetig.

Der Slow-Food-Gründer ist zwar kein Vegetarier oder Veganer, aber er setzt sich für geringeren Fleischkonsum und gegen Überfischung der Meere ein. Auch die »Null Kilometer«-Bewegung, also kurze Wege für lokale Produkte, entstand aus der Slow-Food-Philosophie. Im Jahr 2013 bekam Petrini den höchsten UN-Umweltpreis »Champion of the Earth« als Würdigung des von ihm geförderten internationalen Netzwerks Terra Madre mit 100 000 Unterstützern in 150 Ländern. Zu den Konferenzen der Terra Madre im norditalienischen Piemont kommen Bauern aus Dutzenden Staaten. Zu ihnen pilgern die langsamen Genießer-Gourmets ebenso wie einfache Gastronomen und Starköche aus aller Welt.

ÜBERNACHTEN

Casale di Martignano

Oase am See – Urlaub im Grünen mit Privatstrand bietet dieses alte Bauernhaus über dem kleinen Lago Martignano. Gekocht wird biologisch und meist mit Null-Kilometer-Produkten. Für Hunde gibt's einen eigenen beaufsichtigten Privatstrand. Ideal mit dem Auto, sonst von der Station Valle Aurelia der Metro A, Zug FM (Rom–Viterbo) bis Cesano, dann 5 km mit Taxi.

Martignano | Via Cassia km 28,8 | Tel. 06/99 80 20 04 | www.casaledimartignano.it | 15 Zimmer | €€
35 km nordwestl. von Rom

Villa Linneo   D 4

Elegant – Parkettböden und Wände der Zimmer sind in der bezaubernden Villa ökologisch einwandfrei und ohne Chemie. Im Garten des kleinen Boutiquehotels kann man wunderbar ausruhen. Das Haus verleiht Fahrräder und versteigert jeden Monat für ein paar Tage zwei Zimmer, die der Gast mit dem besten Angebot bekommt.

Flaminio | Via Carlo Linneo 1A | Tram/Bus: Aldrovandi | Tel. 06/32 13 113 | www.hotelvillalinneo.it | 9 Zimmer | €€€€

ESSEN UND TRINKEN

Bio Bio Bar   B 7

Frauenbewegt – Die drei »B« stehen für »buono, bello, bio« (gut, schön, bio), und manche Römerin fügt noch ein viertes »B« hinzu für »bravo« (tüchtig). Im Frauenhaus, wo Frauen auch übernachten können, ist diese Bio-Bar mit kleinen Gerichten zum Treffpunkt für Frauen geworden – im Macholand Italien eine der wenigen Info-Stellen zum Thema Emanzipation.

Trastevere | Casa Internazionale delle Donne, Via San Francesco di Sales 1A | Bus: Lungotevere Farnesina | Tel. 06/68 80 99 89 | www.casainternazionaledelledonne.org | Di–So 9–20.30, Mo geschl. | €

Vivi Bistrot   A 9

Bio von früh bis spät – Ein alter Stall in der Villa Pamphili ist seit 2008 ein grünes Bistro. Man sitzt im renovierten Stall oder im Park, genießt das Frühstück mit Bio-Saft und hausgemachtem Kuchen, den Bio-Brunch, das Bio-Büffet von Montag bis Freitag oder den Bio-Aperitif von 19.30–21 Uhr. Oder Sie holen sich hier das Bio-Picknick für den Aufenthalt im Stadtpark.

Pamphili | Eingang Via Vitellia 102 | Tram: Gianicolense-Colli Portuensi, Bus: Leone Teredicesimo-Bel Respiro | Tel. 06/5 82 75 40 | www.vivibistrot.com | tgl. März–Okt. 8–20, Nov.–Feb. 8–18 Uhr | €

EINKAUFEN

Bio Markt   B/C 7

Jeden zweiten und letzten Sonntag des Monats verkaufen Bio-Bauern aus der Umgebung Eier, Gemüse, Brot, Obst, Honig, Wein und wunderbare Tomatensaucen in der Innenstadt.

Centro Storico | Vicolo della Moretta | 9–17 Uhr

Die restlichen Sonntage sind sie im großen Garten des MACRO2-Museums im alten Schlachthof. Dort entstand in den letzten Jahren die »Citta dell'Altra economia«, die Stadt des anderen Wirtschaftens mit Bio-Laden, Bio-Bar und dem Geschäft »Made in Testaccio«, wo Tassen, Bettdecken, Lampen mit Recycling-Material her-

gestellt werden (www.madeintestaccio.com).
Testaccio | Piazza Orazio Giustiniani 4 | Bus: Zabaglia

AKTIVITÄTEN

Riserva Litorale Romano

Der World Wildlife Fund (WWF) Latium und andere Umweltschutzorganisationen betreiben diesen Naturpark am Meer bei Ostia. Es gibt dreistündige Touren zu Fuß, mit dem Fahrrad oder per Boot durch die Naturoase mit 160 Vogelarten. Mindestens fünf Tage zuvor buchen!.
Ostia | Via del Martin Pescatore 66 | Metro nach Ostia, Haltestelle Castel Fusano, dann Bus 06 | Tel. 06/50 91 78 17 | www.riservalitoraleromano.it
25 km südwestl. von Rom

Rom mit dem Segway

An der Piazza del Popolo oder am Pincio, der Aussichtsterrasse über der Piazza in der Villa Borghese, können Sie Segways für 15 Euro die Stunde und 60 Euro pro Tag für eine Rundfahrt durch Rom mieten.
Tridente | Piazza del Popolo | Metro/Tram/Bus: Flaminio | Tel. 3 80/3 01 29 13 oder 3 80/2 82 25 63 | www.segwayroma.net

Sentiero Verde

Die Vereinigung »Sentiero Verde« (Grüner Weg) bietet einfache Trekking-Ausflüge in Latium an – zu etruskischen Stätten, in Naturparks oder fürs Wochenende zu Schutzhütten mit Teleskop zum Sternegucken. Man meldet sich an, bekommt den Treffpunkt für den Ausflug und zahlt vor Ort 15 € für die FederTrek-Mitgliedskarte und knapp 10 € für den Trip. Wer mit diesen Gruppen wandern will, sollte Italienisch können. »Sentiero Verde« organisiert auch die Mitfahrgelegenheit.
Don Bosco | Via Paolo Luigi Guerra 22 | Tel. 3 77/4 29 44 53 | www.sentieroverde.org

In Rom hat jeder seinen Lieblingsmarkt und viele schwören auch auf ihre ganz persönlichen Händler. Ganz frisch ist das Obst an diesem mobilen Marktstand in Trastevere.

EINKAUFEN

Flippige Designermode gefällig oder ein edles Business-Kostüm? Frisches Gemüse oder feinste Delikatessen? Ob Sie Küchenutensilien suchen oder Antiquitäten, Schuhe, Taschen, Handschuhe oder Schmuck – in Rom werden Sie garantiert fündig.

Einkaufen: Was für ein schnödes Wort für diese schöne Zeremonie. Einkaufen, »fare la spesa«, sagt der Römer nur, wenn er Lebensmittel besorgt. Alles andere fällt in die Sparte der Kür und braucht entsprechend Zeit. Man nimmt sich Muße zum Schlendern entlang der Schaufenster, beim Auswählen, beim Diskutieren mit dem Verkaufspersonal. Sich selbst zu bedienen gilt als unfein – vielleicht ist das ja der Grund dafür, dass es in Rom wenige Kaufhäuser gibt und auch Online-Shopping unbeliebt ist. Im Modedreieck zwischen der Piazza del Popolo, der Spanischen Treppe und dem Corso reihen sich kleine, elegante Läden aneinander, in denen noch auf jeden Kunden ein Verkäufer kommt.

Der Laufsteg der teuren Alta Moda liegt zu Füßen der Spanischen Treppe (▶ S. 80). Insgesamt ist aber halb Rom ein Shopping-Paradies. In der Hauptstraße Via del Corso, der Via del Tritone, der Via Nazionale und auf

◄ Historie im Spiegel der Zeit: Schaufenster an der Piazza di Spagna (► S. 80).

der anderen Seite des Tiber in der Via Cola di Rienzo türmen sich Kleider und Schuhe aller Preisklassen. In den engen Gassen um das Pantheon, die Piazza Navona und den Campo de Fiori findet man kleinere Modelabels für Individualisten. Die Via de' Coronari und die Via Giulia sind das Paradies der Antiquitätenliebhaber, und außerdem finden Sie in Rom auch noch viel Handwerk und Tradition.

MÄRKTE – ELDORADO FÜR WÄHLERISCHE GENIESSER

In einer Stadt, wo sich vieles ums Essen dreht, ist der Markt der Dreh- und Angelpunkt des öffentlichen Lebens. Jedes Viertel hat seinen Markt und jeder Kunde »seine« Marktfrau, bei der er fast täglich frische Tomaten und Salat holt. Am Sonntag gehen Römer gerne zum Flohmarkt Porta Portese in Trastevere, dem größten Trödelmarkt der Stadt mit Secondhand-Klamotten und billiger chinesischer Ware, die seit der Wirtschaftskrise besonders gefragt ist.

In der Regel schließen römische Geschäfte für die Siesta. Geöffnet haben sie 9–13 und 15.30–16.30 Uhr im Winter, nachmittags 16–20 Uhr im Sommer. Am Montagvormittag haben im Winter viele Läden die Rollläden unten, im Sommer am Samstagnachmittag. Für Lebensmittelgeschäfte gilt 9–13 und 17–20 Uhr. Die Nobelboutiquen in der Innenstadt sind fast alle duchgehend von 10–19.30 geöffnet, im Sommer bis 20 Uhr. Im heißen Sommermonat August bleiben viele Geschäfte eine bis drei Wochen zu.

DELIKATESSEN

Volpetti Piu D9

Der beste Delikatessenladen Roms mit einer Riesenauswahl an Käse, Schinken, Tomatensaucen, Steinpilzen, Trüffel und vielen anderen Kostbarkeiten im Glas – perfekt auch für Mitbringsel. Neben dem Hauptgeschäft können Sie in der Via A. Volta um die Ecke im Volpetti-Imbiss eine Kleinigkeit essen.
Testaccio | Via Marmorata 47 | Tram/Bus: Marmorata-Galvani | www.volpetti.com | Mo–Sa 8–14 und 17–20 Uhr

GESCHENKE

Le Tele di Carlotta C6

Im Alter von 30 Jahren entdeckte Simona ihre Leidenschaft fürs Handwerk und bestickt seitdem mit verschiedenen Stichen kleine Geschenke wie Servietten und Handtücher – wenn Sie wollen sogar mit Initialen oder Motiven, die Sie nach Ihrem Wunsch bei Simona bestellen können.
Centro Storico | Via dei Coronari 228 | Bus: Zanardelli | Mo–Sa 10.30–13 und 16–19 Uhr, Do nachmittags und So geschl.

HANDSCHUHE

Catello d'Auria D 6
Kann man sich in Handschuhe verlieben? In diesem Geschäft mit wunderschönen Kalbs- und Hirsch-Lederhandschuhen mit gutem Preis-Qualitäts-Verhältnis ja. D'Auria hat auch originelle bunte Stoffhandschuhe und wählerische Kunden, die sich das gewünschte Modell mit Kaschmir oder Seide gefüttert handfertigen lassen.
Tridente | Via Due Macelli 55 | Bus: Due Macelli-Mignanelli | www.catellodauria.it | März–Sept. tgl. 10.30–19, Okt.–Feb. tgl. 9.30–19.30 Uhr

KÜCHE

C.U.C.I.N.A D 6
1983 eröffnete Signora Fuga dieses Geschäft mit allem Schönen und Stilvollen, was man in der Küche und im Speisezimmer braucht. Von der Käsereibe bis zum Tischtuch, Accessoires für hausgemachte Ravioli, Pfannen, Teller, Gläser – das Konzept war so erfolgreich, dass Frau Fuga schon drei solcher Geschäfte in Rom hat.
Tridente | Via Mario dei Fiori 65 | Metro: Spagnia | Mo–Sa 10–19.30, Mo vormittags und So geschl.

MODE

Cenci C 6
Klassische Damen- und Herrenkleidung im oberen Preissegment mit reicher Auswahl an Blusen, Hemden, Röcken, Hosen, Anzügen und Kostümen sowie Edles fürs Kind. Zu den Stammkunden gehören auch zahlreiche italienische Politiker.
Centro Storico | Via Campo Marzio 1–7 | Bus: Prefetti | www.davidecenci.com | Mo 15.30–19.30, Di–Sa 10–19.30 Uhr

Le Talpe E 7
Ein fantastischer Concept Store: Die frühere Modeschöpferin Giovanna Dughera kauft bei jungen Künstlern Einzelstücke, exzentrische handgemachte Sonnenbrillen, Taschen, Kleider, Schuhe, originelle Lampen und veranstaltet Modeschauen junger Modesschöpfer/innen mit Aperitif.
Monti | Via Panisperna 222 A | Metro: Cavour | www.le-talpe.it | Di–Sa 11–13 und 15.30–20, Mo 15.30–20 Uhr, So geschl.

Materie D 7
Dieser kleine Laden ist eine Goldgrube für modebewusste Damen, die ihr Kleid mit einer besonderen Kette auffrischen wollen. Ideal auch für originelle Geschenke. Materie heißt es, weil hier Modeschmuck aus Metall, Glas oder Stoff in den Regalen liegt. Dazu schöne Schals und pfiffige Taschen.
Centro Storico | Via del Gesù 73 | Bus: Pie' di Marmo | www.materieshop.com | Mo–Sa 10.30–20 Uhr

Miki Thumb Boutique B/C 6
Berufstätige Frauen lieben die schicken Blusen, Hosen und Kleider der Mailänder Designerin Michela Pollice, weil man sie nicht bügeln muss. Dazu gibt's schöne weiche, sportliche Stofftaschen.
Centro Storico | Via dei Banchi Nuovi 48 | Bus: Corso Vittorio Emanuele-Tassoni | www.mikithumb.com | Mo–Sa 11–14.30 und 15–19.30, Mo vorm. und So geschl.

Outlet
25 Kilometer südlich von Rom bieten Dutzende Geschäfte, darunter Luxuslabels wie Etro, Gai Mattiolo, Trussardi, Ferré, Zegna, Loro Piana, Bialetti,

GeoX und Calvin Klein, übers Jahr hohe Rabatte gegenüber dem Ladenpreis an. Besonders billig ist es Anfang August und im Januar, wenn es bei den »Saldi« (Ausverkauf) bis zu 70 Prozent Nachlass gibt. Ein Shuttlebus startet in der Via Marsala am Hauptbahnhof (10, 12.30 und 15 Uhr) und bringt sie um 13.45, 17 oder 20 Uhr zurück.
Via Ponte di Piscina Cupa 64 | www.outlet-village.it/castelromano | Mo–Do 10–20, Fr–So 10–21 Uhr
25 Kilometer südl. von Rom

Scala Quattordici C8

Schicke Boutique mit ausgefallenen Abendkleidern, Hosen, Hemden und Röcken. Die Stoffe sucht Letterio Attanasio persönlich in Italien und Indien aus. Römische Aristokratinnen und bekannte Schauspielerinnen kleiden sich hier ein, auch weil Letterio Attanasio die Modelle notfalls maßschneidert. Auch für Sie in zehn Tagen.
Trastevere | Via della Scala 13–14 | Bus: Lungotevere Farnesina-Trilussa | Di–Sa 10–13.30 und 16–20 Uhr

Talarico C6

Maurizio Talaricos handgefertigte Krawatten sind weit über Italien hinaus berühmt. Zu seinen Kunden gehören die Ex-Regierungschefs Silvio Berlusconi und Romano Prodi, und auch George W. Bush bestellte die Krawatten dutzendweise, wenn er nach Rom kam.
Centro Storico | Via dei Coronari 52 | Bus: Zanardelli | www.talaricocravatte.it | Mo–Sa 10–13.30, 15.30–20 Uhr

Weitere empfehlenswerte Adressen finden Sie im Kapitel **ROM ERKUNDEN**.

Pilgerziel für Feinschmecker: Volpetti Piu (▶ S. 35) ist ein wahres Schlaraffenland mit einer schier unendlichen Auswahl an Schinken und anderen Delikatessen.

Im Fokus
Kompliziertes Verhältnis

Einfach ist sie nie gewesen – die Beziehung zwischen Italien und Deutschland. Zu unterschiedlich sind die Geschichte, die Mentalität, die Einstellung zum Leben. Allerdings hat das Reisen die Menschen beider Länder einander längst näher gebracht.

Italienische Verhältnisse werden gewöhnlich nördlich der Alpen mit Chaos, Anarchie und Amore gleichgesetzt. »Teutonische Disziplin« dagegen erinnert südlich vom Brenner an Rechthaberei und Klassenprimus. Mit der Wirtschaftskrise haben sich die negativen Bilder verhärtet. Vor allem südlich der Alpen hat sich das Klima abgekühlt.
Was soll man dazu sagen? Italien drückt eine Staatsschuld von 130 Prozent des Bruttosozialprodukts, die Steuerhinterziehung beläuft sich auf rund 150 Milliarden im Jahr, Korruption gehört zum Tagesgeschäft und die nötigen Reformen werden einfach nicht angepackt. Die Krise hat das Land seit Jahren fest im Griff. Die Wirtschaft schrumpft nach wie vor, und als Sündenbock für die mediterrane Misere macht die Mehrheit der Italiener die Sparfüchse an der Spree und die »Cancelliera« Angela Merkel aus. Besonders deutschlandfeindlich gibt sich die Partei vom Medienzar und mehrmaligen Ministerpräsidenten Silvio Berlusconi, der Berlin für seinen Sturz 2011 in der Verantwortung sieht. Es war also schlicht

◀ »Italia und Germania«: Gemälde von
Friedrich Overbeck (1828).

Rache, als die Berlusconi-Zeitung »Il Giornale« die Kanzlerin in Uniform mit Hakenkreuz auf Seite eins setzte. Alle Parteien wollen hier Eurobonds, die gemeinsamen Schuldenpapiere. Damit würde Bella Italia nämlich weniger Zinsen für seinen Schuldenberg blechen.
Wir reisen mit dem Euro, das ist angenehm, aber Italien hat den Anschluss an die dafür nötige Wettbewerbsfähigkeit verschlafen. Selbst jetzt bei knappen Kassen werden Milliarden verschleudert. Das italienische Parlament leistet sich mit 945 Abgeordneten und Senatoren ein Riesenheer besonders gut bezahlter Politiker. Als Helden müssen die Unternehmer des Landes gesehen werden, die unter schwierigsten Bedingungen – besonders hohe Abgaben, hohe Energiepreise, eine erdrückende Bürokratie – weiter in Italien produzieren.

LIEBE MIT HINDERNISSEN

Die Liebesbeziehung zwischen Deutschland und Italien war und ist immer wieder von Anspannungen geprägt. Aber die zwei Staaten sehen sich auch immer eng verbunden. Schließlich waren sie zum Ende des 19. Jh. beide junge Nationen, wenngleich Deutschland schnell zur Industrienation aufstieg, während Italien hauptsächlich von Landwirtschaft lebte und drei Viertel der Bevölkerung Analphabeten waren.
Klischees gehören natürlich zu jeder Beziehung. Sie klingelten gestern, als der Rom-Liebhaber Goethe von römischen Ruinen schwärmte, aber nichts Gutes über die Leute zu berichten wusste, und in unserer Zeit, wenn etwa bei der Wiedervereinigung Deutschlands der siebenmalige Ministerpräsident Giulio Andreotti vor dem Pan-Germanismus warnte.

ANREISEN GEGEN DIE KLISCHEES

»Sollen wir sie wirklich gern haben?«, fragte der italienische Journalist Roberto Giardina schon vor Jahren in seinem amüsanten Buch »Anleitung, die Deutschen zu lieben«, und er sagte: »Man staunt, dass die Deutschen zutiefst pazifistisch sind.« Vorurteile über Bella Italia und große und kleine Gauner, über Sonne, Strand und Spaghetti hätten sich längst gemildert, resümiert der Autor, der lange in Deutschland gelebt hat. Und er meint, andersherum sei es nicht so.
Wie schnell man Porzellan zerschlagen kann, wurde vor wenigen Jahren klar, als der Regierungsverantwortliche für Tourismus, Stefano Stefani,

über »die rülpsenden Deutschen« an Stränden und Promenaden herzog. Begeistert sind die Italiener darüber, dass die Bundeskanzlerin noch regelmäßig nach Ischia und in die Dolomiten zum Wandern fährt und in eher einfachen Häusern einkehrt.

UNHEILIGE KRIEGSALLIANZ

Zum Glück haben viele Italiener Berlin oder München als Wochenendausflug und Deutschland als Kulturnation (wieder) entdeckt und so bröckeln zumindest die Vorurteile über die »Barbaren« und »unheilbaren Krieger« im Norden. Viele junge Italiener schwärmen von Berlin, viele übersiedeln dorthin, viele möchten Arbeit und Wohnung in Deutschland finden. Italiens Junghistoriker rücken zumindest auch Italiens unrühmliche Rolle im Zweiten Weltkrieg in den Vordergrund. Denn im Mittelpunkt der Erinnerungen an diese Zeit steht noch immer die deutsche, schreckliche Besatzung. Verdrängt wurde dabei lange die unheilige Allianz des faschistischen Diktators Mussolini mit Hitler. Erinnert wird zu Recht an schwere Kriegsverbrechen von SS-Schergen in Italien und zu Unrecht kaum an faschistische Kollaborateure, Mussolinis Giftgasangriffe in Afrika oder die brutale italienische Besatzung auf dem Balkan. Diese unter den Teppich gekehrten eigenen Schandtaten waren letztendlich der Grund, dass man deutsche Verbrecher nicht vor Gericht stellte. Nicht die offiziell propagierte Rücksicht auf das neue demokratische Deutschland war der Motor, sondern wie der italienische Botschafter in Moskau 1946 nach Rom telegrafierte, Sorgen um die eigenen Leute: »Die anderen Staaten würden sofort die Auslieferung unserer mutmaßlichen Kriegsverbrecher fordern«, warnte der Diplomat, »wenn wir den Deutschen den Prozess machen.« Immerhin 1600 italienische Verdächtige standen auf den Kriegsverbrecherlisten der UNO.

ROM ALS INSPIRATION

Die deutsche Liebe für Italien galt hingegen seit Jahrhunderten den Ruinen und der mediterranen Landschaft. Die erste heiße deutsche Liebeserklärung für das Land, wo die Zitronen blühen, war die der Maler und Schriftsteller wie Goethe, dessen ausgiebige Reportage übers »bel paese«, die »Italienische Reise«, Generationen von Reisenden beeinflusste. »Ja, ich bin endlich in der Hauptstadt der Welt«, schrieb der Geheimrat am 1. November 1786, und seine Leidenschaft galt neben ein paar schönen Damen ausschließlich dem Rom der Ruinen. Für die Einwohner fand er kein gutes Wort: »Von der Nation wüsste ich nichts weiter zu sagen, als dass es Naturmenschen sind (…) nicht ein Haar anders sind, als sie in Höhlen und Wäldern auch sein würden.« Nach Goethe pilgerten noch viele Gelehrte in den Süden, und so bemühte sich die Bundesrepublik nach dem Zweiten Weltkrieg mit einer rapiden Wiedereröffnung der Kulturinstitute in Rom um Anknüpfung an die hehren Traditionen.

Gebildete Nordlichter suchten in Italien die Vervollkommnung ihrer Bildung, viele kamen mit den Biografien der großen Künstler im Gepäck und mit landesfürstlichen Stipendien für zwei oder drei Jahre. Manche machten Karriere am Tiber. Joachim Winckelmann als Archivar des Papstes und Wilhelm von Humboldt, der als preußischer Diplomat nach Rom entsandt wurde. Man malte die Ruinen und zeichnete Aktstudien. Gerne verbrachte man viele Stunden in der Sistina oder in den Stanzen des Raffael. Später im 19. Jh. ließen sich Heinrich Heine, die Komponisten Richard Wagner und Franz von Liszt oder der Philosoph Artur Schopenhauer, um nur einige zu nennen, von der Ewigen Stadt inspirieren. Zu diesem Zeitpunkt kam Rom auch bei Historikern in Mode. Theodor Mommsen und Ferdinand Gregorovius verfassten hier ihre Hauptwerke über die Geschichte der Stadt in der Antike und im Mittealter.

KULTUR VERBINDET

Im vereinigten Italien wollte auch das junge Deutschland zum Ende des 19. Jh. Präsenz zeigen. Die deutsche Wissenschaft war in Italien hoch angesehen: Drei Viertel der modernen Kultur stammten aus dem deutschen Sprachraum, urteilte damals der bekannte Marxist Antonio Labriola. Die Einrichtung des Historischen Instituts hatte ihren Grund auch in der Öffnung des bis dahin geheimen Archivs vom Kirchenstaat 1880/81 für Historiker aller Nationen und Konfessionen. Die Bibliotheken des Archäologischen Instituts mit seinen 210 000 Bänden und 1 895 Zeitschriften mit Schwerpunkt Mittelmeerländer und das Kunstgeschichte-Institut Bibliotheca Hertziana sind hoch angesehene Begegnungsstätten von Wissenschaftlern aus Italien und Deutschland.

Nach der düsteren Zeit der Achse Hitler-Mussolini bemühte sich die Bundesrepublik um Anknüpfung an die Tradition Goethes und Winckelmanns. Sie betreibt in Rom eine ansehnliche Reihe von Kulturinstituten, und die deutsche Akademie Villa Massimo beherbergt jährlich bildende Künstler, Schriftsteller und Komponisten als Stipendiaten. Und natürlich lebt Goethe in seinem Rom fort. Die italienisch-deutsche Liaison wird im Museum an der Via del Corso und im Goethe-Institut in der Via Savoia mit Deutschkursen, Filmabenden und Diskussionsrunden gepflegt.

KULTUR UND UNTERHALTUNG

Kann es in Rom eine schönere Kulisse für Theater und Musik geben als die Stadt selbst? Da werden Ruinen zur Bühne, und Stars wie Riccardo Muti und Claudio Abbado belebten die Musikszene neu. Außerdem kommen auch Jazzfans auf ihre Kosten.

In Rom spricht man schon vom »miracolo«, vom Wunder: Plötzlich rennen die Römer in ihre Staatsoper, die jahrelang wenig Qualität bot und wo sich Operndirektoren häufiger als Regierungschefs abwechselten – was in Rom einiges heißt. Riccardo Muti, der italienische Meisterbotschafter der Musik, hat das Wunder vollbracht. Er dirigiert neuerdings zwei Opern pro Jahr und schaut als Ehrendirigent auf Lebenszeit seit 2011 mit wachsamem Auge auf die gesamte Produktion. Außerdem las er seinen Landsleuten die Leviten, und er meinte vor allem Politiker, wenn er zürnte, Italien verachte seine Musikgeschichte – »weil wir vergaßen, dass Musik nicht nur Unterhaltung, sondern Nahrung für den Geist ist«. Italien habe kein Ohr fürs Schöne mehr. Denn seit Jahren wird das Budget für Kultur gekappt. Nun aber ist Muti wieder mehr in der Heimat, feierte mit der römischen Oper erste Erfolge bei den Salzburger Festspielen 2013

◄ Gran Maestro: Riccardo Muti dirigiert das
Orchester der römischen Oper (► S. 45).

und wir dürfen uns auf die weiteren römischen Spielzeiten mit ihm freuen. Auch im Auditorium stehen neuerdings mitunter Große am Pult. Als ich nach Rom kam, wunderte ich mich darüber, dass hier in Schulen kaum Musikunterricht gegeben wurde und noch immer sehr begrenzt gegeben wird. Und das in einem Land, von dem ich einmal glaubte, alle würden ständig »O sole mio« oder »Azzurro« singen, im Land von Donizetti, Verdi, Rossini, Puccini, Paganini oder Luciano Pavarotti. Wenn in Rom dennoch viele Vorführungen ein Erlebnis waren, dann lag dies an den spektakulären Kulissen: Im Sommer ist die römische Oper in den Caracalla-Thermen zu Hause oder tanzt Ballettstar Roberto Bolle wie 2013 mit dem American Ballet vor den Ruinen. Es lohnt sich neuerdings also durchaus vor der Reiseplanung die Programme des Parco della Musica, des Auditoriums oder der Oper durchzusehen.

KULTURFESTIVALS DAS GANZE JAHR ÜBER

Auch als Theaterstadt kann Rom bis heute nicht mit anderen Metropolen konkurrieren. Viele Römer sind aber Jazzfans und auch in kleinen Jazzclubs sind oft Große zu Gast. Und wegen der vielen kleinen Festivals im Sommer – wenn Shakespeare im Cäsar-Forum gegeben wird, Konzerte vor antiker Kulisse oder Jazz in der Villa Celimontana während der »Estate Romana« erklingen – lohnt eine Romfahrt trotz Hitze. Über das Programm der Saison informieren die einzelnen Webseiten.

Beim »**Estate Romana**«, dem »Römischen Sommer«, versüßen rund tausend Veranstaltungen den Römern und ihren Gästen die heißen Monate Juni, Juli und August. Das Programm ist gewaltig: Theater in den Ruinen, Konzerte (Klassik in der Villa Pamphilj, Jazz in der Villa Medici, Villa Ada und Villa Celimontana, junge Sänger oder alte Rocker im Velodromo), Lesungen an der Maxentius-Basilica am Forum, Film auf der Tiberinsel (www.estateromana.comune.roma.it).

Von September bis November kommen Avantgarde-Künstler aus Musik, Theater und Tanz von ganz Europa zum **Roma-Europa-Festival** (www.romaeuropa.net) und Ende Oktober/Anfang November sind die Wiener Philharmoniker regelmäßig zu Gast beim **Festival di Musica e Arte Sacra** mit zahlreichen Konzerten in vielen Kirchen (www.festivalmusicaeartesacra.net). Seit 2006 wird in Rom jedes Jahr der Marc-Aurel-Filmpreis vergeben und jährlich im November darf man sich die Filme, die

beim **Festival Internazionale del Film di Roma** konkurrieren, im Auditorium des Parco della Musica anschauen (www.romacinemafest.org). Einen guten Überblick über Veranstaltungen bekommt man – teils auch auf Deutsch – über die Online-Seiten für Ticketverkauf:
– www.classictic.com/de/special/rom-opern
– www.rom24.net
– www.vivaticket.it

BESONDERE EMPFEHLUNGEN
JAZZ
AlexanderPlatz A 5
Dieses Kellerlokal ist der älteste Jazzclub Italiens und bietet täglich ein anspruchsvolles Konzertprogramm.
Prati, Via Ostia 9 | Bus: Doria-Largo Trionfale | www.alexanderplatz.it | So–Do 21.45, Fr, Sa 22.30 Uhr

Casa del Jazz D 9
Allein die Villa und das Ambiente sind einen Besuch wert. Im Jazz-Haus, einst im Besitz eines Mafia-Bosses, spielen italienische und internationale Gruppen von Dixieland bis Avantgarde, im Audioarchiv kann man Klassiker anhören, in der Bibliothek Fachliteratur studieren. Am Abend ist ein Restaurant bewirtschaftet, am Samstag und Sonntag mittags treffen sich dort Jazzfans zum Brunch und der Park wird zum Diskussionstheater über die neuesten Stars der Bühne.
Ostiense, Viale di Porta Ardeatina 55 | Bus: Colombo-Marco Polo | Tel. 06/70 47 31, Restaurant 06/7 00 83 70 | www.casajazz.it | Mo geschl.

Nuovo Sacher C 8
Kultregisseur Nanni Moretti hat sich seinen Traum erfüllt und betreibt in Trastevere sein eigenes Kino: das Cinema Nuovo Sacher, in Anspielung auf sein Lieblingsdessert, die Sachertorte. In dem erlesenen Lichtspielhaus mit Bar und Mini-Buchhandlung laufen ausschließlich Autorenfilme, am Montag in Originalsprache. Alljährlich wird beim Filmfestival für Nachwuchstalente der begehrte Preis »Premio Sacher d'Oro« verliehen und besonders schön ist es im Sommer, wenn man im Freien auf den Treppen vor der Filmleinwand sitzt.
Trastevere, Largo Ascianghi 1 | Bus: Porta Portese | www.cinemasacher.eu

KLASSISCHE MUSIK
Auditorium Parco della Musica C 2/3
Die besten klassischen Konzerte erklingen meist in der Sala Sinopoli und Sala di Santa Cecilia, die kleinere Sala Petrassi ist vor allem für Musiktheater geeignet. Im Auditorium Parco della Musica stehen aber auch Unterhaltungsmusik, Volksgesänge, Jazz, Rock und großartige Tanzaufführungen mit Künstlern aus aller Welt auf dem Programm.
Flaminio, Viale Pietro de Coubertin 30 | Bus: De Coubertin-Argentina | www.auditorium.com | Programm www.auditorium.com/eventi/ | www.classictic.com/en/…/auditorium_roma/1492/

Kultur und Unterhaltung | 45

Teatro dell'Opera (Oper) E 6
Roms prunkvolles Opernhaus erlebte im Lauf seiner Geschichte viele historische Premieren, etwa die Erstaufführung von Puccinis Tosca im Jahr 1900. Seit Riccardo Muti hier Ehrenchefdirigent ist, erlebt die Stadt eine kleine musikalische Renaissance. Ein ganz besonderes Erlebnis ist die Sommersaison in den Caracalla-Thermen.
Monti, Piazza Beniamino Gigli 7 | Metro: Repubblica | www.operaroma.it

THEATER
Teatro Argentina C 7
Das wichtigste römische Theater, das städtische Schauspielhaus, wurde 1732 gegründet und hat kein eigenes Ensemble, aber seit ein paar Jahren gute Regisseure und Schauspieler zu Gast. Auf dem Programm stehen vorwiegend klassische Stücke mit Schwerpunkt italienische Autoren.
Centro Storico, Largo di Torre Argentina 52 | Bus: Largo Torre Argentina, Via Torre Argentina | www.teatrodiroma.net

Teatro India südl. C 10
In einer Ex-Fabrik am Tiber liegt dieses Kulturzentrum, das Experimentierhaus vom Teatro Argentina, in dessen Sälen häufig ausländische Theater- oder Ballett-Ensembles der Avantgarde auftreten. Auch das Ambiente dieses Theaters mit der Bar im Hof, mit Gasometer und Wohnblocks im Blick ist einen Besuch wert.
Ostiense, Via Luigi Pierantoni | Bus: Piazza della Radio | www.teatrodiroma.net

Weitere empfehlenswerte Adressen finden Sie im Kapitel **ROM ERKUNDEN**.

Das neue Auditorium Parco della Musica (▶ S. 44) wurde von den Römern sehr gut angenommen und ist einer der Mittelpunkte des kulturellen Lebens.

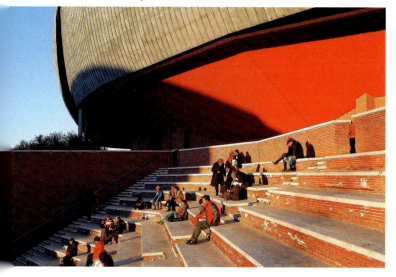

FESTE FEIERN

Zwar haben italienische Arbeitnehmer weniger Feiertage als deutsche. Aber zum Feiern bleibt genug Zeit und Gelegenheiten finden sich immer. Vor allem im Sommer, wenn die Nächte heiß und lang sind.

Anno 1535. Männer finden nach einem starken Gewitter eine Madonnenstatue am Tiber und tragen sie ehrfürchtig zu Nonnen nach Trastevere. So die Überlieferung. Für die Einwohner des Viertels wird sie bald zur Schutzgöttin und dementsprechend seit fast 500 Jahren verehrt. Zehn Tage lang wird sie Jahr für Jahr gefeiert, zweimal mit Juwelen geschmückt, im goldbestickten weißen Kleid und mit Blumen zu Füßen in einer zweistündigen Prozession durch die Gassen getragen. Einmal darf sie zurück zum Tiber und fährt im Schlauchboot bis zum Hospital an der Tiberinsel, wo sie die Kranken der Barmherzigen Brüder segnet. Und in ganz Trastevere geht es jährlich dank der Madonna ab Samstag nach dem 16. Juli zehn Tage lang hoch her. Auf der Piazza Santa Maria ertönen jeden Abend »stornelli romani«, römische Volkslieder, die Polizeikapelle kommt und trompetet für die Madonna. Auf der nahen Piazza San Cosimato erklin-

◀ Das Fest »Natale di Roma« erinnert an die Gründung der Stadt am 21. April (▶ S. 48).

gen klassische Konzerte und werden Filme aufgeführt. In den Gassen dazwischen stellen Einwohner an mancher Ecke lange Tische auf und verzehren Berge Pasta miteinander. Jeder bringt ein hausgemachtes Gericht mit. Wer dazukommt, kauft sich »porchetta«, den kalten Schweinebraten, an einer der vielen Buden. Das ganze Viertel ist auf den Beinen. Wer könnte zu Hause bei diesem Lärmpegel auch schlafen?

FEIERN UNTERM STERNENHIMMEL

Süditaliener sind kommunikativ, gerne in Gesellschaft und natürlich feiert man die Feste, wie sie fallen, am besten sehr oft und sehr ausgiebig. Auch wenn sie nicht ganz so viele Feiertage haben wie etwa die Deutschen, finden sie immer Zeit und Gelegenheit zum Feiern. Vor allem im Sommer, wenn nach dem Büro oder Geschäft noch viel Zeit bleibt, bis man an den heißen Abenden einschlafen kann. Drei Monate lang pilgern junge und ältere Menschen zu den Kulturabenden der »Estate Romana« (▶ S. 43) mit Musik, Film und Theater unter dem Sternenhimmel Roms. Bürgermeister Marino will erstmals Mitte Mai 2014 eine »Weiße Nacht« der Radler und Fußgänger einführen und ganz Rom für Motorfahrzeuge sperren. Inzwischen gibt es auch eine Silvestermeile und zu Neujahr springt seit 50 Jahren ein Römer von der Brücke in den kalten Tiber.

JANUAR
Neujahr
Am Vormittag pilgern viele Römer und Touristen zum Pontifikalamt auf dem Petersplatz und dem anschließenden Segen »Urbi et Orbi« vom Papst. Manche laufen allerdings kurz vor Mittag schnell zur nahen Ponte Cavour, wo jedes Jahr ein Römer um Punkt 12 Uhr von der Brücke in den Tiber springt.

FEBRUAR
Karneval
Mit Venedig kann Rom natürlich nicht konkurrieren. Der Karneval ist vor allem eine Schaubühne für Kinder, die sich auf den Plätzen verkleidet amüsieren. Seit rund 20 Jahren tanzen die Narren in der Nacht zum Aschermittwoch wieder auf der Piazza Navona.

MÄRZ
Santa Francesca Romana
Die Stadt wird von einem Hupkonzert erschüttert, nachdem die Autos am Kolosseum gesegnet wurden. Rom feiert Santa Francesca Romana als dritte Schutzpatronin – und die ist seit 1951 auch Patronin der Autofahrer.
9. März

Rom Marathon

Auch wer es nicht bis zum Ende schafft, läuft beim Marathon mit. Es gibt aber auch eine kürzere Tour. Der Lauf in Rom ist inzwischen ein internationaler Treff mit Start und Ziel am Kolosseum und mehreren Hunderttausend Zuschauern.
Ende März

Festa della Primavera

Der Frühling wird mit Konzerten auf der Piazza rund um die Spanische Treppe, einem Meer von Azaleen und Straßentheater begrüßt.
Ende März

Karwoche ▶ Vatikan, S. 110

APRIL
Natale di Roma

Roms Geburtstag – weil die Stadt am 21. April 753 v. Chr. gegründet worden sein soll – wird mit einem prächtigen Feuerwerk über dem Aventin-Hügel zelebriert.
21. April

MAI
Concerto Primo Maggio

Aus ganz Italien rücken vor allem Jugendliche an, wenn am Tag der Arbeit die größte Rockfete Roms steigt, das Gratis-Open-Air-Konzert der Gewerkschaften mit italienischen und internationalen Bands auf der Piazza San Giovanni in Laterano.
1. Mai

Pfingstsonntag

Da der besterhaltene antike Tempel aus dem alten Rom, das Pantheon, seit dem 7. Jh. eine Kirche ist, wird Pfingsten traditionell in der Rotunde besonders zelebriert. Zum Abschluss einer feierlichen Messe fallen Tausende rote Rosenblüten vom Loch der Kuppel auf die Feiernden, die fünf Feuerwehrmänner von dort oben herabwerfen. Die Rosen symbolisieren den Heiligen Geist, der auf die Apostel herab kam.

JUNI
San Giovanni

In der Johannisnacht geht es rund um die Lateranbasilika hoch her. Zu essen gibt es Schnecken und Spanferkel, dazu reichlich Wein, Gesang und Tanz. Die Johannisnacht gilt in Rom als wilde Hexennacht, in der die Hexen auf Holzbesen durch die Lande reiten. Um sich vor den Dämonen zu schützen, bleiben die Bewohner wach und sichern ihre Türen mit Salz.
23./24. Juni

AUGUST

Es schneit in Rom – mitten in Sommer. Wer es nicht glaubt, sollte sich gegen Abend zur Basilika Santa Maria Maggiore aufmachen, wo »Schneeflocken« auf die Gläubigen rieseln. In Wirklichkeit sind es Blütenblätter, die an das »Schneewunder« vom 5. August 352 erinnern. Damals soll die Madonna die ungläubigen Römer mit einem Schneesturm bekehrt haben.
5. August

SEPTEMBER
Notte Bianca – Weiße Nacht

Bei diesem Spätsommer-Event stehen vom Abend bis zum Morgengrauen Konzerte auf mehreren Plätzen in Rom auf dem Programm. Inzwischen reisen auch Tausende junger Leute aus

Hunderttausende Besucher aus aller Welt versammeln sich jedes Jahr am Ostersonntag auf dem Petersplatz (▶ S. 114). Sie erwarten den Papst und seinen Segen »urbi et orbi«.

ganz Europa zur Notte Bianca nach Rom. Und weil niemand schlafen soll, ist das Kulturangebot riesig.
Wechselnde Termine im September

DEZEMBER
Mariä Empfängnis
An diesem katholischen Festtag gibt es Prozessionen und Gottesdienste überall in der Stadt. Der Papst ehrt in einem Gedenkgottesdienst auf der Piazza di Spagna die Heilige Jungfrau Maria, die dort auf der Säule der Unbefleckten Empfängnis steht.
8. Dezember

Silvester
Früher warfen die Römer in der Silvesternacht alles aus dem Fenster, was sich im alten Jahr als überflüssig erwiesen hatte: alte Töpfe, angeschlagene Teller und manchmal sogar ein Klo. Mittlerweile ist dieser für nächtliche Spaziergänger todesgefährliche Brauch glücklicherweise im Aussterben begriffen. Stattdessen hört man nun Musik auf den Straßen oder tanzt durch ganz Rom und der Staatspräsident spendiert ein klassisches Konzert auf der Piazza vor seinem Quirinalspalast.
31. Dezember

MIT ALLEN SINNEN
Rom spüren & erleben

Reisen – das bedeutet aufregende Gerüche und neue Geschmackserlebnisse, intensive Farben, unbekannte Klänge und unerwartete Einsichten– denn unterwegs ist Ihr Geist auf besondere Art und Weise geschärft. Also, lassen Sie sich mit unseren Empfehlungen auf das Leben vor Ort ein, fordern Sie Ihre Sinne heraus und erleben Sie Inspiration. Es wird Ihnen unter die Haut gehen!

◀ Einkaufen und Essen unter einem Dach: der Feinschmeckertempel Eataly (▶ S. 51).

ÜBERNACHTEN

Torre Colonna Guest House 🚌 D 7

Die Engländerin Sarah hat einen mittelalterlichen Wehrturm ganz nah am Forum Romanum renoviert und empfängt nun Gäste in fünf Zimmern: einem pro Etage. Hinter diesen Mauern wird ein Traum wahr: Whirlpool auf der Terrasse, im Schlafzimmer antiker Terrakottaboden, bemalte Decken, feinstes Mobiliar, Designerbäder. Das Frühstück wird in der Sala Rossa mit Traumblick in der sechsten Etage serviert. Je nach Saison bekommen Sie hier günstigere Preise.

Monti | Via delle Tre Cannelle 18 | Bus: Fori Imperiali-Campidoglio, Piazza Venezia | Tel. 06/62 28 95 43 | www.torrecolonna.it | 5 Zimmer | €€€€

ESSEN UND TRINKEN

Art Studio Cafe 🚌 B 5

Sie haben die Wahl: Cappuccino mit Croissants am Morgen, kleine Gerichte mittags, am Nachmittag ein Glas Wein oder ein Cocktail mit hausgebackenem Kuchen. Nebenbei darf nach Wunsch ein Teller, eine Vase oder ein Bilderrahmen bemalt werden. Alessandra Savelli organisiert – wie der Name Art Studio Café andeutet – auch Kunst- und Kochkurse, Spielkartenturniere und die Aperi-Talent-Show für Schauspieler und Sänger – und für Zuschauer, die beim Büfett für 10 Euro die zukünftigen Jungstars bewundern können.

Prati | Via dei Gracchi 187 A | Bus: Cola di Rienzo, Metro A: Lepanto | Tel. 06/32 60 91 04 | www.artstudiocafe.com | Mo–Sa 7.30–21.30 Uhr

Eataly 🚌 D/E 10

In einem alten Bahnhof gibt es auf drei Etagen Produkte von Kleinerzeugern nach dem Slow-Food-Prinzip: beste regionale Produkte kleiner Erzeuger, z. B. frisch gemachte Eiernudeln und Tortellini. Beim Fischverkauf werden die Köstlichkeiten auch gekocht und gebraten, das Fleischlokal mit saftigen Steaks liegt gleich vor dem Metzger und natürlich fehlen die Pizzeria und die Abteilung mit Küchenutensilien nicht. Die dritte Etage wartet jeden Monat mit den Gerichten einer anderen römischen Trattoria auf und 2014 gibt's jeden Monat ein Schlemmermahl mit einem Starkoch. Der Erlös der Versteigerung ab 300 Euro pro Person geht an Wohltätigkeitsprojekte.

Ostiense | Piazzale XII Ottobre 1492 | Bus: Benzoni Pigafetta, Metro B: Piramide | www.eatily.it | tgl. 10–24 Uhr

Rom im Glas

Bei der dreistündigen Weinprobe erzählt der Sommelier über weiße und rote Tropfen aus der Region, die Trauben, ihren Anbau und über die Weinkultur Italiens. Dazu gibt es Appetizer aus der Region Latium. Anmeldung über www.getyourguide.de, 70 €.

WELLNESS

Kami Spa　　　　　　　　　D6
2010 wurde dieses Wellnesszentrum zum besten Stadt-Spa Italiens gekürt. Aromatherapie mit Bio-Öl, asiatische Massagen oder warmer Lavastein auf dem Körper in fernöstlicher Atmosphäre.
Barberini | Via degli Avignonesi 12 | Metro A: Barberini, Bus: Barberini | Tel. 06/42 01 00 39 | www.kamispa.com

KULTUR UND UNTERHALTUNG

Case Romane　　　　　　　　E8
Zu den Zitaten römischer Dichter, die ein Schauspieler in dem rund 2000 Jahre alten Stadthaus deklamiert, genießt man einen antiken Aperitif mit Weißwein, Honig, Muskatnuss, Vollkornbrot mit Minze, Selleriesamen, Koriander und Knoblauch – nach Rezepten der alten Römer zubereitet. Je nach Programm um 19.30 Uhr auch mit Führungen auf Englisch, und die Vorstellung mit den römischen Versen kann man sogar auf Deutsch bestellen.
Celio | Case Romane | Clivio di Scauro | Bus/Tram: Aventino-Circo Massimo, Metro B: Circo Massimo | www.spazioliberocoop.it | nur mit Vorbestellung unter Tel. 06/70 45 45 44, Fax 06/77 20 19 75

Il Genovino d'Oro　　　　　　C6
Im kleinen Laden des Sizilianers Franco Calafatti steigt Safran- und Zimtduft in die Nase, Balsamessig und Olivenöl aus ausgewählter Produktion stehen in den Regalen. Calafatti mixt Gewürze aus aller Welt: Safran oder Hibiskusblüten gibt er ins Salz, Kaffee in den Honig, Safran und Pfeffer in Rum. Dreimal täglich kann man einen einstündigen Kurs ins Reich der Gewürze unternehmen, erklärt wird auch auf Englisch, Französisch und Spanisch.
Bahnhofsnähe | Via Collina 22 | Bus: Venti Settembre-Piave | Tel. 3 39/52 70 975 | Anmeldung für Kurse per E-Mail francocalafatti@tin.it

La Betulla (Kräuterladen)　　　C6
In diesem Kräuterladen finden Sie das Eau de Toilette mit dem Duft sizilianischer Zitronen, mit Jasmin- oder Bergamotte-Note. Außerdem viele Kräutertees wie etwa den beliebten »te della felicità«, den Glückstee, eine Mischung

aus Orangenblüten, Kamille, Melisse, Minze und Lindenblüten.
Centro Storico | Vicolo della Torretta 58 | Bus: Prefetti | Di–Sa 10–19, So und Mo 15–19 Uhr

Le Erbe del Boschetto　　　　E7
Simonetta Zucconi Fonsecas mit Vitaminen angereichertes Olivenöl aus der Region Marken soll die Kalkbildung in den Knochen unterstützen, außerdem gibt es zahlreiche gesunde Teesorten und Essenzen für zu Hause. Die San-Giovese-Essenz aus der Chianti-Traube soll die gute Laune fördern.

Monti | Via del Boschetto 28 A | Metro B: Cavour, Bus: Nazionale-Palazzo Esposizioni | Mo–Fr 11.30–19, Sa 11–14 Uhr, So und Aug. geschl.

AKTIVITÄTEN

Laboratorio Ceramica artistica C7

Es ist schon ein Erlebnis, Daniela Lai in Viterbo beim Bemalen von Töpfen oder Tellern mit der alten Zaffera-Technik zuzuschauen, wenn sie kobaltblau Pflanzen, Tiere oder Wappen auf die weiße Glasur zaubert. Dafür bekam sie einige Auszeichnungen und stellte ihre Kunstwerke in Italien und Paris zur Schau. Besucher der Werkstatt können sogar selbst ein Stück mit dieser mittelalterlichen Technik unter Anleitung der Künstlerin bemalen – allerdings sollten Sie hierzu zumindest eine kleine Gruppe bilden, ansonsten wird der Spaß doch ziemlich teuer.

Viterbo | Via del Pellegrino 8 | www.artistica-vt.it | Anfahrt ▶ S. 160

Studio Cassio (Die Kunst des Mosaiks) E7

Wollen Sie mal selbst versuchen, nach allen Regeln der Kunst ein Mosaik zu legen? Nach einem Besuch der wundervollen Mosaiken im nahen Palazzo Massimo (▶ S. 145) oder in der Kirche Santa Prassede (▶ S. 88) kann man hier lernen, wie man diese Kunstwerke zusammenpuzzelt.

Das Labor in Monti ist klein, die Mosaikkünstler, die hier arbeiten, groß: Sie renovieren die wertvollsten Mosaike Roms. Für 50 Euro die Stunde dürfen jeweils maximal fünf Besucher die kleinen Steinchen oder Mini-Glasstücke in den Händen drehen, während Mosaikhandwerker auf Italienisch oder Englisch das Handwerk erklären. Wer einen deutschen Übersetzer möchte, muss ihn extra bezahlen. Lektionen nach Voranmeldung.

Monti | Via Urbana 98 | Bus/Metro B: Cavour | Tel. 06/4 74 53 56 | www.studiocassio.com

Vorlage für echte Künstler – und solche, die es werden wollen: Die Mosaiken im Palazzo Massimo (▶ S.145) zählen mit zum Besten, was diese Kunstform zu bieten hat.

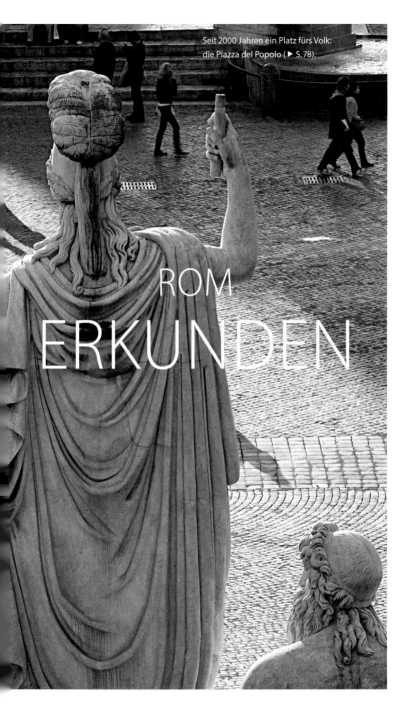

Seit 2000 Jahren ein Platz fürs Volk: die Piazza del Popolo (▶ S. 78).

ROM ERKUNDEN

EINHEIMISCHE EMPFEHLEN

*Die schönsten Seiten Roms kennen am besten diejenigen,
die diese Stadt seit Langem oder schon immer ihr Zuhause nennen.
Zwei dieser Bewohner lassen wir hier zu Wort kommen – Menschen,
die eines gemeinsam haben: die Liebe zu ihrer Stadt.*

Giovanna Melandri, 51

Rom, die Ewige Stadt. Aber was bedeutet dies? Ich möchte die Ewigkeit als Fähigkeit zur Erneuerung auslegen, als Fähigkeit zeitgemäß zu sein – ja, den Zeiten geradezu vorauszueilen. Rom war immer wieder Avantgarde: in der Antike, während der Renaissance, mit dem Barock des Bernini und Borromini. Und Rom ist es im 21. Jahrhundert. Mit dem **MAXXI** (▶ S. 136) beispielsweise, dem ersten Nationalmuseum für zeitgenössische Kreativität, das ich die Ehre habe zu leiten. Das MAXXI befindet sich in einem außerordentlichen Gebäude der irakisch-britischen Architektin Zaha Hadid. Mit seinen spektakulären Formen bettet es sich quasi über die große Piazza, die jedem offensteht. Ich liebe diesen Platz! Vor allem wenn dort Kinder spielen, Jugendliche in ihren Büchern lernen, Paare Hand in Hand spazieren gehen. Ich liebe den gläsernen Lift auf dem Vittoriano an der **Piazza Venezia** (▶ S. 80), der zum höchsten Aussichtspunkt Roms führt. Ein atemberaubendes Panorama! Ich schlendere gerne durch **Trastevere** (▶ S. 68), das

Erhebend für die Römer und ihre Gäste: Der Blick vom Gianicolo (▶ S. 72) auf den Petersdom (▶ S. 116) begeistert auch MAXXI-Chefin Giovanna Melandri immer wieder aufs Neue.

mittelalterliche Viertel Roms, und ich liebe die Sonnenuntergänge auf dem **Gianicolo** (▶ S. 72). Ich mag das **Trajansforum** (▶ S. 62), wenn bei Ausstellungen ein wunderbares Miteinander von Antike und Moderne bewundert werden kann. Und bevor ich meine Liebeserklärung an Rom beende, verrate ich noch meine Lieblings-Trattoria: **Augusto** auf der Piazza dei Renzi (▶ S. 74): Essen ab 15 Euro und Qualität.
(1962 in New York geboren, 1998–2001 Kulturministerin Italiens, seit 2012 Chefin des MAXXI, Nationalmuseum für Moderne Kunst und Architektur)

Ignazio Marino, 58

In Rom findet jeder Gast eine Straße oder eine Piazza, wo er alles andere vergessen kann. Ein Panorama, das der Seele guttut. Ein Gericht, das noch das Wasser im Mund zusammenlaufen lässt, wenn man sich zu Hause daran erinnert. Ich liebe ganz besonders das **Forum Romanum** (▶ S. 62), das **Kolosseum** (▶ S. 61), die Ruinen an der **Via Appia Antica** (▶ S. 124) – vor allem im Frühjahr, wenn ich sie mit dem Rad entlangfahre. Dies alles ist ein Geschenk und unsere Aufgabe ist, es bestmöglich zu bewahren. Deshalb erließ ich als Bürgermeister sofort ein Verkehrsverbot für Privatautos zwischen Forum Romanum und Trajansforum, damit dort bald der größte Archäologische Park der Welt entstehen kann. Außerdem liebe ich das intime Rom in den Gassen der Innenstadt, etwa um die **Piazza Navona** (▶ S. 98), wo das barocke Rom explodiert – mit Brunnen, Kirchen, Palästen. Wenn ich die Zeit finde, gehe ich gern einfach ziellos umher und lasse mich verführen – auch von einem guten Teller Pasta.
(1955 in Genua geboren, seit Juni 2013 Bürgermeister von Rom)

»*Rom war immer wieder Avantgarde: in der Antike, während der Renaissance, mit dem Barock des Bernini und Borromini. Und Rom ist es im 21. Jahrhundert.*«

Giovanna Melandri

PALATIN UND KOLOSSEUM

Der Palatin ist der berühmteste der sieben Hügel Roms und gilt als Wiege der Stadt. Hier offenbart sich die gloriose Vergangenheit der Metropole zwischen dem Kolosseum, dem »Haupt der Welt« und der Multi-Kulti-Kirche San Clemente.

Beginnen Sie Ihre Entdeckungsreise am besten im berühmten Kolosseum. Hier verbrachte der Römer der Kaiserzeit etwa 100 Tage pro Jahr. »Dem verkommenen Haufen der Römer liegen nur noch Brot und Spiele lüstern am Herzen«, zürnte der Satirendichter Juvenal (58–140 n. Chr.). Das alte Rom schätzte bereits die Spaßgesellschaft, freilich eine recht grausame: »panem et circenses« (Brot und Spiele). Lebensmittel flossen reichlich aus eroberten Provinzen, die Hauptstädter des Imperiums hatten mehr Feier- als Werktage, und an denen mussten sie beschäftigt werden. Tausende Tiere und unzählige Menschen wurden bei den manchmal monatelangen Festspielen im Kolosseum massakriert. Das schaurige Massenvergnügen dauerte den ganzen Tag und hatte ein festes Drehbuch: Bei Sonnenaufgang schickten die Organisatoren Paarungen von Tieren in die Arena: Büffel kämpfte gegen Bär, Löwe gegen Leopard, Elefant gegen

◂ Antike in Reinform: das Kolosseum (▸ S. 61) und der Konstantinsbogen (▸ S. 60).

Rhinozeros. Gladiatoren oder Jäger erlegten im ländlichen Bühnenbild die armen Tiere, auch Hirsche und Rehe. Während der Mittagspause stand die »damnatio ad bestias« auf dem Programm, die Vollstreckung der Todesurteile an Räubern, Mördern und vielen Christen, wobei zum Vergnügen der Masse Szenen aus der griechischen Mythologie nachgespielt wurden. Im »dritten Akt« steigerten sich die Spektakel dann zum beliebten Finale mit den damaligen Helden und Frauenschwärmen: den Gladiatoren.

PALATIN: GRÜNDUNG UND GRANDEZZA DER KAISER

Auf dem Palatin, einem der sieben Hügel Roms, begann die Geschichte der Stadt vermutlich bereits um 1000 v. Chr., wie Reste von Hütten belegen. Der Legende nach wohnte Romulus hier, nachdem er 753 v. Chr. die Stadt gegründet hatte. Am Palatin sehen Sie anhand der ersten Rundhütten, wie primitiv die Römer damals hausten. Nicht weit davon standen aber auch vornehme Privatvillen, weil hier auch hohe Herrschaften wohnten, etwa Konsuln, die Herren der römischen Republik, Quästoren, deren Aufgabe die Kontrolle der Staatsfinanzen war, oder Ädilen, die die ausschweifenden öffentlichen Feste organisierten. Die Grandezza des Imperiums entdecken Sie in dem wuchtigen Kaiserpalast. Hier lag der Apollo-Tempel, mit seinen Marmorböden, korinthischen Säulen, vergoldeten Götterstatuen und goldglitzernden Sonnenwagen auf dem Giebel damals das schönste Heiligtum Roms.

IM FORUM WURDE POLITIK GEMACHT

Im Foro Romano pulsierte das politische Geschehen. In der »Curia« tagten bis zu 300 Senatoren und erließen gern Gesetze nach Gutdünken. Im eigentlichen Gerichtsgebäude, der Basilica Julia, ging es oft um Erbschaftsstreitigkeiten, zu denen die Römer auch wegen des Klatschwerts gern als Zuschauer herbeieilten. Und in der Via Sacra ließen sich Kaiser und Feldherren nach gewonnenen Kriegen feiern, wenn sie zum Dank an die Götter samt Kriegsbeute hoch zum Kapitol zogen.

Nach dem Besuch im Kolosseum geht es vom Eingang in der Via di San Gregorio 30 auf den Palatin und zuletzt ins Forum Romanum. Weil jährlich etwa fünf Millionen Menschen das Kolosseum besichtigen, besorgt man sich das Ticket am besten im Internet oder (bei langen Schlangen an der Kolosseumskasse) am Eingang zum Palatin (Via di San Gregorio.) Es gibt ohnehin nur das Sammelticket für Kolosseum, Palatin und Forum.

SEHENSWERTES

1 Arco di Costantino (Konstantinsbogen) E8

Ehrenbogen für die Großen und ihre Taten. Beim gut erhaltenen Konstantinsbogen wurden allerdings 312 Reliefs von anderen Monumenten verwendet. Der Stern der Stadt war im Untergehen begriffen und der Senat setzte Konstantin nach seinem Sieg über Mitkaiser Maxentius das 21 Meter hohe Denkmal mit alten Fragmenten. So weist er verschiedene Marmorfarbtöne auf. Herrlich ist er trotzdem mit seinen Reliefs.
Zwischen Kolosseum und Forum | Metro: Colosseo, Tram/Bus: Piazza del Colosseo

2 Campidoglio D7

Der »**Caput Mundi**«, das antike Haupt der Welt, ist mit 40 Metern der niedrigste, aber auch der berühmteste Hügel Roms. In der Antike war er mit dem Jupiter-Tempel ein heiliger Bezirk, im Mittelalter säumten ihn Marktbuden. Heute regiert im Palazzo Senatorio der Bürgermeister. Papst Paul III. beauftragte 1438 Michelangelo mit der Gestaltung des Platzes. Er ließ die Bronzestatue von **Marc Aurel** herschaffen (das Original steht im Palazzo Conservatorio), entwarf den sternförmigen Pflasterboden und die Paläste, die heute die Kapitolinischen Museen (▶ S. 136) beherbergen. 1981 wurden der vergoldete Kaiser Marc Aurel und sein Ross wegen Umweltschäden renoviert und in den Konservatorenpalast gebracht. Auf der Piazza steht jetzt eine Kopie.
Metro: Colosseo, Tram/Bus: Venezia

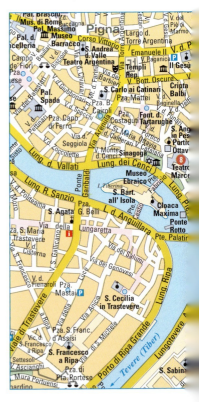

Palatin und Kolosseum | 61

Der Blick vom Caput Mundi

Es ist ein gewaltiges Panorama, das sich von hier oben übers Forum bis hinüber zum Palatin und zum Kolosseum auftut. Hinter dem Rathausgebäude haben Sie eine fast so schöne Aussicht auf die Triumphbögen und das Forum Romanum wie der Blick, den die Bürgermeister der Stadt von ihrem Balkon aus stolz den Besuchern aus aller Welt präsentieren (▶ S. 12).

Colosseo (Kolosseum) E 8

Vier Jahre nach dem Tod des menschenverachtenden Kaisers Nero (37–68 n. Chr.) suchte sein Nachfolger Vespasian die Versöhnung mit dem Volk und ließ 72 n. Chr. das gewaltige ovale Amphitheater für 80 000 Zuschauer bauen. Drei Bogenreihen umschließen die Sitzreihen im Inneren, ihre Halbsäulen erinnern im Erdgeschoss an dorische Formen, im zweiten Stock an ionische, im dritten an das korinthische Vorbild. Die mächtigen Bögen dagegen sind eine Erfindung der römischen Architekten. 80 Ein-

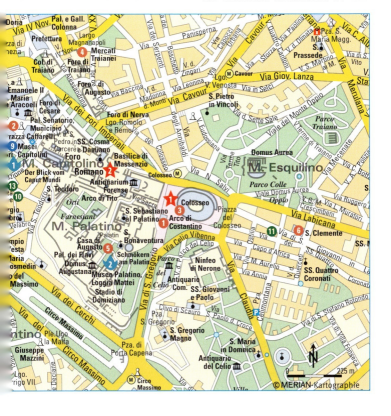

gänge ermöglichen den reibungslosen Zugang der Zuschauer zu den Sitzreihen, die nach sozialem Status gegliedert waren.

Piazza del Colosseo | Metro: Colosseo, Tram/Bus: Piazza del Colosseo | www.archeoroma.beniculturali.it | Eintritt mit Forum und Palatin 12 €, erm. 7,50 € | tgl. 8.30 Uhr bis eine Stunde vor Sonnenuntergang | Online-Ticket und Buchung für Führungen: www.ticketsrome.com

❸ Unter dem Kolosseum 🚩 E8

Seit 2012 können Sie mit Führung die unterirdischen Gänge und Kammern des Kolosseums besichtigen. Dort bereiteten sich die Gladiatoren auf ihren Einsatz vor, waren die wilden Tiere in den Käfigen eingepfercht, bevor sie mit einem Aufzug zum Spektakel nach oben gebracht wurden. Besonders beeindruckend ist die zweistündige Tour abends in den Sommermonaten von 20.20 bis 22.15 Uhr.

Reservierung unter Tel. 06/39 96 77 00 oder www.coopculture.it/ticket.cfm | € Eintritt 12 €, erm. 7,50 €

❹ Foro di Traiano (Trajansforum) D7

Auf der anderen Seite der Via dei Fori Imperiali setzte sich Kaiser Trajan selbst ein Denkmal mit dem letzten Kaiserforum. In den Ruinen aus roten Ziegelsteinen oberhalb der heiligen Stätte mit den Markthallen, wo einst Spezialitäten aus dem ganzen Römischen Reich angeboten wurden, können Sie sich noch ein wenig vorstellen, wie das Leben pulsierte. Hier wurde gehandelt, lagerten Lebensmittel zur Verteilung an die Plebs und Rom war hier auch gastronomisch Schmelztiegel des damaligen Reichs. Daneben lag die **Suburra**, wo die besitzlosen Plebejer wohnten und die Holzhütten bald zu Hochhäusern von fünf bis sechs Etagen wurden. Unter dem Forum liegt an der Via dei Fori Imperiali die **Trajanssäule**. Das 200 lange Spiralrelief zeigt Szenen aus den Kriegen des Soldatenkaisers gegen die Daker (101/102 und 105/106). Innen führt eine Wendeltreppe nach oben. In den Sockel der Siegessäule wurde 117 n. Chr. die Urne mit der Asche des Kaisers eingemauert. Auf der Plattform thronte ursprünglich eine goldene Trajansstatue. Papst Sixtus V. ließ sie 1587 durch die Statue des Apostels Paulus ersetzen.

Via IV Novembre 94 | Metro: Colosseo, Tram/Bus: Venezia | www.mercatiditraiano.it | Di–So 9–17, im Sommer 9–19 Uhr | Eintritt 11 €, erm. 9 €

⭐ Forum Romanum D7

Das Forum Romanum war bereits zur Zeit der Republik (510–44 v. Chr.) das politische Zentrum, wo Recht gesprochen, Handel betrieben und Politik gemacht wurde. Während der Kaiserzeit zogen siegreiche Feldherren samt Beutesklaven über die Via Sacra, die Heilige Straße, hoch zum Jupiter-Tempel auf dem Kapitol.

Die dreischiffige **Maxentius-Basilika** gleich rechts an der Via Sacra war die zuletzt gebaute Basilika (4. Jh.), Sitz der Präfektur und des höchsten Gerichts. Zentraler Punkt des Forums waren **der Tempel und das Haus der Vestalinnen**. Im Tempel hüteten sechs Priesterinnen (Vestalinnen) das heilige Feuer. Sie waren hoch angesehen, weil sie manches Geheimnis der Mächtigen kannten, und mussten keusch leben. Wenn eine das Gelübde verletzte, wurde sie bei lebendigem Leib begraben und ihr Liebhaber am **Comitium** vor dem Senatsgebäude zu Tode geprügelt. An diesem unbebauten Platz mit der Rednertribüne im Zentrum feuerte der Philosoph, Schriftsteller und Konsul Cicero die Römer gegen den verschwörerischen Senator Catilina an. Etwa hier stand auch der **Goldene Meilenstein**, auf dem die Entfernungen aller Städte des Reiches von der Hauptstadt angegeben waren. Davor die mit Mauersteinen hochgezogene **Kurie**, das Senatsgebäude. Dort versammelten sich die 300 Senatoren nach den Opfer- und Gerichtsriten – in der Regel zweimal im Monat – mit sorgfältig drapierter Tunika zur ersten Tagesstunde und verließen den Senat nach einer Flut von Diskussionen bei Sonnenuntergang. Rundum wimmelte es von Müßiggängern, Claqueuren, Bravorufern, von Politikern oder Advokaten, die auf eine Einladung zum Abendessen hofften und sich die Zeit mit Würfelspielen oder Domino vertrieben. Links von der Kurie markiert der **Lapis Niger**, eine Fläche aus schwarzen Marmorplatten, die Stelle, wo Romulus begraben sein soll.

Mit den Ausgrabungen der letzten Jahre wurde auch ein Teil des **Foro di Cesare**, des Cäsarforums, ins archäologische Areal eingegliedert. Cäsar wollte eine Kultstätte für sich und beauftragte Cicero 54 v. Chr., das bebaute Gelände am Fuße des Kapitolshügels zu kaufen. Der Tempel der Venus Genetrix (der Gebärerin) verherrlichte die Göttin und seinen, Cäsars Ruhm, da er – so seine Version –

Das politische und gesellschaftliche Leben des alten Rom pulsierte am Forum Romanum (▶ S. 62). Zu sehen sind hier Tempelreste und rechts darüber der Palatin.

von ihr abstammte. Von der 170 mal 75 Meter großen Anlage sind nur das Podium und drei Säulen erhalten.
www.archeoroma.beniculturali.it | Eintrittskarten (auch für das Kolosseum gültig) können an drei Eingängen zum Forum und Palatin gelöst werden: Largo della Salara Vecchia (an der Via dei Fori Imperiali), vor dem Kolosseum hinter dem Konstantinsbogen hoch, oder ein Stückchen weiter an der Via di San Gregorio 30 | Metro: Colosseo, Tram/Bus: Piazza del Colosseo | Eintritt mit Forum und Palatin 12 €, erm. 7,50 € | tgl. 8.30 bis eine Stunde vor dem Sonnenuntergang 🕐 Besuchen Sie das Areal an den Tagen und zu Uhrzeiten, an denen auch die Casa di Augusto und die Büroräume mit umwerfend gut erhaltenen Wandmalereien zu sehen sind. Öffnungszeiten für die Casa di Augusto: Mo, Mi, Sa, So 11–15.30 Uhr, Di, Do, Fr geschl.

❺ Palatin   D 8

Nehmen Sie den Eingang an der Via di San Gregorio 30. Die Ruinen des Kaiserpalasts, des **Domus Flavia** aus dem 1. Jh. n. Chr., überragen wuchtig den Palatin. Gleich links sehen Sie die Reste vom **Aquädukt des Claudio**. Ein riesiger Thronsaal im Kaiserpalast, einst mit bunten Marmorstatuen geschmückt, diente den Kaiseraudienzen, rundum lagen die prächtigen Räume der Residenz. Das lange ovale Stadion war ein Reitplatz zum Vergnügen der Kaiser. Sie wohnten dahinter in der kleineren **Domus Augustana**.
Die größten am Palatin gefundenen Kunstwerke wurden in mehrere Museen gebracht. Im kleinen **Palatin-Museum** sehen Sie eine nachgebaute Rundhütte des frühen Roms und kleinere Fundstücke aus der Kaiserzeit. Davor liegen die **Reste des Apollo-Tempels**, der mit seinen Marmorböden, korinthischen Säulen, bunten Terrakotta-Bemalungen, vergoldeten Götterstatuen und goldglitzerndem Sonnenwagen auf dem Giebel damals als schönstes Heiligtum Roms galt. In der **Casa di Livia** wohnte die Gattin des Augustus eher bescheiden. Die Wandmalereien mit Girlandendekorationen und mythologischen Szenen zeugen aber von einem vornehmen Privathaus. Dahinter liegt die **Casa di Augusto** mit gut erhaltenen Fresken. Im 17. Jh. lagen die Ruinen unter der Erde und die Familie Farnese ließ darauf die **Farnesischen Gärten** anlegen. Von hier geht der Weg zum Forum Romanum, wo der **Titus-Bogen** steht mit den Reliefs vom Beutezug in Jerusalem, das Titus 70 n. Chr. eroberte.
Metro: Colosseo, Tram/Bus: Piazza del Colosseo

Schmökern am Palatin

Inmitten der Ruinen auf dem Palatin laden schattige Bänke zum Lesen ein. Herrlich ist hier die Lektüre über den Alltag der Antike, beispielsweise von Jerome Carcopino. Schön für Kinder ist die Comic-Erzählung »Eine Reise in die Vergangenheit und die Zukunft mit der Katze Cicero.« (▶ S. 12).

❻ San Clemente   E 8

Drei Etagen bilden dieses einzigartige Kleinod der Kirchengeschichte. Im unterirdischen **Mithräum**, das zu einem antiken römischen Haus aus dem 1. Jh. n. Chr. gehörte, befinden sich Reste einer Opferstätte für den arischen Lichtgott Mithras, den römische Soldaten im 2. Jh. n. Chr. in Asien und nach ihrer Rückkehr in Rom verehrten. Im Relief ist der Kult für den Fruchtbarkeitsgott gemeißelt: Mithras tötet den Urstier, Hund und Schlange lecken das Blut, ein Skorpion beißt in die Hoden des Stiers, durch dessen Samen die Welt entsteht. Darüber wurde im 4. Jh. n. Chr. eine Kirche zu Ehren von Papst Klemens (88–97) geweiht, die Fresken schildern Szenen aus seinem Leben. In der mittelalterlichen Oberkirche sind herrliche Mosaike aus dem 12. Jh. erhalten: der »Triumph des Kreuzes« mit zwölf Tauben als Symbole für die Apostel, ein Akanthus und zahlreiche symbolträchtige Bilder (Hirsche, Pfauen, Lämmer) in der Apsis. Über dem Kreuz die Hand Gottes. Auf dem Triumphbogen thront – umrahmt von Engeln, Aposteln und Propheten – Christus über den Städten Bethlehem und Jerusalem. Die Fresken in der **Cappella di S. Caterina** mit Legenden des heiligen Christopherus und der heiligen Katharina von Alexandrien gelten in ihrer Schlichtheit als besonders schöne Malereien der Frührenaissance (um 1430).

Piazza San Clemente | Tram/Bus: Labicana | Mo–Sa 9–12.30, 15–18, So und feiertags 10–12.30, 15–18 Uhr | Eintritt Unterkirche 5 €, erm. 3,50 €

❼ Santa Maria in Cosmedin D 8

»Das Wunder gibt's in keiner Stadt, da stellt sich nämlich raus, ob einer lügt (…) Steckt die Hand ein Lügner rein (…) kriegt er sie nicht mehr raus«,

Das Mosaik »Triumph des Kreuzes« in der Basilica San Clemente (▶ S. 64) besticht durch seine Tierdarstellungen. Wer in Ruhe schaut, entdeckt immer wieder neue Details.

fabelte der Mundartdichter Giuseppe Gioacchino Belli (1791–1836) über den antiken Lügendetektor in der Vorhalle der Kirche, die **Bocca della Verità**. Die 1,75 m breite Marmor-Fratze, auf die Kaufleute im alten Rom ihre Ehrlichkeit schworen, schnappt laut Volksmund nämlich zu, wenn ein Lügner die Hand hineinsteckt. Das schlichte Kircheninnere schmückt einer der schönsten Cosmatenfußböden, die mit ihren bunten, geometrisch gelegten Mosaiksteinen viele Gotteshäuser zieren. Der hohe Glockenturm stammt aus dem 12. Jh. Leider sind die Fresken an den Wänden des Mittelschiffs, rechts mit Szenen des biblischen Daniels und links von Karl dem Großen und dessen Sieg über den Islam, schlecht erhalten.

Piazza Bocca della Verità 18 | Bus: Bocca della Verita | tgl. 9–13 und 15–18, im Sommer 9–18 Uhr

8 Teatro di Marcello (Marcellus-Theater) D7

Von Santa Maria in Cosmedin sieht man bereits das erste in Stein gebaute Theater Roms. Außer dem Kolosseum gab es in Rom drei weitere Theater, darunter das Marcellus-Theater, das Kaiser Augustus um 13 v. Chr. dem Sohn seiner Schwester Octavia widmete. Mit 20 000 Plätzen war es das zweitgrößte Theater der Stadt. Hier erkennt man sehr gut, wie sich später Adelsfamilien antike Bauwerke aneigneten. Im Mittelalter wurde das Theater zur Festung mit Wohnungen umgebaut. In diesem Areal lag in der Antike das Forum Boarium, der Rindermarkt. Links davon der Rundtempel des Hercules Victor.

Via del Teatro Marcello | Tram/Bus: Venezia

MUSEEN UND GALERIEN

9 Musei Capitolini (Kapitolinische Museen) ▶ S. 136

ESSEN UND TRINKEN

RESTAURANTS

10 St. Teodoro D8

Romantische Abende – Elegantes Restaurant mit wunderschöner Terrasse. Die Wirtin kommt aus den USA, serviert aber römische Küche: Pasta mit Sardellen, Ricotta und Brösel oder mit Muscheln, exzellente Lasagne mit Zucchini-Blüten und Garnelen, gutes Tartarsteak oder Lamm. Es gibt auch zwei feste Menüs zu 60 bzw. 80 Euro.

Via dei Fienili 50 | Bus 80, 81, 85, 87, 175 | Tel. 06/67 80 933 | www.st-teodoro.it | So geschl. | €€€€

11 Trattoria Luzzi E8

Familienkneipe – Nahe der Kirche San Clemente serviert Luciano Luzzi die klassische Cucina Romana in der einfachen Kneipe, in der wenig Touristen, aber viele Römer einkehren, unter anderem wegen der guten Pasta alla Carbonara, Pasta mit Speck und Ei oder der Pizza aus dem Holzofen.

Via Celimontana 1 | Metro: Colosseo, Tram/Bus: Labicana | Tel. 06/70 96 332 | Mi geschl. | €

BARS

12 Caffè Capitolino D7

Nach dem Besuch der Kapitolinischen Museen (▶ S. 136) können Sie direkt ins Museumscafé gehen oder auch ohne Visite über einen Seiteneingang (rechts von der Rampe vor dem rechten Palazzo) auf einen Aperitif einkehren und den Blick über römische Dächer und Terrassen genießen.

Ob auch Hunde lügen können? Die Bocca della Verità (Mund der Wahrheit) in der Kirche Santa Maria in Cosmedin (▶ S. 65) schnappt zu, wenn ein Lügner die Hand hineinsteckt.

Piazzale Caffarelli 4 | Tram/Bus: Venezia | Di–So 9–19.30 Uhr

⓭ Caffetteria St. Teodoro 🚩 D 8

In der lauschigen Ecke mit Blick auf den Kapitol-Hügel und den Tarpejischen Felsen, wo in der Antike Todesurteile durch Felsensturz vollzogen wurden, werden köstliche Kuchen und mittags auch kleine Gerichte serviert. Sehr gut sind die »melanzane alla parmigiana«, mit Parmesan überbackene Auberginen.

Via dei Fienili 54 | Bus: Petroselli | Mo–Sa 7–21 Uhr

AKTIVITÄTEN
Ecovia 🚩 🚩 E 7

Rom erkunden auf zwei Rädern mit Antriebshilfe: »Das Fahrrad für die Sieben Hügel«, lautet die Werbung einer Firma für Elektrofahrräder, die Sie ausleihen können – etwa für eine bequeme Radfahrt über den Gianicolo, von der Piazza del Popolo hoch zur Villa Borghese oder mit dem Navigationssystem auch auf den Spuren unseres Stadtspaziergangs (▶ S. 146).

Vicolo del Bonconsiglio 34 | Metro: Colosseo | Tel. 06/45 50 89 23 | www.ecovia.it | 4 Stunden 15 €, 1 Tag 20 €

TRASTEVERE UND TESTACCIO

Jedes römische Viertel ist ein Dorf für sich – mit seiner Piazza, seinen Kirchtürmen und dem eigenen Flair. Trastevere aber ist inmitten der Weltstadt noch mehr Dorf als alle anderen. Im nahen Testaccio trifft sich die junge und alternative Szene.

In Trastevere gibt es kaum hochherrschaftliche Palazzi, aber viele gemütliche Plätze. Noch hängt Wäsche über manch enger Gasse, sitzen Frauen und Männer im heißen Sommer auf Klappstühlen vor ihrer Haustür, noch steht hier Solidarität oben auf der Werteskala. Ich wohne hier. Auf meinem Weg zum täglichen Frühstück und Zeitungskauf auf dem schönsten Platz, der Piazza Santa Maria in Trastevere mit ihrer wunderschönen Marienkirche, brauche ich für die zehn Gehminuten oft eine halbe Stunde. Roberto, der Zeitungsverkäufer, erzählt ausführlich von seinen Kindern und Eltern oder schimpft über die Politik. Unterwegs stellt man immer wieder die Einkaufstasche auf eine Bank und plaudert. Am Abend strömen die Nachtschwärmer ins Viertel – zuerst zum Essen, dann in die Kneipen, was weniger an der Qualität der Lokale, sondern vor allem an diesem lauschigen Ambiente liegt.

◂ Für viele der schönste Platz der Stadt: die Piazza Santa Maria in Trastevere (▶ S. 13).

Der Name Trastevere, von »trans Tiberim« (auf der anderen Seite des Tiber), verrät schon, dass dies in der Antike der einzige Stadtbezirk war, der am rechten Ufer des von Nord nach Süd fließenden Flusses lag. Noch heute nennen sich die Trasteverini deshalb »noi altri« (wir anderen) und behaupten, dass nur sie die einzig wahren Nachfahren der alten Römer seien. Fakt ist, dass Trastevere immer volkstümlich war. Laut Juvenal wohnten im 1. Jh. n. Chr. hier vor allem »Gerber oder die mit stinkender Urinlauge arbeitenden Tuchwalker«.

Die Tradition blieb, bis vor wenigen Jahren betuchte Römer, viele Künstler und Ausländer Trastevere mit seinen verwinkelten Gassen entdeckten – als Schickmicki-Gegend für Leute mit Faible für Unterstatement. Dennoch hat das Viertel mit dem Museo Corsini, der Villa Farnesina und dem Botanischen Garten seinen eigenen Charakter bewahrt.

Über Trastevere verläuft auch einer der schönsten Spaziergänge der Stadt: über den Gianicolo bis zum Vatikan, zum Tempietto di Bramante im Hof von S. Pietro in Montorio, zur Reiterstatue vom Einheitsheld Giuseppe mit dem atemberaubenden Panoramablick auf Rom und dann wieder bergab. Der gemütliche Spaziergang endet am Vatikan und kann natürlich genauso in die andere Richtung gelaufen werden.

NIGHTLIFE AM SCHERBENHAUFEN

Weniger Ruhe herrscht im Testaccio-Viertel vor dem alten Schlachthof, wo die Grotten des alten Scherbenhaufens der Antike heute Treffpunkt für Junge, Alternative und, mit der ältesten Gay-Disco L'Alibi (www.lalibi.it), für homosexuelle Frauen und Männer ist. Der 40 Meter hohe künstliche Hügel wurde vor rund 2000 Jahren mit den Scherben von gut 50 Mio. Vorratskrügen aufgestapelt. Später dominierte der Schlachthof den Bezirk und rundum öffneten Restaurants, in denen zum Teil noch heute die deftigsten römischen Gerichte gekocht werden. Im alten Schlachthof wurden zwei ehemalige Ställe zur zeitgenössischen Galerie MACRO Future (▶ S. 135) umgebaut.

70 | ROM ERKUNDEN

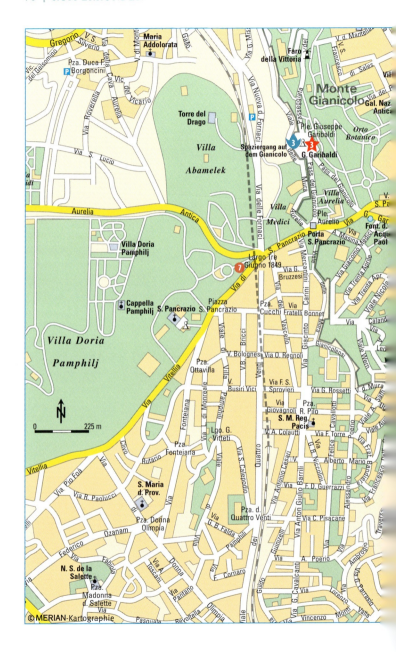

Trastevere und Testaccio | 71

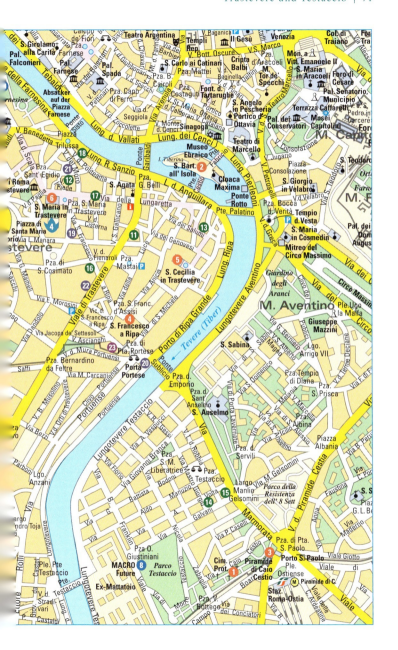

SEHENSWERTES

❶ Cimitero Acattolico (Protestantischer Friedhof) C/D 10

Dies ist der schönste Friedhof Roms. Auf einem Grabstein steht die schlichte Inschrift »Goethe Filius Patri Antevertens«, denn August von Goethe (1789–1830) starb nach einem ruhelosen Leben als Sohn des bereits zu Lebzeiten berühmten Dichterfürsten und liegt neben Orthodoxen und Anglikanern, Schauspielern und Dichtern begraben. Ursprünglich war der Friedhof eine Ansammlung von Gräbern am Stadtrand, wo Nicht-Katholiken als »ungläubige Tote« beigesetzt wurden. Da der Friedhof in der Metropole der Päpste oft geschändet wurde, schützte man das Areal 1817 mit hohen Mauern.

Via Caio Cestio 6 | Tram/Bus: Porta San Paolo | Mo–Sa 9–17, So und feiertags 9–13 Uhr

> **Spaziergang auf dem Gianicolo**
>
> Vom Vatikan zum volkstümlichen Viertel Trastevere spazieren Sie am besten in der Abenddämmerung. Dann liegt die römische Skyline in einem besonders verführerischen Licht. Ganz oben wartet von Juni bis September die offene Bar Gianicolo 150 mit Cocktails (▶ S. 13).

⭐ Gianicolo B 7

Ein atemberaubender Blick, die Fontana Acqua Paola, ein Monumentalbrunnen in der Form eines Triumphbogens und gegenüber die kleine Kirche **San Pietro in Montorio** mit einem der vollkommensten Kunstwerke der Hochrenaissance, dem **Tempietto del Bramante** (1501). Dies sind die Attraktionen bei einem Spaziergang auf dem Gianicolo von Trastevere zum Vatikan (▶ S. 110) oder zum Stadtpark Villa Pamphili. Oben sitzt auch der Einheitsheld Giuseppe Garibaldi stolz auf dem Pferd, wenige Meter weiter seine kämpferische Ehefrau Anita, eine der wenigen Frauen, denen die Ehre eines Reiterstandbilds zuteil wurde.

Piazza Garibaldi | Bus: Piazzale Garibaldi

❷ Isola Tiberina (Tiberinsel) C 8

Bei einem Spaziergang am Ufer der Tiberinsel bleibt der Trubel der Altstadt in wohltuender Entfernung. Reste eines Steinreliefs mit Schlange am Schiffsmast erinnern an die Sage, der zufolge Äskulap, der Gott der Medizin, den Tiber herauf nach Rom kam und die Bewohner von einer Pestepidemie erlöste. Dabei soll eine Schlange vom Schiff auf die Insel geschwommen sein. Auf den Ruinen des hier errichteten Äskulap-Tempels entstand Ende des 10. Jh. die Kirche, die im 12. Jh. dem Heiligen Bartholomäus geweiht wurde.

Tram: Belli, Bus: Sonnino

❸ Piramide di Caio Cestio (Cestius-Pyramide) D 9/10

Die vier Meter unterhalb des Straßenniveaus liegende Pyramide ließ sich der Prätor und Volkstribun Gaius Cestius 12 v. Chr. in nur 330 Tagen als Grab errichten, wie eine Inschrift verrät. Die in die Aurelianische Stadtmauer einbezogene Pyramide aus Travertin und Carrara-Marmor folgt ägyptischen Vorbildern, die nach dem Sieg über das Königreich von Kleopatra 30 v. Chr. in Rom modern wurden.

Trastevere und Testaccio | 73

Die Villa Doria Pamphilj (▶ S. 74) ist ein beliebter Park mitten in Rom. Das dazugehörige barocke Lustschlösschen dient heute als Location für Staatsempfänge.

Piazza di Porta San Paolo | Metro: Piramide, Tram/Bus: Porta San Paolo

❹ San Francesco d'Assisi a Ripa 🔖 C 8

Ein Kleinod schmückt dieses von außen unscheinbare Kirchlein. Barockmeister Bernini meißelte erotisch die Ekstase der Nonne und Seligen Ludovica Albertoni in Stein, wie sie sich mit offenem Mund und geschlossenen Augen die Brust berührt.

Piazza S. Francesco d'Assisi 88 | Tram/Bus: Trastevere/min. P. Istruzione | tgl. 8–13, 14–19 Uhr

❺ Santa Cecilia 🔖 C 8

Die Kirche wurde im 9. Jh. über einem älteren Heiligtum und einem Haus errichtet, wo die Heilige Cecilia im 3. Jh. vermutlich den Märtyrertod starb. Interessant ist die Geschichte der Statue der Heiligen von Stefano Maderno, die er angeblich im 16. Jh. nach ihrem Abbild schuf, nachdem sie völlig intakt exhumiert worden war. Berühmt sind in Santa Cecilia auch das Ciborio von Arnoldo di Cambio und das Fresko des Jüngsten Gerichts von Pietro Cavallini.

🕐 Besuchen Sie die Basilika zwischen 10 und 12.30 Uhr. Denn nur dann dürfen Sie Cavallinis Jüngstes Gericht aus dem Jahr 1293 bewundern.

Piazza S. Cecilia 22 | Tram/Bus: Trastevere-Mastai | tgl 9.15–12.45, 16–18 Uhr

❻ Santa Maria in Trastevere 🔖 C 8

Das prächtige Mosaik an der Fassade ist doppelt faszinierend, wenn Christus, die Madonna und Innozenz am Abend beleuchtet werden. Die älteste

Marienkirche Roms aus dem 4. Jh. hat ihre heutige Form im 12. Jh. erhalten, die Vorhalle wurde im 18. Jh. renoviert. Sie birgt aber noch immer viele Elemente des frühen Baus. Die 22 ionischen Säulen im Inneren schleppten Arbeiter aus den Caracalla-Thermen herbei, die Apsis schmücken wertvolle Mosaiken aus dem 12. Jh. Darüber die Madonna in den Kleidern einer orientalischen Göttin, Christus und neben den Heiligen Kallixtus und Laurentius der Kirchenstifter Papst Innozenz II.
Piazza Santa Maria in Trastevere | Tram/Bus: Trastevere-Mastai | tgl. 8–20 Uhr

> **Dolce Vita auf der Piazza**
>
> Mein Lieblingsplatz in Rom ist die Piazza Santa Maria. Der Kiosk hat deutsche, österreichische und Schweizer Zeitungen und beim Cappuccino, Campari oder auch beim guten Eis in der Bar gegenüber der Kirche ist auch der Blick auf die Mosaike ein Genuss (▶ S. 13).

7 Villa Doria Pamphilj (Stadtpark Pamphilj) A 8
Auch dieser größte Stadtpark Roms ist ein beliebtes Joggingparadies und großer Spielplatz. Im Lustschlösschen von Alessandro Algardi empfängt Italiens Regierungschef hohe Gäste. Auf den Wiesen tummeln sich Groß und Klein zwischen Buchsbäumen, Steineichen und Pinien. Auf einer Terrasse steht der Palast der Villa, ein verspieltes Gartencasino mit Reliefs an der Fassade.
Via di S. Pancrazio | Bus: Carini-San Pancrazio

MUSEEN UND GALERIEN
8 MARCO Future ▶ S. 135
9 Museo Corsini ▶ S. 138
10 Villa Farnesina ▶ S. 141

ESSEN UND TRINKEN
RESTAURANTS
11 Ai Marmi Panattoni C 8
Pizza eccellente – Es ist laut wegen des Verkehrs, aber die Pizza aus dem Holzofen ist hier so köstlich, dass die Dezibel gern in Kauf genommen werden und sich manchmal auch Botschafter und Politiker in der Pizzeria Ai Marmi Panattoni ein Stelldichein geben.
Viale di Trastevere 53–59 | Tram/Bus: Belli | Tel. 06/5 80 09 19 | Mi und im Aug. geschl. | €

12 Augusto C 8
Bilderbuch-Osteria – Der deftige Duft von wenigen Gerichten, die Augusto serviert, lockt Studenten, Handwerker und Singles, die nicht gerne kochen. Weil Pasta und z. B. das »pollo alla cacciatora« wie bei Mamma schmecken, ist das kleine Lokal mit den Stühlen auf dem lauschigen Platz immer voll.
Piazza de Renzi 15 | Tram/Bus: Belli | Tel. 06/58 03 798 | €

13 Da Teo ▶ S. 28
14 Felice ▶ S. 28

15 Perilli D 9
Römisch-deftig – Hierher kommen die echten Römer wegen der Gerichte des »quinto quarto« (Innereien). Außerdem hat Perilli auch sehr gute Vorspeisen, Pastagerichte und Desserts.
Via Marmorata 39 | Tram/Bus: Marmorata-Galvani | Tel. 06/57 55 200 | Mi geschl. | €€

Trastevere und Testaccio | 75

16 Sisini
Imbiss mit besten Ingredienzen – Die Imbissstube hat sehr gute Pizzaschnitten und »suppli« (gefüllte Reiskroketten), mittags Pasta und kleine Hauptgerichte, die viele Leute auf dem Gehsteig verzehren. Gemütlicher und mit mehr Ruhe können Sie die Snacks auf den Bänken der nahen Piazza San Cosimato genießen.
Via San Francesco a Ripa 137 | Tram: Trastevere-Mastai | Mo–Sa 9–20 Uhr, So geschl. | €

BARS UND KNEIPEN
17 Enoteca Trastevere
Beschaulich – Auf dem kleinen Platz neben der Kirche Santa Maria (▶ S. 73) gibt's in der Wein- und Cocktailbar von Edda ausgewählte Weine aus ganz Italien. Dazu serviert sie auch Pizza, Pasta oder einen Entenschenkel – und manchmal gibt's zu den Köstlichkeiten auch noch Live-Musik.
Via della Lungaretta 86 | Tram/Bus: Belli | www.enotecatrastevere.it | tgl. 12–20 Uhr

18 Freni e Frizioni
Originell und gemütlich – Am Tresen hängen Inschriften aus deutschen Apotheken und vom Mechaniker, der hier Autos reparierte. Das angenehme Ambiente machte das Lokal schnell zum In-Treff. Freundliche junge Leute servieren am Tag kleine Kuchen zum Kaffee und bis spät am Abend Wein und Cocktails, die die junge Klientel auch gerne auf der Piazza davor genießt. Von 19–22 Uhr Happy Hour mit Büfett.
Via Politeama 4–6 (oben an der Treppe) | Tram/Bus: Belli | www.freniefrizioni.com

EINKAUFEN
19 Blu Cachemire
Im Winter bekommt der Herr Socken, Krawatten, Haube oder Pullover aus Kaschmir, die Dame Kleider und Jacken aus der feinen Wolle, im Sommer sind die Modelle meist aus Leinen.
Via San Francesco a Ripa 17b | Tram: Trastevere-Mastai | Mo–Sa 10–13.30, 15.30–20 Uhr

20 Flohmarkt Porta Portese
Jeden Sonntagmorgen gibt's auf dem riesigen Flohmarkt Secondhand-Kleidung, billige Chinaware, aber auch alte Bilder und manch orginelles Stück fürs Wohnzimmer oder die Terrasse. Achtung, Taschendiebe!
Viale Trastevere | Tram/Bus: Ippolito Nievo | So 7.30–13.30 Uhr

21 Marta Ray
Marta Ray entwirft weiche Kalbsledertaschen in vielen Farben und verkauft sie seit 2013 in dieser Boutique. Außerdem flache bequeme Ballerinas und Sandalen von Frau Ray und Schals von anderen Designerinnen.
Via del Moro 6 | Tram: Belli | Mo–So 11–21, Sa bis 23 Uhr

22 Oviesse
Erstaunlich ist in diesem Kaufhaus die Qualität – oft reine Baumwolle – vieler Blusen, Socken, Kleider, Hosen für die Dame, den Herrn und das Kind, und trotzdem sind die Preise günstig.
Viale Trastevere 281 | Tram/Bus: Stazione Trastevere | Mo–Sa 9–19.30, So 10–13, 16–19.30 Uhr

KULTUR UND UNTERHALTUNG
23 Nuovo Sacher ▶ S. 44

SPANISCHE TREPPE UND TRIDENTE

Che bella figura: Die Spanische Treppe erhebt sich hochherrschaftlich über Chic und Schickeria der Modefürsten. Hier regiert das große Geld, und wer wiederkommen möchte, egal ob reich oder arm, wirft eine Münze in den berühmten Trevi-Brunnen.

An der Spanischen Treppe haben die Größten der Schneiderzunft ihre luxuriösen Geschäfte. Hier liegt der teuerste Schmuckladen Bulgari gegenüber dem berühmtesten Café von Rom, dem Antico Caffè Greco, in dem schon Goethe über Gott und die Welt disputierte. Wir sind in der exklusivsten Modemeile Roms, in der Via Condotti [4], wo kein Einkaufswunsch unerfüllt bleibt. In dieser eleganten Shopping-Straße reihen sich Armani, Ferragamo, Tod's und andere Tür an Tür, jede Römerin und jeder Römer schlendert gerne mal zum Schaufensterbummel hier entlang, auch wenn die meisten sich keine Abendrobe, kein Kleid dieser Modefürsten leisten können. Zahlreiche exklusive Geschäfte liegen auch an der Piazza di Spagna, in der Via Borgognona und der Via del Babuino.

◀ Spanische Treppe (▶ MERIAN TopTen, S. 80): Hier defilieren regelmäßig die Models.

In den anderen Quer- oder Parallelstraßen zur Via del Corso haben billigere Geschäfte ihre Adresse. Tridente, drei Zähne, heißt das Quartier, weil von der Piazza del Popolo drei Straßen wegführen, man sollte sie einfach alle abgehen und in einem der Hunderte Geschäfte finden sicher auch Sie das Stück, von dem Sie träumen.

WER WIEDERKOMMEN WILL, MUSS ZUM TREVI-BRUNNEN

In diesem Viertel residieren nur sehr betuchte Römer. Die Wohnungen an der Piazza di Spagna kosten bis zu 15 000 Euro pro Quadratmeter. Die malerische Via Margutta dagegen, ruhig in diesem Geschäftsviertel gelegen, war seit jeher die Straße der Künstler. Hier lebte etwa der große Regisseur Federico Fellini bis zu seinem Tod. Unvergesslich sind die Szenen aus seinem Film »La Dolce Vita«, in dem Anita Ekberg ihr berühmtes Mitternachtsbad im Trevi-Brunnen nimmt. Sie dürfen natürlich nicht in dem Becken baden, sollten aber unbedingt eine Münze ins Wasser werfen – und zwar rückwärts. Dies soll die Rückkehr in die Ewige Stadt garantieren.

SEHENSWERTES

 Ara Pacis C 6

2006 war das Jahr der Ara Pacis, als die moderne Hülle des US-Stararchitekten Richard Meier um den alten Friedensaltar fertiggestellt und zum Geburtstag der Stadt am 21. April das ungleiche Paar feierlich zelebriert wurde. Natürlich meckerten einige Kunsthistoriker und Römer über den »primitiven« Überbau aus Glas und Travertin als Kontrast zur alles beherrschenden Antike. Der Bau umrahmt einen 2000 Jahre alten Altar, den der römische Senat Kaiser Augustus wegen erfolgreicher Kriege, aber auch wegen seiner Friedenspolitik stiftete. Die Marmormauern zeigen auf ihren Reliefs religiöse Feste, an der dem Fluss abgewandten Seite opfert Augustus mit seiner Familie, an der Stirnseite verewigten die Bildhauer die Urväter Roms, Äneas, Romulus und Remus.

Lungotevere in Augusta/Ecke Via Tomacelli | Bus: Tomacelli | www.ara pacis.it | Di–So 9–19 Uhr, Mo geschl. | Eintritt 8,50 €, erm. 6,50 €

⭐ Fontana di Trevi (Trevi-Brunnen) 🟩 D 6

Papst Klemens XII. beauftragte 1732 Nicolò Salvi mit den Entwürfen für den riesigen Brunnen an der Rückseite des Palastes der Herzöge von Poli. Die Szene beherrscht der Meeresgott Neptun in seinem Muschelwagen inmitten von Tritonen in der mittleren Nische. In den Seitennischen stehen zwei Frauenfiguren, Überfluss (links) und rechts die Gesundheit. Die Münzen, die jeder Rom-Besucher rückwärts in die Fluten werfen muss, wenn er wiederkommen will, saugt die Stadtverwaltung für die Caritas ab, wenn sie Kinder nicht vorher aus dem Wasser gefischt haben.

Piazza di Trevi | Bus: Corso-Minghetti, Largo Chigi

❷ Piazza del Popolo 🟩 C 5

Der Platz an der Stadtmauer gehört heute zur Szene des mondänen Stadtlebens. In den Cafés Rosati und Canova nimmt den Aperitif ein, wer gesehen werden möchte. Die Mauer, die den Platz abschließt, ist Teil der Aurelianischen Mauern, ein im 3. Jh. gebauter, 19 km langer Befestigungsgürtel mit 30 Wehrtürmen. Zwei Zwillingskirchen überragen die Piazza del Popolo. Die Attraktion aber ist das kleine Gotteshaus Santa Maria del Popolo rechts vor den Stadtmauern mit der Porta Flaminia. Zu sehen sind Fresken von Pinturicchio, zwei prächtige Caravaggio-Gemälde, »Kreuzigung des Petrus« und »Bekehrung des Paulus« (um 1600) sowie die Cappella Chigi von Raffael im linken Seitenschiff (1513).

Metro/Tram/Bus: Flaminio | Mo–Sa 7.15–12.30 und 16–19, So und feiertags 8–13.30 und 16.30–19.15 Uhr

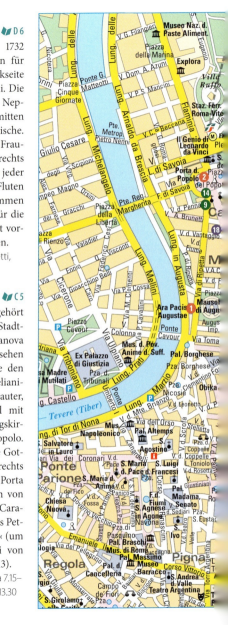

Spanische Treppe und Tridente | 79

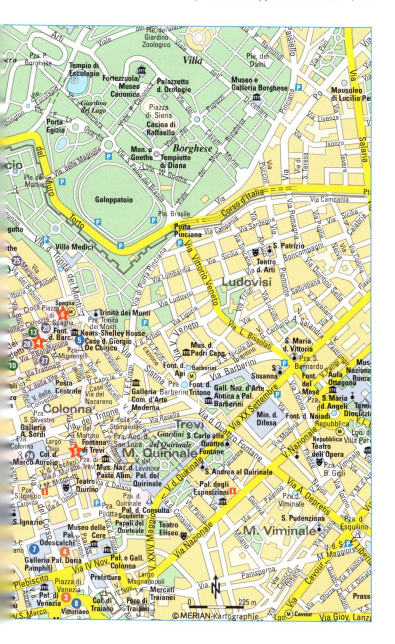

6 Piazza di Spagna/Scalinata della Trinità dei Monti (Spanische Treppe) 🌀 D 6

Die Spanische Treppe heißt eigentlich Treppe der Dreieinigkeit, nach der Kirche Trinità dei Monti. Der Architekt Francesco de Sanctis lebte bei den Entwürfen der Treppe mit den geschwungenen Aufgängen 1723 seine spielerische Kreativität aus. Im Haus rechts neben der Treppe starb 1821 der englische Dichter John Keats. Ihm und Dichterfreund Shelley ist ein kleines Museum in Keats' ehemaliger Wohnung gewidmet (Piazza di Spagna 26, Mo–Fr 9–13, 15–18, Sa 11–14, 15–18 Uhr, So geschl.). Die Marmorfontäne vor den Treppen erinnert an ein Hochwasser, bei dem der Tiber seine Fluten bis hierher spülte.
Metro/Bus: Spagna

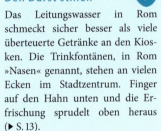

Den Durst stillen 5

Das Leitungswasser in Rom schmeckt sicher besser als viele überteuerte Getränke an den Kiosken. Die Trinkfontänen, in Rom »Nasen« genannt, stehen an vielen Ecken im Stadtzentrum. Finger auf den Hahn unten und die Erfrischung sprudelt oben heraus (▶ S. 13).

3 Piazza Venezia 🌀 D 7

König Vittorio Emanuele II. setzte sich dieses monumentale Denkmal. Vom Corso kommend liegt rechts der Palazzo Venezia (15. Jh.), von dessen Balkon Diktator Benito Mussolini die Massen entflammte. Der Aufstieg aufs Nationaldenkmal Vittoriano lohnt auch wegen der Terrasse dahinter mit Blick auf das Forum Romanum, und von dort geht es nochmals mit einem Lift hoch über Rom. Im Denkmal gibt's eine kleine Ausstellung über Giuseppe Garibaldi sowie Wechselschauen zu Kunst und Geschichte.
Tram/Bus: Venezia │ tgl. Winter 9–16.30, Sommer 9.30–17 Uhr │ Eintritt frei, Lift 7 €, erm. 3,50 €

4 Time Elevator 🌀 D 7

Die 45-minütige digitale szenische Reise auf mobilen Pulten zeigt auf den Bildschirmen die Antike Roms, vom Aufstieg bis zum Niedergang.
Tridente │ Via dei Santissimi Apostoli 20 │ Bus: Corso-Minghetti │ www.time-elevator.it │ Eintritt Erw. 12 €, Kinder 9 €

MUSEEN UND GALERIEN

- 5 **Casa de Chirico** ▶ S. 131
- 6 **Casa di Goethe** ▶ S. 131
- 7 **Galleria Doria Pamphilj** ▶ S. 132
- 8 **Vittoriano** ▶ S. 141

ESSEN UND TRINKEN
RESTAURANTS

9 Dal Bolognese 🌀 C 5

VIP-Lokal – Wie der Name verrät, stehen Edelgerichte aus der Region Emilia Romagna auf der Karte. Das Schlemmerlokal serviert exzellente Tortellini mit Ochsenschwanzfleisch in Brühe oder mit Sugo, Bandnudeln mit Entenragout und den stadtbekannten »bollito«: Tafelspitz mit Kräutersauce. Und hier speist, wer gesehen werden oder einen Star sehen will. Reservieren!
Piazza del Popolo 1 │ Metro/Tram/Bus: Flaminio │ Tel. 06/36 11 426 │ Mo und So im Jul./Aug. geschl. │ €€€€

Spanische Treppe und Tridente | 81

❿ Ginger 🏳 D 6

In diesem originellen Bistro gibt es Sojamilch- und Frucht-Shakes, Salatschüsseln, Pasta und sehr gutes Fleisch. Besonders lecker: die mit Ricotta und Bottarga (Meeresfischrogen) gefüllten Zucchini-Blüten. Man sitzt etwas eng und wartet zuweilen lange aufs Essen.
Via Borgognona 43/44 | Bus: Largo Goldoni | Tel. 06/96 03 63 90 | www.ginger.roma.it | tgl. 10–24 Uhr | €€

⓫ La Bottega di Cesare ▶ S. 28

⓬ RistorArte il Margutta D 5

Fleischlos – Das älteste vegetarische Restaurant Roms bietet während der Woche mittags Brunch-Büfett für 12 Euro und am Samstag mittags den Green Brunch für 25 Euro mit 50 verschiedenen Speisen.
Via Margutta 118 | Metro/Bus: Spagna | Tel. 06/32 18 457 | So geschl. | €–€€

CAFÉS UND KNEIPEN

⓭ Antico Caffè Greco D 6

Wie früher – Goethe, Schopenhauer und Lord Byron plauderten hier schon. Das Café wurde 1742 eröffnet und noch immer trifft sich die Schickeria unter den schönen Landschaftsbildern.
Via Condotti 86 | Metro/Bus: Spagna | So geschl.

⓮ Rosati C 5

Als Rom noch das Hollywood am Tiber war, kamen Stars und Starlets gern in diese Bar mit Blick auf den Pincio-Hügel. Heute ideal für einen Aperitif nach dem Einkaufsbummel.
Piazza del Popolo 5a | Metro/Tram/Bus: Flaminio | tgl. 8.30–23 Uhr

Zwillingskirchen am Rand der weltberühmten Piazza del Popolo (▶ S. 78): die Gotteshäuser Santa Maria in Montesanto und Santa Maria dei Miracoli.

15 Canova Tadolini D 5
Hier sitzt man Aug' in Aug' mit den Gipsstatuen der Bildhauer Tadolini und Canova bei Cappuccino, »cafe d'orzo« (Malzkaffee) und Kuchen. Auch das Mini-Atelier von Adamo Tadolini (1788–1868), der u. a. die Paulus-Statue auf der Piazza San Pietro schuf, ist noch zu sehen.
Via del Babuino 150 A/B | Metro/Bus: Spagna | tgl. 10–22 Uhr

16 Stravinsky Bar C 5
Auch wer nicht im exklusiven Hotel De Russie nächtigt ist in der glamourösen Bar im wunderschönen Innenhof mit Traumblick auf den Terrassengarten für einen Aperitif oder bis spät am Abend zum preisgekrönten »De Russie Martini-Coktail« willkommen.
Hotel De Russie, Via del Babuino 9 | Metro/Tram/Bus: Flaminio

EINKAUFEN
ANTIQUITÄTEN
17 Maurizio Grossi D 5
Eine Venus oder ein römischer Kaiser fürs Wohnzimmer? Vieles, was in Rom bewundert wird, gibt's hier in Kopie zu kaufen.
Via Margutta 109 | Metro/Bus: Spagna

DELIKATESSEN
18 Ad hoc Il Tartufo C 5
Ein kleines Trüffelparadies und 50 mit Trüffeln verfeinerte Lebensmittel. Mehl, Reis, Pasta mit der Edelknolle, Pate oder Wildschweinragout mit Honig und dem Edelpilz, Schmalz, Essig, Öl mit Trüffelgeschmack. Köstlich, bezahlbar – und man darf manch kulinarische Kostbarkeit probieren.
Via del Vantaggio 28 | Bus: Corso-Popolo

19 Focacci D 5/6
Im Feinkostladen kann man sich ein Brötchen fürs Picknick im Park belegen lassen oder Trüffel im Glas und andere Delikatessen kaufen. Schinken oder Käse (hervorragende Mozzarella!) werden auch vakuumverpackt.
Via della Croce 43 | Metro/Bus: Spagna | tgl. 8–19.30 Uhr

MODE
20 Armani D 6
Armani hat 2013 die Armani-Welt über zwei Palazzi vergrößert. Seither gibt es hier den Chic von »Re Giorgio« (König Giorgio) auf 700 qm für die modebewusste Dame und ihren Gatten. Emporio Armani für die Jüngeren liegt in der Via del Babuino 140, Armani Jeans in derselben Straße, Nr. 70.
Via Condotti 77 | Metro: Spagna | www.armani.com | Mo–Sa 10–19.30 Uhr

21 Fendi C/D 6
In der größten Fendi-Boutique der Welt können Sie auf 700 qm exklusive Taschen, Schuhe, Pelzmäntel, Abendroben und Accessoires bewundern – und vielleicht ein Stück kaufen.
Largo Goldoni | Bus: Largo Goldoni | www.fendi.com | Mo–Sa 10–19.30, So 10–14, 15–19 Uhr

22 Il Baco da Seta D 5
Vom Konservatorium gegenüber dringt die Musik der Studenten in die Boutique von Paola Albanozzo, deren Blusen, Hosen, Jacken, Kleider, wunderbare Schals nur aus natürlichem Material hergestellt werden. Paola führt auch Schönes in Größen über 50.
Via Vittoria 75 | Metro/Bus: Spagna | tgl. 10–19.30 Uhr

Spanische Treppe und Tridente | 83

㉓ Piazza Italia 🚩 C 5
Der 900 qm große Megastore ist seit 2013 das Dorado für kauflustige Touristen und modebewusste Römerinnen, die in der Innenstadt ein Bekleidungsstück für sich, ihren Gatten oder ihr Kind suchen. Die Ecke mit dem merkwürdigen Namen »capi da maltrattare« (Kleidung zum Schlecht-behandeln) bietet günstige Preise.
Via del Corso 486/487 | Bus: Corso-San Giacomo | tgl. 10–20 Uhr

EINKAUFSGALERIE
㉔ Galleria Alberto Sordi D 6
Gegenüber dem Regierungspalast ist der Jugendstil-Komplex zur Einkaufsgalerie mit Schuh- und Sonnenbrillenläden, lässigem Leder-Outfit, der Buchhandlung Feltrinelli und dem Kaufhaus Rinascente geworden.
Piazza Colonna | Bus: Corso-Minghetti | Mo–Sa 9–20 Uhr

TASCHEN, SCHUHE, ACCESSOIRES
㉕ Adrianaroma D 5
Besonders elegante Schuhe und Taschen für die Dame hat Adriana Campanille hier im Palazzo Brachiesi. Ihr Markenzeichen sind unter anderem Schuhe in zwei Farben.
Via del Babuino 59 | Metro/Bus: Spagna | tgl. 10.30–19.30 Uhr

㉖ Bottega Veneta D 6
Die sündhaft teure und schicke Kollektion der geflochtenen Luxus-Ledertaschen sind ein Grund mehr, auf die Piazza in Lucina mit ihren gemütlichen Cafés zu gehen. Auch schicke Kleidung für Damen und Herren.
Piazza S. Lorenzo in Lucina 9 | Bus: Convertit | www.bottegaveneta.com

㉗ Fausto Santini D 6
Sneakers, Sandalen und Ballerinas des römischen Designers bestechen durch exzentrische Farben und Formen, und die Taschen verleihen jedem Outfit einen eigenen Touch.
Via Frattina 120 | Bus: Largo Goldoni | www.faustosantini.it | Mo–Di 10–13, 15.30–19 Uhr

㉘ Ferragamo D 6
Firmengründer Salvatore Ferragamo wurde als Auswanderer Schuhmacher der Holllywoodstars. Die Erben vom Schuster der Garbo oder Monroe verkaufen jetzt auch Seidentücher, Kleider, Mäntel, Röcke.
Via Condotti 65 | Metro/Bus: Spagna

㉙ FrankLo 🚩 C 6
»Schmück deine Augen« lautet das Motto von Massimiliano Savo, und seine Brillen im 2012 eröffneten »Optical Store« sind echte Hingucker.
Via del Leone 8 | Bus: Largo Goldoni | www.franklo.it | Mo 15.30–20, Di–Sa 10–20 Uhr

㉚ Re(f)use 🚩 C 6
Fendi-Tochter Ilaria Venturini Fendi bietet hier Taschen und Accessoires aus recyceltem Material und präsentiert sie schick und bunt. Hier gibt's auch die Modelle aus ihrem Sozialprojekt »Carmina Campus«, in dem junge Frauen in Kenia lernen, Taschen oder Schmuck aus Altmaterial zu kreieren.
Via Fontanella Borghese 40 | Bus: Largo Goldoni | Mo 15–19, Di–Sa 10–19 Uhr | www.carminacampus.com

AKTIVITÄTEN
Rom mit dem Segway ▶ S. 33

BAHNHOF, MONTI UND ESQUILIN

Das Bahnhofsviertel überrascht mit antiken Fresken und der römischen Oper. Auf dem aufsteigenden Ast schwingt momentan das Viertel Monti, und am Esquilin treffen Einwanderer aus Fernost auf Heiligtümer des christlichen Abendlandes.

Es ist nicht anders als in den meisten Städten – die Bahnhofsgegend gilt nicht als die beste. Weil sich Rom aber schon in der Antike bis hierher zog, stehen links vom Bahnhof die Reste der ältesten Stadtmauern, davor das Thermen-Museum und der Palazzo Massimo mit seinen herrlichen Fresken. Ein bronzener Faustkämpfer aus dem 4. Jh. v. Chr. überrascht uns mit geschwollenem Gesicht, verletzt nach dem Boxduell in einem weiteren Kleinod: der Aula Ottagona mit wenigen, aber umwerfenden Statuen. Für die Kirche Santa Maria degli Angeli nahm Michelangelo die alten Mauern der Thermen als Grundstruktur. Das Viertel rund um den Bahnhof wurde nach der Einigung Italiens um 1873 hochgezogen. Riesige Ministeriumspaläste entstanden und Roms Oper wurde gebaut.

◀ Die prunkvolle Cappella Paolina in der Kirche Santa Maria Maggiore (▶ S. 88).

Wer dann auch die wunderbaren Mosaike in der Kirche Santa Prassede bewundert hat, spaziert ins Szeneviertel Monti. Zwischen dem Quirinalshügel, wo der italienische Staatspräsident im früheren Papst- und Königspalazzo residiert, und dem Esquilin liegen in engen Gassen ein paar exklusive Boutiquen, Handwerkerbuden, Antiquitätenläden, der Ice Club zur Abkühlung und 100 Jahre alte Weinlokale. Es ist ein besonders lebhaftes Viertel – nicht erst seit heute. Im alten Rom lag hier die Suburra, ein einfaches Wohnviertel, wo Julius Caesar aufwuchs und das Kaiser Augustus mit einer Brandmauer von den prächtigen Foren abtrennte, weil in den Holzhäusern beim Kochen auf offenem Feuer immer wieder mal hohe Flammen loderten. Vor ein paar Jahren wurde Monti herausgeputzt. Nun leben in den schönen Wohnungen betuchte Römer und wundern sich über die niedrigen Immobilienpreise in Berlin, weil sie für eine Wohnung in ihrer Altstadt schnell mal 6000 Euro pro Quadratmeter oder mehr hinblättern müssen. Die Einheimischen treffen sich gerne in der »Bottega del Caffè«, einem lauschigen Lokal neben dem Zeitungskiosk auf der Piazza Madonna di Monti, das zum Betrachten des Lebens und zum Ausruhen einlädt.

PAPSTKIRCHE UND MULTIKULTI AM ESQUILIN

Die archäologische Perle dieses Hügels, die Domus Aurea, das Goldene Haus des Kaiser Nero über dem Kolosseum, ist leider wegen Einsturzgefahr geschlossen und muss renoviert werden. Von hier soll der Kaiser 64 n. Chr. auf das brennende Rom geschaut haben. Größte Attraktion aber ist die Papstkirche Santa Maria Maggiore. Als Franziskus nach der Wahl zum Pontifex erstmals den Vatikan verließ, kam er hierher zum Gebet vor dem Madonnenbild Salus Populi Romani, das am Tiber als heilsame Wunderikone verehrt wird. In dieser Gegend östlich der Via Cavour wohnen viele Ausländer. Ganze Straßenzüge bilden eine Chinatown um die Piazza Vittorio mit Ramschläden und Telefoncentern, von wo Chinesen billig nach Peking oder Schangai telefonieren.

SEHENSWERTES

1 Domus Aurea (Goldenes Haus des Nero) 🔖 E7

Ob Kaiser Nero den Brand von Rom im Jahr 64 n. Chr. legte, ist historisch nicht verbrieft. Aber der große Freiraum kam ihm für seine Prunkbauten zupass. Vor dem Palatin ließ er sich das sagenhafte Goldene Haus mit Verzierungen aus Gold, Edelsteinen und Perlmutt errichten.

Via della Domus Aurea | Tram/Bus: Labicana | www.archeoroma.beniculturali.it | zurzeit wegen Renovierung geschlossen

2 Mura Serviane (Servianische Mauer) 🔖 F6

Die älteste Stadtmauer Roms errichteten bereits die etruskischen Könige nach dem Einfall der Gallier im 4. Jh. v. Chr. Reste der Tuffstein-Konstruktion sind links vor dem Hauptbahnhof (Stazione Termini) zu bewundern. Die Mauer umschloss ursprünglich die sieben Hügel Roms: Aventin, Caelius, Esquilin, Kapitol, Palatin, Quirinal und Viminal.

Piazza dei Cinquecento | Metro/Tram/Bus: Termini

3 Palazzo del Quirinale (Quirinalspalast) 🔖 D6

Italiens Staatspräsidenten residieren und empfangen ihre Gäste in der einstigen Sommerresidenz von Papst Gregor XIII aus dem 16. Jh., in der mit 1200 Räumen größten Residenz eines Staatsoberhaupts weltweit. Berühmte Architekten wie Bernini, Fontana und Maderno wirkten bis 1740 an dem riesigen Komplex mit Gartenanlage. Nach der Einigung Italiens hielten im Palast zwischen 1870 und 1946 die Könige Hof. An Sonntagen können vormittags ein paar Freskensäle besichtigt werden.

Piazza del Quirinale | Bus: Nazionale-Palazzo Esposizioni | www.quirinale.it | So 8.30–12 Uhr | Eintritt 5 €

4 Palazzo Valentini 🔖 D7

Unter diesem Palast, heute Sitz der Provinz Rom, fanden Archäologen die Reste eines Hauses aus der Kaiserzeit.

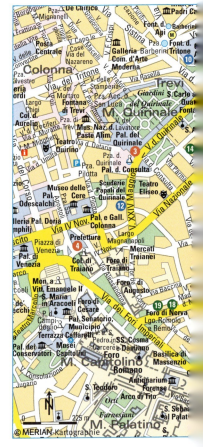

Bei einer Mediashow unternehmen Sie einen virtuellen Gang durch das alte Rom. Die Magie von Fresken, Säulen und Marmorböden wird mit raffinierter Lichttechnik anschaulich rekonstruiert und versetzt Sie zurück in längst vergangene Zeiten.

Via IV Novembre 119 A │ Tram/Bus: Venezia │ www.palazzovalentini.it │ Mi–Mo 9.30–17.30 Uhr │ Eintritt 10 €, erm. 8 €, 1,50 € Vorbestellung

5 San Pietro in Vincoli (St. Peter in Ketten) E7

Der Name der Kirche bezieht sich auf die Reliquie, die hier seit dem 5. Jh. aufbewahrt wird. Der Legende nach brachte Kaiserin Eudoxia die Ketten, mit denen der Apostel Petrus gefesselt war, von Jerusalem nach Rom. Hier soll das Wunder geschehen sein: Die Ketten verschmolzen mit jenen Eisenketten, die Petrus in Rom fesselten.

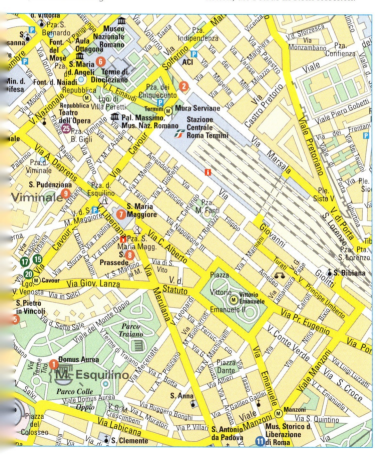

Glanzlicht unter den vielen bedeutenden Kunstwerken in dem Gotteshaus ist Michelangelos monumentales marmornes Moses-Grabdenkmal für Papst Julius II., seit dem Jahr 2000 strahlend weiß restauriert. Die beiden Figuren neben dem sitzenden Moses, Rachel und Lea, wurden von Schülern des Michelangelo nach dessen Entwürfen gemeißelt. Weitere Kunstwerke in dieser Kirche sind »Der heilige Augustinus« von Guercino im rechten Seitenschiff, die »Befreiung des Petrus« von Dominichino und »Der heilige Sebastian mit weißem Bart« aus dem 7. Jh. im linken Seitenschiff.
Piazza San Pietro in Vincoli 4 | Metro/Bus: Cavour | tgl. 7.30–12.30, 15.30–19 Uhr

6 Santa Maria degli Angeli   E 6
Genial fügte Michelangelo 1563 das Gotteshaus in die Mauern der Thermen. 1747 wurde bei Renovierungsarbeiten durch Vanvitelli das ehemalige Tepidarium (Lauwarmwasser-Raum) mit acht monumentalen Granitsäulen zur Vorhalle umgebaut.
Piazza della Repubblica | Bus 40, 64, 70, 170, 175, H, Metro B: Repubblica | tgl. 7.30–19.30 Uhr

7 Santa Maria Maggiore   E 7
Der erste Besuch des am 13. März 2013 neu gewählten Papstes Franziskus außerhalb des Vatikans führte ihn zu einem Madonnenbild in dieser Kirche: »Salus Populi Romani«. Auf sie geht der Bau des Gotteshauses zurück. Laut Legende schneite es hier nämlich am 5. August 357 – und das Bild der Madonna lag im Schnee. Santa Maria Maggiore ist darüber hinaus auch der einzige große Sakralbau Roms, dessen Grundstrukturen seit dem 5. Jh. wenig verändert wurden. Die prachtvollen Mosaikbilder im Mittelschiff mit Szenen aus dem Alten Testament und die Mosaikarbeiten am Triumphbogen stammen aus jener Zeit. Das Apsismosaik zeigt die Marienkrönung. Für die Deckenverzierung wurde die erste große Goldladung aus dem eben entdeckten Amerika verwendet. Der höchste Kirchturm Roms stammt aus dem 13. Jh. Unter dem Hochaltar befinden sich die Reste einer Krippe, die von Christi Krippe aus Betlehem stammen sollen.
Piazza di Santa Maria Maggiore | Metro: Termini, Tram/Bus: Farini | tgl. 7–19 Uhr

> ### Michelangelo und Bernini ohne Eintrittskarte
> Im Sommer spenden römische Kirchen Ruhe und kühlende Erfrischung. Setzen Sie sich also zwischendurch einfach mal eine Viertelstunde auf eine Kirchenbank und lassen die Kunstwerke in den Gotteshäusern auf sich wirken – etwa von Michelangelo, Raffael oder Caravaggio (▶ S. 13).

8 Santa Prassede   E 7
Die Legende hielt sich hartnäckig, und erst Papst Paul VI. strich die beiden »heiligen« Frauen, die im 1. Jh. n. Chr. gelebt haben sollen, aus dem Heiligenkalender. In Rom werden die Damen allerdings weiterhin glühend verehrt – in zwei Juwelen der frühchristlichen Kunst. Der Legende nach bekehrte der laut Überlieferung 64 n. Chr. in Rom gestorbene Apostel Petrus die beiden

Töchter des Senators Pudens, Praxedis und Pudenziana, zum Christentum. 300 Jahre später errichtete Papst Paschalis die Kirche Santa Prassede dort, wo das Haus des Senators stand, in dem die Apostel Petrus und Paulus als Gäste gewohnt haben sollen.

Künstler aus dem 9. Jh. bedeckten die gesamte Kirchendecke, schufen die wundervollen Dekorationen an der Grabstelle der Mutter von Papst Paschalis II und verewigten Mama Theodora im 9. Jh. als »episcopa« (Bischöfin) zwischen den Heiligen an den Wandbögen. Über dem Hauptaltar zeichneten sie auf dem Triumphbogen mit einem Mosaik aus unzähligen kleinen Steinen Jerusalem als himmlische Stadt. An der besonders wertvollen Säule, die ein Geistlicher von einem Kreuzzug mitnahm, soll Christus gegeißelt worden sein. In der Apsis Jesus Christus, Petrus und Paulus und neben Papst Pascalis die Schwestern Praxedis und Pudenziana. Eindrucksvoll ist auch die kleine Capella di San Zeno im rechten Seitenschiff der Kirche, die die Römer »Paradiesgarten« nennen.

Via di S. Prassede 9a | Tram/Bus: Farini | Mo–Sa 7.30–12, 16–18.30, So und Feiertag 8–12, 16–18.30 Uhr

❾ Santa Pudenziana E7

Auch Pudenziana erhielt eine kleine Kirche nah beim Haus ihrer Schwester, und wer durch die bunte Pracht der Mosaiken in Santa Prassede auf den Geschmack gekommen ist, sollte in Santa Pudenziana das frisch restaurierte Apsismosaik aus dem 4. Jh. bewundern. Der kleine Platz vor dem Gotteshaus empfängt Besucher wie eine Oase im chaotischen Stadtverkehr. Holzbänke laden zum Verweilen und Betrachten des romanischen Portals und des gut erhaltenen Glockenturms ein.

Via Urbana 160 | Tram/Bus: Farini | Mo–Sa 8–12 und 16–18.30, So und Feiertag 9–12 Uhr

MUSEEN UND GALERIEN

❿ **Galleria Nazionale d'Arte Antica – Palazzo Barberini** ▶ S. 134

⓫ **Museo Storico della Liberazione (Museum der Befreiung Roms)** ▶ S. 140

⓬ **Scuderie Papali del Quirinale** ▶ S. 141

ESSEN UND TRINKEN

RESTAURANTS

⓭ L'Asino d'Oro E7

Einfaches Ambiente – Lucio Sforzo eroberte die Römer mit umbrischer Küche, Pasta mit wunderbarem Gänseragout, Wildschwein in süßsaurer Sauce oder mit seinem hervorragenden Tiramisù. Mittags gibt's auch ein Menü für 12 Euro.

Via del Boschetto 73 | Metro/Bus: Cavour | Tel. 06/48 91 38 32 | Mo geschl. | €–€€

⓮ Open Colonna ▶ S. 29

⓯ Urbana 47 E7

Bistro mit Charme – »Fast Slow Food«, steht auf dem Menü, also kleine Imbisse, die Chef Alessandro Miotto vor allem mit Ingredienzen aus der Region und, so weit wie möglich, aus biologischem Anbau zubereitet. Während der Woche Mittagsmenü für 12 €, am Wochenende Brunch für 18 €.

Via Urbana 47 | Metro/Bus: Cavour | Tel. 06/47 88 40 06 | www.urbana47.it | €

BARS UND KNEIPEN

16 Ai Tre Scalini E7
Diese Traditions-Weinhandlung ist über 100 Jahre alt und bietet eine große Auswahl an Weinen aus allen italienischen Regionen. Dazu werden kleine Gerichte serviert und danach gute Grappas. Bei Fabrizio di Mauro können Sie auch eine Weinprobe mit englischer Erklärung vorbestellen (Preis: 25–50 Euro, je nach Kostbarkeit der Tropfen).
Via Panisperna 251 | Metro/Bus: Cavour | tgl. 12.30–1 Uhr | Tel. 06/48 90 74 95 | www.aitrescalini.org | Weinprobe buchen unter fdm@sommelierexpress.org

17 Fata Morgana E7
Mario Spagnuolo bereitet Eis nur aus natürlichen Zutaten und mixt interessante Geschmäcker: ins Kaffeeeis Lapsang-Tee, ins Kirscheis einen Schluck Bier und ins Waldbeereneis Calvados. Für Kinder gibt's Sorten wie Schneewittchen, der Gewinn daraus geht an ein Kinderkrankenhaus.
Piazza degli Zingari 5 | Metro/Bus: Cavour | tgl. 10–20 Uhr

18 Ice Club E7
Sie können so lange drinnen bleiben, wie sie wollen. Aber bei minus fünf Grad genügen in der Regel zehn Minuten in der Eisbar – selbst mit dem Mantel, den Sie bekommen. Weil die Wände und Sitze kleine Skulpturen aus Eis sind, wärmen sich Römer in dieser besonderen Location mit einer der vielen Whiskey-Sorten wieder auf.
Via Madonna dei Monti 18 | Metro/Bus: Cavour | www.iceclubroma.it | tgl. 17–1 Uhr | Eintritt einschließlich Getränk 20 €, Di zur Happy Hour 15 €

19 La Bottega del Caffè E7
Die »Montianer« kaufen am Kiosk nebenan die Zeitung und lesen sie gerne zum Frühstück auf den Tischen vor dem Brunnen. Mittags werden in der lauschigen Bar kleine Gerichte aufgetischt, und am Nachmittag genießen die Einheimischen das gute Eis.
Piazza Madonna dei Monti 5 | Metro/Bus: Cavour | tgl. 8–1 Uhr

20 Zia Rosetta E7
Zia Rosetta belegt ihre römischen Brötchen mit »porchetta« (Schweinebraten), Thunfisch und gegrillten Zucchini, mit Putenfleisch und Apfel, mit Parmesan und gegrillten Auberginen, mit Speck, Rösti und Omelette.
Via Urbana 54 | Metro/Bus: Cavour | Mo–Sa 10–21 Uhr

EINKAUFEN

21 Fabio Piccioni E7
Signor Piccioni verkauft Schmuck aus dem 20. Jh., darunter als US-Fan viele amerikanische Stücke. Er hat auch selbst für viele Filme Juwelen kreiert und manch schönes Stück an Filmproduzenten für ihre Drehs verliehen.
Via del Boschetto 148 | Metro/Bus: Cavour | Mo–Sa 10–18 Uhr

22 Mia Carmen Atelier E7
Die alte Singer-Nähmaschine wurde zum Tisch umgebaut. Doch Carmelita Ribba gehört zu den Jungdesignern Roms und näht noch immer: schicke Kleider, Jacken, Kostüme aus feinen Stoffen, mit schönsten Knöpfen – und farbenfroh.
Via Panisperna 62 | Metro/Bus: Cavour | www.miacarmen.it | So–Fr 10–19 Uhr, im Sommer auch Sa, im Aug. geschl.

Das prunkvolle römische Opernhaus Teatro dell'Opera (▶ S. 45), am 27. November 1880 mit Rossinis »Semiramide« eingeweiht, erlebt bis heute Begeisterungsstürme.

㉓ Outlet E7

Eine echte Fundgrube mit tollen Schnäppchen: Jede Menge hochwertige Hosen, Jacken, Kaschmirpullover, Mäntel, Schals, die die eleganten Damen von Monti im Vorjahr in der exklusiven Boutique B gleich um die Ecke an der Piazza della Madonna dei Monti nicht kauften, bietet Lorena in ihrem Laden mit 50 Prozent Rabatt an. Im Sommer finden Sie hier allerbeste Qualität beim Leinen, im Winter bei der Wolle.

Via dei Serpenti 162 | Metro/Bus: Cavour | Mo–Sa 10–20 Uhr

㉔ Wunderkammer E7

Dieser Laden macht seinem Namen alle Ehre mit einem Sammelsurium moderner Antiquitäten aus dem Italien des 20. Jh. – vom Küchenschrank aus den 1950er-Jahren über ein altes ovales Brunnenbecken bis zum Zeitungsständer und anderen teils sehr witzigen Objekten.

Via del Boschetto 130 | Metro/Bus: Cavour | www.wunderkammer-roma.it | Mo–Sa 10.30–12.30, 16–19 Uhr

KULTUR UND UNTERHALTUNG

㉕ Teatro dell'Opera (Oper) ▶ S. 45

RUND UM DIE VILLA BORGHESE

Wo einst die mächtigen Borghese ihre Wochenenden verbrachten, frönen heute Familien und Touristen dem süßen Leben Roms. Nicht weit von dem Lustschloss mit Park und berühmter Gemäldesammlung wartet heute auch topmoderner Film- und Kunstgenuss.

Picknick in der Villa Borghese, die Villa heißt, aber ein Stadtpark ist, gehört zur »vita romana«. In der grünen Oase toben sich Kinder beim Radfahren aus, joggen früh morgens oder nach dem Büro ihre Papas und Mamas, rudern Familien in den Leihbooten am Giardino del Lago oder gehen Omas mit ihren Enkeln im Zoo spazieren. Der Park ist eben ein Ort für alle Bürger der Stadt. Er zieht sich vom Pincio über die Piazza del Popolo bis zum Nobelviertel Parioli mit seinen Häusern aus der Jahrhundertwende. Eine ganz besondere Ecke ist das Liberty-Luxusviertel Coppedè, eine Art steinerne Märchenwelt mit schlossartigen Gebäuden samt Fröschen, Feen, Löwen, Spinnen, Putten und Monsterfiguren des italienischen Architekten Gino Coppedè.
Die Gegend war schon immer exklusiv. Adelsfamilien wie die Borghese oder die Pamphilj besaßen ihren Palazzo im Zentrum und dazu einen

◀ Lustwandeln per Boot: See im beliebten Stadtpark Villa Borghese (▶ S. 96).

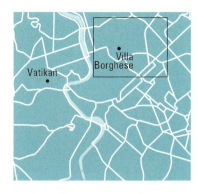

Landsitz vor den Toren Roms, der mitsamt dem Garten »Villa« genannt wurde. Hier genossen die Borghese im Lustschloss mit atemberaubender Privatsammlung und Park das Wochenende. Heute pilgern Filmliebhaber zur Casa del Cinema (Haus des Films) und plaudern dort in der Bar. Vorbei sind allerdings die Zeiten vom Hollywood am Tiber, als Anita Ekberg im Trevi-Brunnen badete, Sophia Loren jedem zweiten Mann und Luchino Visconti manch schönem Jüngling den Kopf verdrehte. Der Aperitif im Filmhaus ist aber immer noch ein Genuss.

Richtung Tiber liegt am Rande der Villa Borghese das großartige und größte etruskische Museum Italiens mit seiner herrlichen Schmuckabteilung etruskischer Ringe und Halsketten und daneben neuer Goldschmuck, der von etruskischen Modellen inspiriert wurde. Supermodern dagegen präsentieren sich das MACRO, das Städtische Museum für Zeitgenössische Kunst, und das neue spektakuläre MAXXI-Museum der Architektin Zaha Hadid den Kunstfans.

SEHENSWERTES
Auditorium Parco della Musica
🚋 C2

Natürlich hat Stararchitekt Renzo Piano aus Genua beim Bau der neuen Musikhalle eine alte römische Villa entdeckt. Aber seit 2003 erklingen im Auditorium des Parco della Musica wundervolle Konzerte von Klassikern und Zeitgenossen. Die drei Bleidächer, die die Römer »Kakerlaken« tauften, sprießen wie enorme Pilze aus dem Boden. Inmitten der drei futuristischen Hallen platzierte Piano eine kleine Freiluftarena für Konzerte im Sommer, im Winter ist hier ein Eislaufplatz und die Leute aus der Gegend trinken gerne in der Bar ihren Caffè oder Campari. Von 11 bis 18 Uhr kann man im Foyer die Reste des römischen Hauses bewundern, das **Museum der Musikinstrumente** hat von 11–17 Uhr geöffnet (Do geschl.). Römer kommen aber auch einfach zum Frühstück oder auf ein Gläschen Wein ins Café und freuen sich, wenn auch die Musiker mit ihren Instrumenten vorbei kommen.

Viale Pietro de Coubertin 30 | Tram: Apollodro, Flaminia-Reni | www.auditorium.com | Eintritt zum Foyer und Museum der Musikinstrumente frei | tgl. 10–19 Uhr, anschließend Konzerte

1 Casa del Cinema (Haus des Films) 🏷️ D 5

Der italienische Film spielt international nur noch eine kleine Rolle. Groß war deshalb im Januar 2014 die Freude, als Paolo Sorrentinos »La Grande Bellezza«, ein Film über Rom, den Golden Globe und die Oscar-Nominierung bekam. Hier diskutieren Kinofans über Filme oder inszenieren sich selbst. Es gibt ein Freilichttheater, eine Bar mit Tischen draußen und tgl. ab 18 Uhr das »Apercinema«-Büfett für 10 €.
Largo Marcello Mastroianni 1 | Bus: San Paolo del Brasile | www.casadelcinema.it | Mo–So 10–21 Uhr, oft länger

2 Chiesa dei Cappuccini (Kapuzinerkirche) 🏷️ D 6

Hier erleben Sie ein Gruselkabinett der besonderen Art mit Gebeinen in Form von Sternen, Spinnen oder Blumen: »Wir waren das, was ihr seid, und das, was wir sind, werdet ihr sein«, steht auf dem Eingang der Krypta und will die Menschen an den Tod erinnern. Aus den Knochen von 3700 Skeletten zauberte der Wiener Kapuziner Norbert Baumgartner (1732–1774) geometrische »Kunstwerke«.
Via Veneto 27 | Metro/Bus: Barberini | www.cappucciniviaveneto.it | tgl. 9–18.30 Uhr | Eintritt 6 €, erm. 4 €

3 Coppedè-Viertel 🏷️ F 4

Der Zugang ist kostenlos: Durch ein riesiges Portal betritt man die bizarre neomittelalterliche Welt des Gino Coppedè (1886–1924). Den düsteren Eingang lockerte der Florentiner Architekt durch Ornamente auf: Balkons, Loggien und Bogenfenster in einer verwirrend asymmetrischen Ordnung. Da-

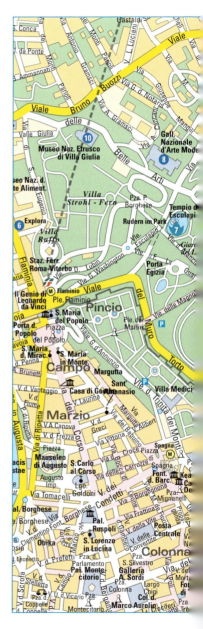

Rund um die Villa Borghese | 95

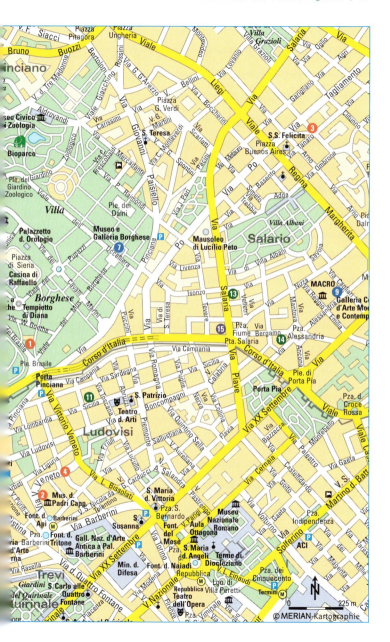

hinter der Hauptplatz des Viertels mit seinem Froschbrunnen, der an den Schildkrötenbrunnen im Ghetto erinnert (▶ S. 100), doch die Figuren halten hier eine Schüssel mit Fröschen. Weitere Fassaden schmücken ein Gorgonenhaupt, Steinköpfe von Adlern und Löwen oder eine riesige Spinne im Mosaik. Dazu ließ der Architekt seiner Jugendstil-Fantasie mit Feenvillen samt verwunschenen Gärten freien Lauf, und wenn an Wochentagen die Portale der Coppedè-Gebäude offen stehen, lohnt ein Blick in die Treppenhäuser mit ihren Holzornamenten und Schwarz-Weiß-Mosaiken.

Piazza Buenos Aires, von der hier beginnenden Via Tagliamento gleich rechts ab | Tram/Bus: Buenos Aires | Eintritt frei

4 Via Veneto D/E 6

Was waren das für Zeiten, als hier Anita Ekberg in den Tagen ihres Bades im Trevi-Brunnen spazieren ging, als Marcello Mastroianni im Fiat 500 mit Chauffeur über die Via Veneto tuckerte und sich Liz Taylor mit Richard Burton vor den Kameras der Paparazzi fetzte. Die Tibermetropole war zum Mythos, zum Hollywood am Tevere geworden, und die Society-Fotografen jagten hier auch Soraya und Gina Lollobrigida. In den Filmstudios der Cinecittà drehten die damals international anerkannten italienischen Regisseure und ihre Kollegen aus den USA weltberühmte Szenen. Rom ist nicht mehr Kapitale des italienischen Kinos, nur die Plakate in der Casa del Cinema (▶ S. 93) in der Villa Borghese erinnern an die Bella Vita in der Via Veneto.

Metro/Bus: Barberini

5 Villa Borghese D 5

Kardinal Scipione Caffarelli Borghese, Neffe von Papst Paul V. (1605–21), legte mit der finanziellen Hilfe seines Onkels in den Weinbergen über der Piazza del Popolo diesen Park an und darin das Lustschloss, das heute die berühmte Gemäldesammlung **Galleria Borghese** (▶ Museen S. 132) beherbergt. Wer vom Pincio kommt, findet auf dem Weg die Büsten bekannter Dichter wie Goethe, Hugo und Byron. Ein See mit Äskulap-Tempel, eine Pferderennbahn, ein Zoo (▶ S. 97) und die Casa del Cinema (▶ S. 93) sind weitere Attraktionen in der 78 Hektar großen Parkanlage.

Bus: Mercadante-Galleria Borghese, Pinciana-Allegri

> **Rudern im Park**
>
> Die Villa Borghese ist der Lustgarten der Römer zum Ausruhen, Spazierengehen und Joggen. Mit Kindern kann man hier Räder ausleihen, Rikscha fahren oder am See rudern und anschließend im Parkcafé die Ruhe genießen oder die »vita romana« der Familien beobachten. Kinder schließen beim gemeinsamen Spiel auch schnell Freundschaften. Und manche Multi-Kulti-Liebe entsteht, wenn sich Jugendliche einfach auf den Rasen setzen und dabei ins Gespräch kommen (▶ S. 14).

MUSEEN UND GALERIEN

6 **Explora (Kindermuseum)** ▶ S. 132
7 **Galleria Borghese** ▶ S. 132
8 **Galleria Nazionale d'Arte Moderna** ▶ S. 134

9 **Macro (Städtisches Museum für Zeitgenössische Kunst)** ▶ S. 135
10 **Museo Etrusco di Villa Giulia (Etruskisches Museum)** ▶ S. 140

ESSEN UND TRINKEN
RESTAURANTS

11 **Girarrosto Fiorentino** E5
Saftige Steaks – Fleischkenner schwören auf »bistecca alla fiorentina«, das florentinische T-Bone-Steak, am besten vom Chianina-Rind mit besonders saftigem Fleisch. Bei Girarrosto bekommen Sie die Steaks perfekt gegrillt. Exzellent sind auch die »tortellini alla panna« (in Rahmsauce).
Via Sicilia 46 | Tel. 06/42 88 06 60 | Bus: Boncompagni-Abruzzi | www.girarrostofiorentino.it | €€€

Obikà E4
Mozzarella-Stube – 2004 eröffnete Silvio Ursini die erste Mozzarella-Bar in Rom. Sein Erfolg: eine traumhaft gute Büffel-Mozzarella, die jeden Tag frisch aus der Gegend um Neapel gebracht wird, außerdem, allerbeste Schinken-Vorspeisen, kleine Pasta-Teller und Pizza, viele Bio-Zutaten.
Via Guido d'Arezzo 49 | Tram/Bus: Liegi-Ungheria | Tel. 06/85 34 41 84 | Mo–Sa 9–23 Uhr | €

12 **Oliver Glowig** ▶ S. 28

13 **Serenella** E5
Pizza eckig und rund – Tagsüber Pizzaschnitten in vielen Variationen oder leckere Pizzataschen mit Gemüse und von 19 bis 22 Uhr exzellente runde Pizza am Tisch.
Via Salaria 70 | Bus: Po-Simeto | Tel. 06/64 78 16 60 | €

BARS UND KNEIPEN

14 **Ops** F5
Simone Salvini kocht in der Bar vegetarisch und serviert zum Cappuccino (auch mit Sojamilch) oder Tee wunderbare Kuchen mit Früchten. Am Büfett gibt's auch Nudeln mit Gemüse. Die Lunchbox kann man sich fürs Picknick in der Villa Borghese besorgen.
Via Bergamo 56 | Bus: Corso D'italia-Piazza Fiume | www.opsveg.com | €

EINKAUFEN

15 **Rinascente Kaufhaus** E5
Die größte Rinascente-Filiale Roms hat schicke Kleidung für Kinder, Damen und Herren, auch bekannte Marken, Accessoires, Parfümerie, Bettwäsche sowie alles für Bad, Wohnung und Küche. Allerdings keineswegs billig.
Piazza Fiume 1 | Bus: Fiume | Di–So 9.30–20 Uhr

KULTUR UND UNTERHALTUNG
Auditorium Parco della Musica
▶ S. 44, 93

AKTIVITÄTEN
Bioparco (Zoo) D4
Der römische Tiergarten ist noch lange kein Hagenbeck-Modell, obwohl er sich daran orientieren möchte, aber Kinder freuen sich trotzdem über den Komodowaran in der Tropenabteilung und regelmäßig über Nachwuchs bei Giraffen und Zebras. Attraktion sind auch die »gepanzerten« Armadillos gleich am Eingang, s dass man sie sogar ohne Eintrittskarte sehen kann.
Villa Borghese | Tram/Bus: Rossini-Bioparco | www.bioparco.it | tgl. 9.30 Uhr bis eine Stunde vor Sonnenuntergang | Eintritt 14 €, Kinder 12 €

NAVONA UND PANTHEON

Die barocke Bühne der Piazza Navona bildet die perfekte Kulisse für das süße Leben der italienischen Metropole. Hier im Herzen Roms liegen kleine schnuckelige Gassen und Plätze, aber auch Zeugnisse der großartigen Geschichte der Stadt.

Der Brunnen beherrscht die Piazza Navona, die vier Statuen symbolisieren Nil, Donau, Ganges und Rio de la Plata, und der Nil verdeckt seine Augen. Der Volksmund weiß warum: Den Vier-Ströme-Brunnen schuf der große Barockmeister Bernini, und gegenüber steht die Kirche S. Agnese mit der Fassade vom verbissenen Erzrivalen Francesco Borromini. Doch der Volksmund irrt: Die Kirche entstand nach dem Brunnen. Der Mythos hält sich dennoch, weil er die durchaus wahre Feindschaft zwischen den beiden Künstlern ausdrückt. Beide lebten sie im 17. Jh., beide waren Genies. Bernini war eine brillante und amüsante Frohnatur. Borromini dagegen, verschlossen und rachsüchtig, endete im Selbstmord. Beide Künstler hinterließen in der Ewigen Stadt eine Architektur voller theatralischer Effekte, schmückten mit komplexen Formen Kirchen und hinterließen Rom eine überschwängliche barocke Bühne.

◀ Die Piazza Navona (▶ MERIAN-TopTen, S. 104) ist Zentrum des Dolce Vita.

Dazu passt, dass das Areal um die Piazza Navona zum Zentrum der römischen Dolce Vita geworden ist. Hier trifft man sich zum Caffè am Morgen und zum Glas Barolo am Abend. Hierher kam Ex-Premier Silvio Berlusconi für manch bühnenreifen Auftritt, wenn er Eis auf der Piazza schleckte oder in der nahen Via dei Coronari ein paar Statuen oder Juwelen für eine Signorina kaufte. »Piazza« heißt wörtlich übersetzt ja nur »Platz«, aber in Rom ist sie ein Mythos: Spielplatz für Groß und Klein, Sammelbecken für Touristen und Pilger, Bühnenbild für die Adeligen und Mächtigen von gestern und heute.

Wir sind im Herzen Roms. Unweit von hier liegen das fast 2000 Jahre alte Pantheon, der herrliche Palazzo Altemps, die Palazzi der Politiker und der quirlige Campo de' Fiori, auf dem im Mittelalter Hexen und Ketzer verbrannt wurden. Der wunderschöne Renaissancepalast auf der Piazza Farnese ist schon vom Campo de' Fiori aus zu sehen. Exklusive Boutiquen und Handwerkstätten säumen die Straßen bis zur Via Giulia, der angeblich schönsten Straße Roms. In den Eisdielen Giolitti und San Crispino können Sie ihren Gaumen erfrischen, die Cafés Sant'Eustacchio und Tazza d'Oro konkurrieren um den besten Cappuccino.

AUCH DAS GHETTO LEBT FORT

Kosher-Bars und -Restaurants säumen die Via del Portico d'Ottavia, und hier isst man vor allem die jüdischen römischen Gerichte. 300 Jahre lang hatten Päpste die Juden am Abend in diesem abgesperrten Ghetto in ein 200 mal 250 Meter kleines Areal eingezwängt. Paul VI. veröffentlichte 1555 das Dekret, das den römischen Juden alle Bürgerrechte aberkannte und sie zwang, im Ghetto zu leben. Er ließ die Gegend mit einer fünf Meter hohen Mauer und fünf Toren abriegeln. Das triste Leben dauerte für die römischen Juden mehr als 300 Jahre bis zur Einheit Italiens im späten 19. Jh. Heute leben noch immer viele Juden hier in der Nähe der größten römischen Synagoge. Und um den schönen Schildkrötenbrunnen an der Piazza Mattei genießen Nachtschwärmer bis spät laue Nächte.

SEHENSWERTES

❶ Campo de' Fiori 🔖 C7

Die Statue in der Mitte des Platzes erinnert an ein dunkles Kapitel der Kirchengeschichte: die Inquisition. Mehrere Ketzer und Hexen wurden hier verbrannt und Kardinäle schauten angeblich aus den Häusern rundum zu. Als der Kirchenstaat mit der Einigung Italiens nicht mehr existierte, stellten die Römer den Dominikanermönch Giordano Bruno, der hier am 17. Februar 1700 auf dem Scheiterhaufen starb, auf die volkstümliche Piazza – als Symbol für geistigen Widerstand. Der frühere Obst- und Gemüsemarkt ist klein geworden. Viele Stände verkaufen kulinarische oder oft kitschige Mitbringsel für Touristen
Bus: Cancelleria

❷ Colonna di Marco Aurelio (Marc-Aurel-Säule) 🔖 D6

Die spiralförmigen Reliefbänder an der knapp 30 Meter hohen, 193 n. Chr. fertiggestellten Säule stellen Schlachten des Philosophenkaisers im 2. Jh. n. Chr. an der Donau-Grenze des Römischen Reiches dar. 190 Stufen führen im Inneren der Säule zur Spitze, an der ursprünglich eine Statue von Marc Aurel stand, die Papst Sixtus V. 1589 durch eine des Apostel Paulus ersetzen ließ.
Piazza Colonna | Bus: Largo Chigi, San Claudio

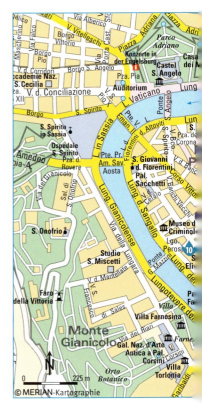

❸ Fontana delle Tartarughe (Schildkrötenbrunnen) 🔖 C7

Den Brunnen mit seinen schlanken Jünglingsfiguren aus Bronze schuf Giacomo della Porta 1505. Einfallsreiche Künstler setzten die Schildkröten erst im 18. Jh. dazu, und der schmucke Brunnen gibt dem kleinen ruhigen Platz sein besonderes Flair, das müde Flaneure gern bei einem Drink in der Bar vor dem Brunnen genießen.
Piazza Mattei | Tram/Bus: Arenula-Cairoli

❹ Ghetto und Sinagoga (Synagoge) 🔖 C7

Das römische Ghetto ist nicht die erste europäische Enklave, in die Juden verbannt wurden, die erste liegt in Venedig. Doch hier, nicht weit vom Petersdom, waren Juden 300 Jahre im Ghetto isoliert. Eine jüdische Gemein-

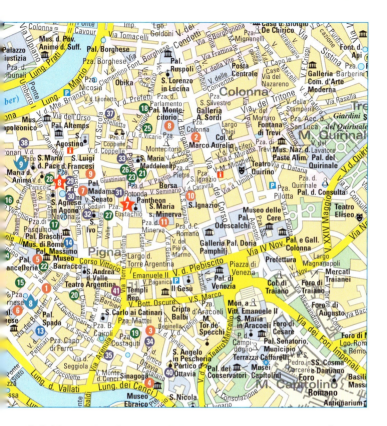

schaft lebte in Rom bereits im 1. Jh. v. Chr., im 13. Jh. zwang man ihre Mitglieder markierte Kleidung zu tragen. Drei Jahrhunderte später ließ Papst Paul IV. im Zentrum des Katholizismus das Ghetto errichten und die Tore nachts verriegeln. In der größten von einst neun römischen Synagogen dokumentiert das kleine **Jüdische Museum** die Zeiten unter Mussolinis faschistischem Regime und die tragischen Jahre des Zweiten Weltkriegs.
Lungotevere De' Cenci | Tram/Bus: Arenula-Ministero Grazia E Giustizia, Lungotevere de' Cenci-Arenula | www.museoebraico.roma.it | Besichtigung der Synagoge mit Führung, 16 Sept.–15. Juni So–Do 10–17, Fr 9–14 Uhr, 16 Juni–15. Sept. So–Do 10–19, Fr 10–16 Uhr, Sa und an Feiertagen geschl. | Eintritt 10 €, erm. 7,50 €

5 Palazzo della Cancelleria   C7

Er gilt als einer der schönsten Renaissancepaläste Roms und wurde von Bramante für Kardinal Raffaele Riario entworfen, der ihn mit 60 000 Scudi finanzierte, die er einem Neffen von

Papst Innozenz VIII. beim Glücksspiel abgenommen hatte. Das Gebäude ist Sitz der Rota Romana, dem Ehegericht des Vatikan, das über die Annullierungen von für die Kirche ungültig geschlossenen Ehen bestimmt.
Piazza della Cancelleria | Bus: Corso Vittorio Emanuele-Navona, Cancelleria | Tel. 06/69 88 75 66 | Mo–Sa 7.30–14, 16–20 Uhr, So geschl.

6 Palazzo Farnese　　C7
Majestätisch überragt der Palazzo die Piazza Farnese. Kardinal Alessandro Farnese, der spätere Papst Paul III., beauftragte den Bau. Antonio Sangallo d. J. zeichnete 1514 die herrliche Fassade, Michelangelo fügte 1546 die Loggia, die Horizontalgesimse und die Fensterrahmen hinzu. Heute ist der Palazzo Sitz der französischen Botschaft. Die beiden riesigen Granitbecken aus den Caracalla-Thermen (▶ S. 150) verleihen dem Platz eine majestätische Ruhe.
Piazza Farnese 67 | Bus: Monserrato-Piazza Farnese

> **Absacker auf der Piazza Farnese**
>
> Andere Orte sind Ihnen zu voll oder zu laut? Dann ist die Camponeschi Wine Bar auf der eleganten Piazza Farnese mit dem Renaissancepalast ein schöner Ort fürs gemütliche letzte Gläschen vor dem Schlafengehen (▶ S. 14).

7 Palazzo Madama　　C6
Seit 1871 tagt der italienische Senat in dem Palast, der Ende des 16. Jh. für die Medici gebaut wurde. Hier wohnte eine uneheliche Tochter Karls V., dessen Truppen die Stadt 1527 beim »Sacco di Roma« ausplünderten. Nachdem ihr Vater Wien erfolgreich gegen die Türken verteidigt hatte, wurde das Kriegsbeil begraben und Margherita zur Belohnung mit dem Papst-Neffen Alessandro de' Medici verheiratet.
Piazza Madama | Bus: Corso Rinascimento, Senato

8 Palazzo di Montecitorio　　D6
Italiener aus dem ganzen Land pilgern zum Palazzo, weil sie hoffen, dass sie einen ihrer Volksvertreter erspähen. Ursprünglich konzipierte Bernini den Bau im Jahr 1650 im Auftrag von Papst Innozenz X. als Wohnsitz für die Adelsfamilie Ludovisi. Carlo Fontana stellte ihn 50 Jahre später fertig. Seit 1871 ist das Gebäude Sitz der größeren Kammer des italienischen Parlaments, dem Abgeordnetenhaus mit 630 Parlamentariern. Rechts vom Palazzo Montecitorio liegt der Palazzo Chigi, ein Palast, in dem die Herrscher besonders häufig wechseln. Dort arbeitet nämlich der italienische Regierungschef.
Piazza di Montecitorio | Bus: Largo Chigi

7 Pantheon　　C6/7
Dieser Tempel steht noch so herrlich da, weil ihn Kaiser Phokas 609 n. Chr. Papst Bonifaz IV. schenkte, der ihn zur Kirche Santa Maria ad Martyres weihte. Vor dem mächtigen Rundbau erhebt sich die Vorhalle mit 16 Granitsäulen. Auf dem Giebel informiert der Name Marcus Agrippa über den ersten Bauherrn, den Feldherrn Agrippa, Schwiegersohn von Kaiser Augustus. Dessen Tempel brannte allerdings ab, und Kaiser Hadrian ließ ihn in seiner heutigen

Das Pantheon (▶ MERIAN TopTen, S. 102) gilt als besterhaltenes Bauwerk der römischen Antike. Die riesige Kuppel überspannt den kreisrunden Zentralbau – und sie ist nach oben offen.

zylindrischen Form 119–128 n. Chr. wieder aufbauen. Im Inneren erwartet die Besucher ein »special effect« der Antike: Die Kuppel ist größer als die des Petersdoms und mit 43,3 m ebenso hoch wie breit. Die neun Meter breite Öffnung in ihrer Mitte ist nicht mit Glas abgedeckt, von hier erhält der Raum sein Licht, und es regnet ungebremst hinein. Einmal im Jahr, an Pfingsten, rieseln Millionen Rosenblätter auf den Boden. Die Kassettendecke war in der Antike mit Bronzeziegeln beschlagen, und rundum standen goldene Götterstatuen. Raffael hat hier sein Grab, und während der Monarchie wurden im Pantheon italienische Könige beigesetzt. Und weil wir in einer Kirche sind, wird hier am Sonntagmorgen sogar eine Messe zelebriert.

🕐 Wenn Sie Rom ausnahmsweise bei Regen erleben, bietet sich ganz besonders ein Besuch im Pantheon an, wo es durch das Loch in der Kuppel heftig hineinregnet und das System zum Abrinnen des Regenwassers über den Boden deutlich wird.

Piazza della Rotonda | Bus: Corso Rinascimento, Senato | tgl. 8.30–19.30, So 9–18 Uhr

8 Piazza Navona　　C 6/7

Berninis Brunnen in der Mitte beherrscht das Areal mit den allegorischen Figuren für die vier größten Flüsse der damals bekannten Kontinente: Nil, Donau, Ganges, Rio de la Plata. Schräg gegenüber von Borrominis geschwungener Kirchenfassade von Sant'Agnese bildet das Gotteshaus Nostra Signora del Sacro Cuore vom Ende des 15. Jhs. mit seinen strengen Linien einen gelungenen Kontrast. Für noch mehr Harmonie sorgen zwei Brunnen von Giacomo della Porta.

Bus: Corso Rinascimento, Senato

Ruhepause im Chiostro del Bramante　9

Im alten Renaissance-Kreuzgang von Donato Bramante unweit der Piazza Navona gibt es Lehnstühle und ein bequemes Sofa. Dazu Kaffee und kleine Speisen sowie einen herrlichen Blick durchs Fenster in die Renaissance-Kirche Santa Maria della Pace (▶ S. 14).

9 San Luigi dei Francesi　　C 6

Als Caravaggio mehrfach vor der Polizei des Papstes fliehen musste, sollen ihn Franzosen unterstützt haben, und er revanchierte sich mit Bildern. In der kleinen französischen Nationalkirche neben dem Senat hängen deshalb drei wunderbare Meisterwerke des norditalienischen Künstlers Michelangelo Merisi, genannt Caravaggio (1573–1610). Seine ersten Bilder in dieser Kirche führten zu einem Skandal wegen ihrer realistischen Heiligen-Darstellung, die man damals als respektlos empfand.

Piazza di San Luigi de'Francesi 5 | Bus: Corso Rinascimento, Senato | www.saintlouis-rome.net | tgl. 10–12.30, 15–19 Uhr, Do nachm. geschl.

10 Sant' Ignazio　　D 6/7

Diese barocke Jesuitenkirche ziert eine kuriose Scheinkuppel, die der Jesuitenpater Andrea Pozzo 1684–1685 aus finanzieller Not heraus konzipierte. So sieht man, wenn man an der am Boden gezeichneten Linie steht, eine perfekte Kuppel, beim Weitergehen verschiebt sich die Perspektive und in der Nähe des Altars bleibt von der Kuppel nur mehr die Illusionsmalerei. Pozzo malte auch das spätbarocke Deckengemälde der »Aufnahme ins Paradies vom heiligen Ignatius«, das den spanischen Schutzpatron der Kirche und Gründer des Jesuitenordens, Ignatius von Loyola (1491–1556) darstellt.

Piazza Sant'Ignazio | Bus: Corso-Minghetti | www.chiesasantignazio.it | Mo–Sa 7.30–19, So und feiertags 9–19 Uhr

11 Santa Maria sopra Minerva　　C/D 7

Die Marienkirche wurde im 8. Jh. von griechischen Mönchen über einem antiken Tempel gebaut, der der römischen Göttin Minerva geweiht war. Die Renaissance-Fassade bekam sie Mitte des 15. Jh. Davor steht die größte Attraktion: Michelangelos marmorner »Christus mit dem Kreuz« (1519–1521). Im Querschiff rechts die berühmte Capella Caraffa, von Filippino Lippi ab 1489 ausgemalt, unter anderem mit dem »Triumph des Heiligen Thomas von Aquin über die Häretiker« und einer »Verkündigung« mit der Figur des Kapellenstifters Kardinal Caraffa.

Auf der Piazza steht der kleinste Obelisk von Rom, den Bernini auf einen Elefanten gesetzt hat.

Piazza della Minerva 42 | Bus: Santa Chiara | tgl. 8–19 Uhr

12 Via Giulia C7

Sie gilt als Prachtstraße Roms. Berühmte Künstler wie Bramante, Borromini und Sangallo haben an den Palästen ihre architektonischen Visionen eingebracht. In den Palazzi wohnen gerne Diplomaten, Schriftsteller und Schauspieler (erfolgreiche, denn die Wohnungen haben Toppreise). Gegen Ende der Straße – Richtung Ponte Sisto rechts – erinnert »Il Mascherone« an verschwenderische Sitten: Aus der steinernen Maske sprudelte oft nachts bei Tanz und Gesang Wein fürs Volk.

Bus: Giulia-Armata

Handwerkern auf die Finger schauen

Beim Spaziergang durch die Via Giulia, die schönste Straße Roms, sollten Sie auch einen Abstecher in die Neben- und Parallelstraßen mit den vielen Handwerkerläden einplanen. Zwar haben vielerorts exklusive Bars und Läden schon die Handwerker verdrängt. In der Via dei Banchi Vecchi aber lässt sich beispielsweise Pietro Simoncelli gerne über die Schulter schauen, wenn er alte Statuen oder Tierfiguren in Gips neu belebt (▶ S. 14).

MUSEEN UND GALERIEN
13 Galleria Spada ▶ S. 134
14 Museo di Roma ▶ Museen S. 140

ESSEN UND TRINKEN
RESTAURANTS

15 Ar Galletto C7
Speisen aus der Traditionsküche – Hier gibt's Pasta mit diversen köstlichen Saucen, im Herbst beispielsweise mit Steinpilzen, und natürlich »il galletto alla diavola«, das typisch römische Hühnchen mit Pfefferkruste. Wer früh kommt, sitzt draußen auf der herrlichen Piazza Farnese.

Vicolo del Gallo | Bus: Cancelleria | Tel. 06/6 86 17 14 | So geschl. | €€

16 Baffetto C 6/7
Pizza über alles – Die Römer kommen hierher für eine der besten runden Pizzas der Stadt, wie man an den täglichen langen Schlangen sieht. Wie vor 50 Jahren sitzt hier der »professore« neben dem »studente«.

Via del Governo Vecchio 114 | Bus: Chiesa Nuova | Tel. 06/68 61 617 | nur abends geöffnet, Aug. geschl. | €

17 Cul de Sac C7
Einfache Weinstube – In dem kleinen Lokal sollte man am besten früh zum Essen gehen, denn es ist immer ziemlich voll. Auf den Tisch kommen diverse kleine Gerichte, Pasta, Frikadellen und gute Linsen- oder Bohnensuppen. Oder man bestellt auch nur einen Teller Käse zu großen Weinen.

Piazza di Pasquino 73 | Bus: Corso Vittorio Emanuele-Navona | kein Ruhetag | €€

18 Da Gino C6
Küche mit Tradition – Ich kam schon vor 40 Jahren hierher und es ist einfach unglaublich: Die Hausmacher-Rezepte von Ginos Frau Franca regieren immer

noch die Küche. Donnerstags gibt es nach römischer Tradition Gnocchi, am Freitag »baccalà« (Stockfisch). Und wie damals kommen weiter Politiker, Journalisten und die Carabinieri von der nahen Station ins einfache Lokal.
Vicolo Rosini 4 | Bus: Parlamento | Tel. 06/6 87 34 34 | So geschl. | €€

19 Da Gino e Antonio C7
Intellektuellen-Treff – Im gemütlichen Lokal der Brüder Gino und Antonio finden Sie keine riesige Auswahl, aber sehr gute Hausmannskost und exzellente Weine. Antipasti mit Mozzarella, verschiedene Schinken, Salamis und Gemüse, Carpacci aus Fleisch und Gemüse. Gut auch die »involtini«, mit Gemüse gefüllte Fleischrollen, oder die köstliche »melanzane alla parmigiana«: Auberginen mit Mozzarella und Parmesankäse im Ofen gebacken.
Piazza Costaguti 15 | Tram/Bus: Arenula/Cairoli | Tel. 06/68 30 94 20 | www.ginoeantonio.it | So geschl. | €€

20 Filettaro C7
Echt römisch – Man sollte die römische Spezialität »filetti di baccalà« (Stockfisch in Teigkruste) unbedingt mal probieren – und zwar hier. Beim Filettaro gibt es fast nur diese »filetti« und sie sind wirklich perfekt herausgebacken. Auch nur in Rom zu kriegen: Der »puntarelle«-Salat mit Knoblauch- und Anchovis-Dressing.
Largo dei Librari 88 | Tram/Bus: Arenula/Cairoli | Tel. 06/68 64 018 | So und Aug. geschl. | €

21 Fortunato al Pantheon C6
Politikerstube – Fein und vornehm speist es sich bei Fortunato, wo sich auch gern die Leute aus dem nahen Parlament an Reisgerichten, Pasta, Fleisch, Fisch oder Gemüse laben. Herrliches Pfeffersteak und während der Steinpilzsaison »i funghi porcini arrosti« (gebacken).
Via del Pantheon 55 | Bus: Corso-Minghetti | Tel. 06/6 79 27 88 | www.ristorantefortunato.it | kein Ruhetag | €€€

22 Grappolo d'Oro C7
Klassische Trattoria – Rund um den Campo de' Fiori reiht sich ein Restaurant ans andere. Hier herrscht wenige Schritte entfernt aber mehr Ruhe, und auf den Tisch kommt typisch römische Küche. Versuchen Sie nach der Pasta die Fleischklößchen aus Ochsenschwanz, die Stefania Pinto köstlich zubereitet.
Piazza della Cancelleria 80–84 | Bus: Cancelleria | Tel. 06/6 89 70 80 | www.hosteriagrappolodoro.it | Di und Mi mittags geschl. | €€€

23 La Rosetta ▶ Essen und Trinken S. 28

BARS UND CAFÉS
24 Barnum Cafe C7
Daniele benannte seine Bar nach dem US-amerikanischen Zirkuspionier Barnum. Er serviert am Morgen den Cappuccino mit hausgemachten Kuchen und am Nachmittag bei Römern beliebte Cocktails. Mittags kann man einen Hamburger mit hausgemachtem Brot und Fleisch von Feroci, dem besten Metzger Roms, verzehren.
Via del Pellegrino 87 | Bus: Corso Vittorio Emanuele-Navona | Mo 8.30–22, Di–Sa 8.30–2 Uhr

Navona und Pantheon | 107

25 Giolitti 🚍 C 6

An der Kasse dieser Bar neben dem Abgeordnetenhaus stehen die Gäste Schlange, weil die Brötchen, der Café sowie die vielen hausgemachten Eissorten und Törtchen super schmecken.
Via degli Uffici del Vicario 40 | Bus: Parlamento | www.giolitti.it | tgl. 7–24 Uhr

26 San Crispino 🚍 C 6

Die Eisläden mit diesem Namen, für mich die besten Roms, sind inzwischen auf fünf angewachsen. Das Eis enthält keine Konservierungsstoffe und das Baiser-Eis mit Schokolade und Nuss, Vanille mit Ingwer und Zimt oder das Wildorangeneis schmecken ganz einfach himmlisch.
Piazza della Maddalena 3 | Bus: Zanardelli, Senato | tgl. 10–20 Uhr | www.ilgelatodisancrispino.com

27 Sant'Eustacchio 🚍 C 7

Kaffee ist in dieser Bar Kult, und wer ihn ohne Zucker will sagt: »Senza zucchero.« Denn Espresso und Cappuccino werden hier schon süß serviert.
Piazza di Sant'Eustacchio 82 | Bus: Santa Chiara | Di–So 8–22.30 Uhr

28 Tre Scalini 🚍 C 6

Das traditionsreichste Café auf der Piazza Navona ist unter anderem für sein Schokoladeeis »Il Tartufo« stadtberühmt.
Piazza Navona 28 | Bus: Zanardelli, Senato | tgl. 8–24 Uhr

EINKAUFEN
BUCHHANDLUNG

29 Libreria Fanucci 🚍 C 6

Die kleine Buchhandlung an der Piazza Madama hat auch ein paar deutsche

Abkühlung von innen in der Via degli Uffici del Vicario: Giolitti (▶ S. 107) ist für seine vielen leckeren Eissorten bekannt und auch für Kaffee und Kuchen die richtige Wahl.

Bände in den Regalen stehen, unter anderem Comic-Bücher für Kinder über die Antike. Auch die Pop-ups für die Kleinen sind zum Teil mit deutschen Texten beschrieben.
Piazza Madama 8 | Bus: Zanardelli, Senato | www.libreriafanucci.it | So, Mo 10–20, Di–Sa 10–22 Uhr

GESCHENKE

30 Archeoroma C 6

Sinniges wie »Carpe Diem« (Genieße den Tag), »Pecunia non olet« (Geld stinkt nicht), »In vino veritas« oder »Veni, vidi, vici« gibt es in diesem Geschäft auf kleinen echten Marmortafeln. Sie können sich Ihr Lieblingszitat auch gleich mit der deutschen Übersetzung eingravieren lassen.
Piazza Madama 1 | Bus: Zanardelli, Senato | tgl. 11–19.30 Uhr

31 That's Italia C 7

Kultmarken als Souvenirs: Im That's-Italia-Laden finden Sie T-Shirts, Taschen, Schals, Uhren, Kugelschreiber, Kaffeetassen u. a. der Marken Vespa, Fiat 500, Moto Guzzi und Barilla – auch Souvenirs für Groß und Klein.
Salita de' Crescenzi 3 | Bus: Santa Chiara | tgl. 8–21 Uhr

LEBENSMITTEL

32 Boulangerie MP C 7

Matteo Piras und seine koreanische Frau benutzen in ihrer Bäckerei nur Bio-Mehl. Es gibt zum Beispiel wunderbare Pizza zum Schnellimbiss, feine Kekse und »crostata«, die köstliche Mürbteigtorte mit Bio-Marmelade.
Corso del Rinascimento 34 | Bus: Corso Vittorio-Sant'Andrea Della Valle | tgl. 8.30–22 Uhr

33 Feroci C 6

Beim besten und teuersten Metzger Roms gibt's außer erstklassigem Fleisch auch herrliche Fertiggerichte, Fleisch und Gemüse.
Via della Maddalena 15 | Bus: Senato | Mo 17–20, Di–Sa 8–13.30, 17–20 Uhr

34 Peperita D 7

Laden für den Biobauern Salvatori aus der Toskana, der 40 Arten Peperoncino biologisch anbaut und hier in Schärfegraden von 1 bis 16 (Trinidad Scorpion) verkauft. Auch die Biomarmeladen und die Nussbutter sind mit scharfem Peperoncino gewürzt. Gesund ist er ja.
Via della Reginella 30 | Tram/Bus: Arenula/Cairoli | www.peperita.it | tgl. 10.30–20 Uhr

MODE

35 Arenula Fashion Outlet C 7

Wenn das Staatsfernsehen RAI besonders elegante Kleider für TV-Filme braucht, kaufen die Filmemacher hier ein. Es gibt Fendi, Gucci, Prada, Dolce und Gabbana, ein paar Dior-Schuhe und andere Luxuslabels mit 30 bis 70 Prozent Preisnachlass.
Via Arenula 24 | Tram/Bus: Arenula/Cairoli | Mo–Sa 10–19, So 11–19.30 Uhr

36 Origami C 7

Beatrice und Giovanna entwerfen klassische Modelle mit einem Hauch orientalischem Schick. Zu finden sind hier Kostüme, Kleider, Abendroben und dazu ein paar Stücke Modeschmuck von Designer-Kolleginnen aus Rom und Mailand.
Via dei Banchi Vecchi 144 | Bus: Corso Vittorio Emanuele-Tassoni | www.origamiroma.com

Navona und Pantheon

37 Rita Palmucci C 6
Schicke Taschen, Schuhe, Schmuck mit Murano-Glas, Schals oder ein schicker Gürtel? All das finden Sie bei Rita Palmucci von kleinen Firmen »Made in Italy« und meist handgemacht.
Via della Stelletta 4A | Bus: Senato, Prefetti | Mo 15.30–19.30, Di–Sa 10.30–19.30 Uhr

JUWELEN
38 San Cesario Bijoux C 6
Fabio Moretti lässt sich von Schmuck aus dem alten Rom bis ins 18. Jh. inspirieren und macht schöne Ringe, Halsketten, Armbänder aus vergoldetem Kupfer, Flussperlen und bunten Murano-Glas-Steinen.
Via dei Coronari 223 | Bus: Zanardelli | www.sancesariobijoux.it | Mo–Sa 10.30–19.30 Uhr

KÜCHE, PORZELLAN UND KERAMIK
39 Fasano B/C 7
Traumhaft schöne zeitlose Keramikteller und -schüsseln in verschiedenen Mustern und starken Farben aus dem apulischen Traditionshaus Fasano.
Via dei Banchi Vecchi 141 | Bus: Banchi Vecchi-Cartari | Mo 12.30–19.30, Di–Sa 9.30–19.30 Uhr

40 Limentani C/D 7
Bis zur Decke stapeln sich in diesem Gewölbekeller Porzellan, Gläser, Keramik und anderes für die Küche von vielen Firmen und jeder wird fündig.
Via del Portico d'Ottavia 47 | Tram/Bus: Arenula/Cairoli | www.limentani.com | Mo–Fr 9–13, 16–20, Sa 10–20 Uhr

KULTUR UND UNTERHALTUNG
41 Teatro Argentina ▶ S. 45

Einkaufen wie zu Großmutters Zeiten: In der Metzgerei Feroci (▶ S. 108) ist nicht nur die erstklassige Ware, sondern auch die mondäne Inneneinrichtung ein Genuss.

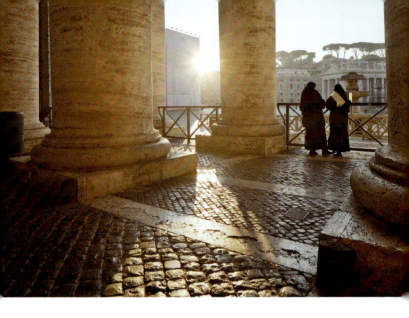

VATIKAN, ENGELSBURG UND PRATI

Der kleinste Staat der Welt zieht jedes Jahr Millionen von Besuchern an. Zu ihnen zählen Gläubige ebenso wie Touristen mit Sinn für die großartigen Kunstwerke im Vatikan. In den angrenzenden Vierteln ist das religiöse Leben ebenso präsent wie Business und Dolce Vita.

2013 war ein historisches Jahr für die Citta dello Stato Vaticano: Mit Benedetto XVI trat erstmals ein Papst der Neuzeit zurück, weil ihm die Kraft fehlte, sein Amt weiter auszuüben. Was wohl auch hieß, dass ihm die Kraft fehlte, die großen Probleme seines Ministaates zu lösen. Die packt seit März 2013 sein Nachfolger Jorge Mario Bergoglio an, der die skandalumwitterte Vatikanbank reformieren und Korruption aus seinem Kirchenstaat vertreiben muss. Mit Papst Franziskus steht erstmals ein Jesuit an der Spitze der katholischen Kirche und erstmals regiert ein Lateinamerikaner den kleinsten Staat der Welt.

1929 wurde das 44 Hektar kleine »Patrimonium Petri« mit den Lateranverträgen aus der Taufe gehoben. Zur Unterzeichnung des historischen

◀ So klein ist der Mensch: Pause unter den Kolonnaden am Petersplatz (▶ S. 114).

Abkommens ließ der damalige Diktator Mussolini die Via della Conciliazione, die Straße der Versöhnung, vor dem Petersdom anlegen und gab dem neuen Stadtstaat noch die Sommerresidenz der Päpste in Castel Gandolfo und den Boden unter den Patriarchalbasiliken in Rom dazu. Der Versöhnung war ein 60-jähriges Grollen der Heiligen Väter im Vatikan vorausgegangen, weil sie die weltliche Macht über ihren Kirchenstaat, der große Teile Mittelitaliens einnahm, verloren hatten. 1870 hisste Papst Pius IX die weiße Fahne auf der Kuppel am Petersdom. Rom wurde zur Hauptstadt des geeinten Königreichs Italien. Pius zog sich als »freiwilliger Gefangener« hinter die Mauern des Vatikans zurück und bekam das Gebiet mit den Garantiegesetzen vom 13. Mai 1871 zur freien Verfügung.

WER WOHNT IM VATIKAN?

Staatsoberhaupt des Vatikans ist der »Bischof von Rom, Stellvertreter von Jesus Christus, Nachfolger des Apostelprinzen, Primas von Italien, Erzbischof und Metropolit der Provinz Rom, Souverän des Staates der Vatikanstadt, Diener der Diener Gottes«. Der Papst ist Herr über 1,2 Milliarden Katholiken weltweit sowie oberster Dienstherr von über 4000 Bischöfen, rund 250 000 Priestern, 200 000 Mönchen und 800 000 Nonnen. Im Kirchenstaat residieren der Papst, sein zweiter Mann, der Kardinalstaatsekretär, und die Spitze des Staatssekretariats. Der heutige Kirchenstaat zählt rund 600 Staatsbürger. Knapp 500 Menschen leben innerhalb der Mauern des Vatikans, darunter die Schweizergardisten und ihre Kinder, die Kommandanten der Gendarmerie und Techniker, die Barmherzigen Brüder, die die Vatikanapotheke betreiben, und die Beichtväter der Petersbasilika. Staatsbürger sind auch Kardinäle, die in Rom arbeiten oder wohnen, doch die Kurienkardinäle wohnen meist außerhalb der hohen Mauern. Insgesamt arbeiten im Vatikan rund 4000 Frauen und Männer. Vor dem Vatikan liegen der noch mittelalterlich geprägte Borgo Pio, der sich bis zur Engelsburg erstreckt, und das Viertel Prati mit vielen Büros, Restaurants und dem ältesten Jazzklub Italiens.

In der »Settimana Santa«, der »Heiligen Woche« vor Ostern, erreicht der alljährliche Pilgerstrom seinen Höhepunkt. Auftakt der Feierlichkeiten ist die Messe am Palmsonntag eine Woche vor Ostern. Am Gründonnerstag zelebriert der Papst dann die rituelle Fußwaschung in der Lateransbasilika. Karfreitag ist im katholischen Italien kein Feiertag, aber am Abend strömen Tausende zum Kolosseum (▶ S. 61), das seit dem Jahr 1756 offiziell eine Kirche ist. Papst Benedikt XIV. ließ dort 1749 in Erinnerung an den Märtyrertod vieler Christen im heidnischen Rom 14 Kreuzwegstationen einrichten, wo die Päpste seither in der Karfreitagnacht die Prozession anführen. Höhepunkt und Abschluss der Zeremonien ist der Gottesdienst mit dem päpstlichen Ostersegen »urbi et orbi« am Ostersonntag auf dem Petersplatz.

www.vatican.va | Kartenbestellung über die Präfektur des Päpstlichen Hauses | Fax 06/69 88 58 63

SEHENSWERTES

❶ Borgo Pio B 6

Rechts von den Kolonnaden geht es zum mittelalterlich geprägten Viertel Borgo Pio. Hier haben zahlreiche Devotionalienhändler ihre Geschäfte mit allem, was Gläubige auch nur begehren können. Das Viertel hat nette Bars und Restaurants und Sie werden immer wieder Geistlichen begegnen, die in dieser Gegend wohnen.

Metro: Ottaviano, Tram: Risorgimento-San Pietro

❷ Campo Santo Teutonico (Deutscher Friedhof) A 6

Komme ich in den Vatikan rein? Ja, sogar ohne Pass. Zumindest ein paar Meter. Links vom Petersdom hinter den Kolonnaden liegt der Eingang zum wunderschönen, kleinen Friedhof. Hier liegen Deutsche, Österreicher, Flamen und Schweizer an dem Ort begraben, wo im 8. Jh. Kaiser Karl der Große eine »schola« gegründet hatte, in der man sich um Arme, Kranke

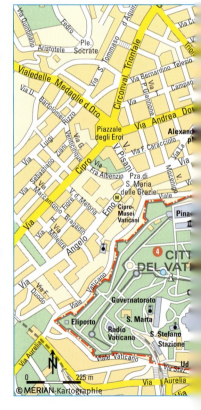

Vatikan, Engelsburg und Prati | 113

und Pilger aus dem Norden kümmerte. Zu den prominenten Toten hier gehören der Maler Friedrich Overbeck und die Lebensgefährtin von Franz Liszt, Caroline zu Sayn-Wittgenstein. Die wachhabenden Schweizergardisten lassen Sie am Vormittag rein, wenn Sie die Gräber der Deutschen bewundern wollen. Davor liegt links die Aula Nervi, die Audienzhalle für die Begegnung mit dem Papst bei schlechtem Wetter.
Eingang links hinter den Kolonnen vom Petersplatz | Bus: Cavalleggeri-San Pietro | tgl. 9–12 Uhr

❸ Castel Sant'Angelo (Engelsburg) B 6

Eine Grabstätte nach dem Vorbild der Etrusker wurde im Lauf der Jahrhunderte zum Gefängnis, zur Fluchtstätte und zur Engelsburg. Kaiser Hadrian ließ den Rundbau zwischen 135 und 139 n. Chr. als Mausoleum für seine Familie errichten, 403 n. Chr. wurde dieses zur Festung ausgebaut, und wenn Rom belagert wurde, diente der zeitweise als Kerker genutzte Bau Päpsten als sichere Zuflucht. Der Bronzeengel aus dem 18. Jh. auf der Terrasse

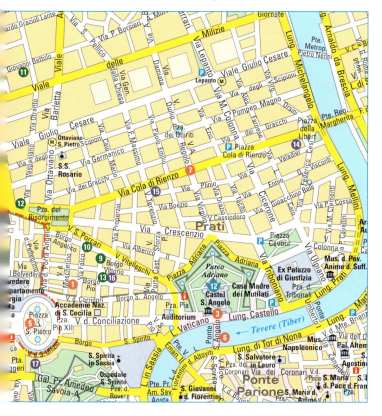

erinnert an die Legende, die der Burg ihren Namen gab: Der Erzengel Michael erschien im Jahr 590 auf dem Gebäude, als die Bevölkerung Roms um ein Ende der Pestepidemie betete, und steckte sein Schwert zum Zeichen der Zustimmung in die Scheide. Nikolaus III. verband die Engelsburg 1277 durch einen Wehrgang mit dem Vatikan. Päpste benutzten den »passetto« (Gang), und manche Papst-Geliebte schlich sich auch hierdurch diskret zum Pontifex. Seit 1933 befindet sich hier ein Museum mit einer Sammlung zur Militärgeschichte.

Lungotevere di Castello | Bus: Traspontina | Di–So 9–19.30 Uhr | Eintritt 10,50 €, erm. 7 €

Konzerte in der Engelsburg

Vor der Kulisse der abendlich beleuchteten Engelsburg organisiert die Stadt im Juli und August beinahe täglich kleine klassische Konzerte, Liederabende und Jazzmusik (▶ S. 15).

Castel Sant'Angelo, Engelsburg, Lungotevere Castello 50 | Bus 23, 40, 62 | www.nottiacastelsantangelo.it

❹ Giardini Vaticani (Vatikanische Gärten)   A 6

Bis 2013 führte das römische Pilgerbüro mit einem Bus durch die Vatikanischen Gärten. Seit im Vatikan jedoch zwei Päpste leben, wurde die Busfahrt vorbei an Brunnen, gepflegten Hecken, Pinien und Palmen aus Sicherheitsgründen verboten. Wer also den Blick auf die Peterskuppel von hinten, auf die prächtigen Gebäude und die nachgebaute Lourdes-Kapelle oben am Hügel werfen will, muss den Besuch mit Führung über den Vatikan buchen.

Metro: Ottaviano, Tram: Risorgimento-San Pietro | Führung durch die Vatikanischen Gärten und Eintrittskarte in die Museen 32 €, erm. 24 € (visiteguidate gruppi.musei@scv.va), Privatführung 250 € (visitespeciali.musei@scv.va)

❺ Piazza San Pietro (Petersplatz)   A/B 6

Der Barockkünstler Gian Lorenzo Bernini reihte 1667 die Kolonnaden so symbolträchtig aneinander, dass sie wie eine übermenschliche Umarmung wirken, in der sich die Gläubigen wohl behütet fühlen, die sich hier an Sonn- und Feiertagen oder zu den Generalaudienzen versammeln. Darüber schmücken 144 Statuen von Heiligen die Säulenreihen. Rechts überragt der Apostolische Palast mit Staatssekretariat und Papstwohnung die Piazza. Von hier aus spricht Papst Franziskus sonntags um zwölf Uhr das Angelusgebet. Die Mitte markiert ein ägyptischer Obelisk, der Ende des 16. Jh. hier aufgestellt wurde. Und wer am Tag der Sommer- oder Wintersonnwende in Rom ist, sieht auf den markierten Marmorplatten neben dem Obelisken um Punkt zwölf Uhr den Schatten des Kreuzes auf der Steinnadel.

Shooting-Star der Piazza ist die große Glocke im obersten Fenster der Fassade, die nur zu ganz besonderen Anlässen geläutet wird, etwa beim Tod oder bei der Wahl eines Papstes. Ihr Ton war auch zu hören, als Benedikt abdankte. Jeden Mittwoch außer in den kalten Wintermonaten hält der

Papst auf dem Platz vor dem Petersdom eine Generalaudienz. Ein weißer Stein mit dem Datum 13.5.1981 in römischen Zahlen markiert den Ort des Attentats auf Johannes Paul II. durch den türkischen Rechtsextremisten Mehmet Ali Agca auf der Piazza. An Ostern und Weihnachten spricht der Pontifex von der Loggia der Basilika den Segen »urbi et orbi« und von dieser Loggia verkündet die Katholische Kirche nach der Papstwahl auch das »Habemus Papam«. Für die Via della Conciliazione (Straße der Versöhnung), die schnurgerade zum Petersplatz führt, ließ Diktator Benito Mussolini das komplette mittelalterliche Viertel vor der Basilika abreißen.

🕒 Jeden Sonntag spricht der Papst vom Apostolischen Palast rechts über dem Platz das Angelus-Gebet. Mittwochs findet auf dem Petersplatz um 10.30 die Generalaudienz statt, bei schlechtem Wetter in der Audienzhalle Nervi.
Metro: Ottaviano, Tram: Risorgimento-San Pietro

❻ Ponte S. Angelo (Engelsbrücke)
🏷 B 6

Kaiser Hadrian baute die Brücke im Jahr 136 n. Chr. als Zugang zu seinem Mausoleum, der späteren Engelsburg. Die Statuen der beiden Apostel Petrus und Paulus am Ende der Fußgängerbrücke stammen von Lorenzetto (1530) und Paolo Romano (1436). Papst Klemens IX beauftragte den 70-jährigen Gian Lorenzo Bernini mit den Entwürfen für die Engel auf den original erhaltenen mittleren Arkaden. Papst Sixtus wiederum ließ zahlreiche Galgen auf der Brücke aufstellen und angeblich

Der Petersplatz (▶ S. 114) in der Vatikanstadt, hier von der Kuppel des Petersdoms (▶ S. 116) aus gesehen, beeindruckt durch seine Harmonie und Größe.

beeindruckte dies auch die Räuber. Die Stadt wurde danach jedenfalls erheblich sicherer, heißt es.
Lungotevere di Castello 50 | Bus: Traspontina

7 Prati — B5–C5

Nach der Einigung Italiens verbanden die neuen Baumeister die päpstliche Stadt innerhalb der Leoninischen Mauer durch die neuen, gleichmäßig ancinandergereihten Häuserblocks von Prati (was »die Wiesen« heißt) mit der Barockstadt um die Piazza del Popolo (▶ S. 78). Dabei wurde ein 900 000 ha großes Gebiet verbaut. In dieser Gegend liegen heute viele Büros, darunter der Hauptsitz des staatlichen italienischen Fernsehens RAI, und zahlreiche schicke Restaurants. Auch die Gerichte der ersten und zweiten Instanz Roms sowie die Corte di Cassazione, der Oberste Gerichtshof Italiens, haben hier ihren Sitz.

Die Via Cola di Rienzo, die von der Piazza Risorgimento zum Tiber Richtung Piazza del Popolo geht, säumen Boutiquen mit mehr oder weniger günstigen Preisen und Kaufhäuser. Viele Geschäfte sind in dieser Gegend auch am Sonntag geöffnet.
Metro: Ottaviano, Lepanto

⭐ San Pietro in Vaticano (Petersdom) — A6

Majestätisch beherrscht der Petersdom die Piazza und symbolisiert das Primat des Papstes, den auf Petrus zurückgehenden Führungsanspruch des Pontifex. 186 Meter lang und 136,5 Meter breit, ist die Kirche der Sakralbau der Superlative schlechthin. Das Gotteshaus zieren knapp 250 Säulen, 300 Statuen, 23 Grabmäler von Päpsten und neben dem Hauptaltar über dem Grab Petri 29 Nebenaltäre.

Als Papst Julius II. (1503–1513) die Basilika über dem Grab Petri neu errichten ließ, war ihm nichts zu teuer. Er rief die berühmtesten Künstler der Zeit, darunter Raffael, Michelangelo und Bramante an seinen Hof. Die Bauarbeiten dauerten rund 100 Jahre, bis 1626 Urban VIII. Neu-St.-Peter einweihen konnte.

In der Vorhalle stehen die für die Kirche bedeutenden Kaiser, links die Statue von Karl dem Großen, dem ersten Kaiser des Heiligen Römischen Reiches, und rechts das Reiterstandbild von Kaiser Konstantin, dem ersten christlichen Kaiser der Antike. Gleich rechts von den Zugängen ist die marmorne **Pietà** seit ein paar Jahren mit Panzerglas geschützt, nachdem ein Besucher das Meisterwerk Michelangelos (1499) beschädigt hatte.

Die besondere Verehrung der Gläubigen gilt der Bronzestatue des Apostels Petrus rechts vor dem Hauptaltar mit dem Bronzebaldachin von Gian Lorenzo Bernini. Darunter liegt die Confessio: Hier soll Petrus nach seinem Märtyrertod begraben worden sein. Darüber hat Michelangelo die Kuppel gesetzt. Im rechten Querarm fand im Jahr 1870 das Erste Vatikanische Konzil statt, bei dem die Unfehlbarkeit der Päpste verkündet wurde. In der Apsis befindet sich das berühmte Glasfenster mit dem Heiligen Geist und darunter das Bronzemonument von Bernini, das angeblich den Holzstuhl umhüllt, auf dem Petrus als erster Bischof von Rom gesessen haben soll. Vier Kirchenlehrer stützen diesen heiligen Stuhl.

Zahlreiche Päpste sind hier begraben, viele in Monumentalgräbern wie Alexander VII. in Berninis Meisterwerk. Zwei Päpste der Neuzeit locken viele Pilger an: Johannes XXIII. und Johannes Paul II., der 2011 aus den Grotten unter dem Dom in die Sebastiankapelle umgebettet wurde (rechtes Seitenschiff), nicht weit davon am Pfeiler Papst Johannes XXIII. Darüber hinaus sind in Mosaiken, Bildern oder Marmor 500 Bienen, 470 Tauben, 100 Drachen, 38 Löwen, 24 Schlangen, 15 Lämmer, sieben Delphine, vier Hunde, drei Fledermäuse, zwei Eidechsen, eine Katze und ein Einhorn zu sehen, wie ein Kunstexperte gezählt hat. Vom linken Seitenschiff geht es in die Schatzkammer mit Antikem und Reliquien.

Piazza San Pietro | Metro: Ottaviano, Tram: Risorgimento-San Pietro | Okt.–März tgl. 7–18.30, April–Sept. 7–19 Uhr, Vatikanische Grotten tgl. 7–17 Uhr, Schatzkammer tgl. 8–17 Uhr (Eintritt 5 €), Kuppel April–Sept. tgl. 8–18, Okt.–März 8–17 Uhr | 7 € Lift. | Kirche bei Generalaudienz auf Petersplatz mittwochvormittags geschl. | Führungen in die unterirdischen Räume mit dem Petrusgrab über scavi@fsp.va buchen

Blick auf den kleinsten Staat der Welt

Rechts vom Petersdom liegt der Eingang zu den Grotten und zum Lift für die Kuppel zur Terrasse. Wer dann noch die 330 Stufen erklimmt, wird mit einem herrlichen Blick über den ganzen Vatikanstaat belohnt (▶ S. 15).

Über die Engelsbrücke (▶ S. 115) gelangt man auf geradezu himmlischem Pfad zur Engelsburg (▶ S. 113). Die Engelstatuen stammen vom Barockmeister Bernini.

MUSEEN UND GALERIEN
8 Musei Vaticani (Vatikanische Museen) ▶ S. 138

ESSEN UND TRINKEN
RESTAURANTS

9 L'Eccellenza 🔖 B 6
Schlemmerstube für Geistliche – Tatsächlich kommt manch Bischof oder Kardinal aus dem Vatikan in diese Geheimadresse vieler Prälaten. Der »risotto alla marinara« (Reis mit Meeresfrüchten) oder gegrillter Fisch sind genauso zu empfehlen wie im Herbst die Nudeln mit Steinpilzen oder die leckeren Desserts.
Via Plauto 38 | Bus: Vitelleschi | Tel. 06/45 47 35 60 | www.eccellenzaristorante.com | €€€

10 Officina Biologica 🚩 🔖 B 6
Regisseur Claudio Pappalardo lebte lange in Deutschland und eröffnete 2012 diese »Officina« (Werkstatt) in einem Liberty-Palast, wo früher ein Bildhauer arbeitete. Das Ambiente ist bunt und lässig. Ein besonderes Auge hat Claudio auf die Zutaten: Vom Mehl für die Pizza bis zu Steak oder Tartar ist alles bio, Käse, Obst, Gemüse kommen nur von kleinen Produzenten aus der nahen Gegend. Am Abend gibt es auch feste Menüs für 40 bzw. 60 Euro.
Via Borgo Angelico 30 | Tram: Risorgimento-San Pietro | Tel. 06/6 83 38 97, www.officinabiologica.it | Di–So 18–2 Uhr, Mo geschl. | €€–€€€

11 Osteria dell'Angelo 🔖 A 5
Journalisten-Treff – Ein Rugbyspieler entdeckte seine Liebe zur Kochkunst und eröffnete das sympathische Lokal mit typisch römischer Küche, die auch ein Menü für 25 Euro serviert. Das Lokal mit den Sportlern an den Wänden ist meist voll und viele Mitarbeiter des nahen Staatsfernsehens RAI essen mittags hier. Als Antipasti gibt es bruschetta, Schinken, Hülsenfrüchte, sehr lobenswert sind die Fleischklöße. Reservieren.
Via G. Bettolo 24 | Tram/Bus: Milizie-Angelico | Tel. 06/37 29 470 | So sowie Sa und Mo mittags geschl. | €€

BARS UND KNEIPEN

12 Duecentogradi 🔖 A 5
Wer vor oder nach dem Besuch im Vatikan oder in den Papstmuseen nur mal schnell ein Brötchen verzehren will, hat hier die Qual der Wahl unter Dutzenden verschiedener Panini. Die köstlichen Snacks werden immer frisch gemacht – zum Beispiel mit rohem oder gekochtem Schinken, mit getrocknetem Schwertfisch, Mozzarella oder verschiedenen Gemüsesorten.
Piazza Risorgimento 3 | Metro: Ottaviano, Tram: Risorgimento-San Pietro | tgl. 11–3 Uhr

13 Latteria 🔖 B 6
Allein der alte Marmortresen dieses Milchgeschäfts neben dem Vatikan, das sich zur beliebtesten Bar im Borgo Pio entwickelt hat, lockt Pilger nach dem Besuch der Peterskirche, Geschäftsleute aus den umliegenden Büros und hungrige Touristen hierher zum Imbiss – nicht zuletzt, weil die Hörnchen und Brötchen in diesem altehrwürdigen Ambiente hervorragend schmecken. Außerdem gibt's auch sehr guten Cappuccino.
Borgo Pio 48 | Metro: Ottaviano-San-Pietro, Bus: Vitelleschi | Mo–Sa 7–20 Uhr

EINKAUFEN

DAMENMODE

14 Guja 🔖 C5

Schicke Taschen und bunte Schuhe, flach oder mit hohem Absatz, sowie Lederjacken aus kleinen Designerhäusern für die Dame.

Via Cola di Rienzo 36 Uhr | Bus: Cola di Rienzo-Liberta | Mo–Sa 10–19.30 Uhr

DELIKATESSEN

15 Franchi 🔖 B5

Delikatessenladen mit ausgewählten Köstlichkeiten und dazu auch ein paar fertigen Gerichten (Pasta, Risotto, Salate) für einen schnellen Imbiss im Stehen. Gleich daneben gibt's im Cafe Castroni auch Köstlichkeiten für zu Hause.

Via Cola di Rienzo 200 | Bus: Cola di Rienzo-Terenzio | Mo–Sa 9–20.30 Uhr

DEVOTIONALIEN

16 Comandini 🔖 B6

Comandini bedient Pilger seit 1950. Geistliche und Gläubige kaufen bei ihm Rosenkränze, Monstranzen, Messgewänder, und kleine Statuen.

Via Borgo Pio 151 | Metro: Ottaviano, Tram: Risorgimento-San Pietro | Mo–Sa 9–19, So 9.30–13 Uhr

17 Savelli 🔖 A6

2500 qm mit sakralen Objekten, Kunsthandwerk und Mosaiken. Wegen der Größe ist Savelli auch bei der Prominenz gefragt. Mel Gibson und Leonardo Di Caprio schauten schon vorbei.

Via Paolo VI 27 | Bus: Cavalleggeri-San Pietro | Mo–Sa 9–18.30, So 9–17.30

KULTUR UND UNTERHALTUNG

18 AlexanderPlatz ▶ S. 44

Papst zum Mitnehmen: In den Devotionalienläden im Vatikan gibt es nicht nur Rosenkränze und Heiligenfiguren. Gleich nach seiner Wahl war auch Franziskus verfügbar.

Im Fokus
Das schönste Wahllokal der Welt

Fünf Millionen Menschen pilgern jedes Jahr in die Sixtinische Kapelle 10 und bewundern das faszinierende Meisterwerk Michelangelos. Ganz in der Nähe verewigte sich zeitgleich dessen Konkurrent Raffael in den berühmten Stanzen.

Wenn Mauern sprechen könnten! An keinem anderen Ort wünschte ich das so sehr wie hier, wo beim geheimsten Männertreffen der Welt die Kardinäle den Papst wählen. Störsender schützen dann die Sixtina vor Lauschangriffen, der Schornstein für die frohe Botschaft einer erfolgreichen Wahl ist auf dem Dach montiert. »Extra omnes«, »alle raus«, ruft der Zeremonienmeister, die Türen werden verschlossen. Die Kardinäle bleiben unter sich und dürfen auch nach dem »Habemus Papam« keine Geheimnisse aus dem schönsten Wahllokal der Welt verraten.

Der erste in dieser Kapelle gewählte Papst war nämlich der berühmtberüchtigte Borgia-Pontifex Alexander VI., und seine späte Geliebte Giulia Farnese war hochschwanger, als er im August 1492 Oberhaupt der Katholiken wurde. Das Herz seines Nachfolgers Julius II. schlug zwar auch für Frauen, aber zum Glück auch für große Künstler. Er holte die größten jener Zeit nach Rom, darunter Michelangelo. Mit 3000 Dukaten – das wären heute fast zwei Millionen Euro – überredete er den

◀ Kardinäle wählen einen neuen Papst in der
Sixtinischen Kapelle (▶ MERIAN-TopTen, S. 120).

genialen 35-jährigen Maestro, die Decke der Sixtinischen Kapelle mit den heute weltberühmten Fresken zu schmücken. Michelangelo akzeptierte widerwillig. Den Papstwunsch, im Gewölbe die Apostel zu verewigen, lehnte der selbstbewusste und kühne Künstler allerdings ab. Ein wirklich großer Maestro hat eben seine eigenen Visionen – und Michelangelo wollte die Schöpfung.

MAMMUTAUFGABE IM LIEGEN

Die Position zum Malen – vermutlich auf dem Gerüst liegend – war äußerst unbequem. »Schlecht ist mein Auge, zum Malen taug ich nicht«, schrieb Michelangelo noch 1511 an einen Freund, als er bereits drei Jahre an dieser erhabenen Schöpfungsgeschichte und den Sintflutszenen gearbeitet hatte. Sein Freskenzyklus an der Decke mit 340 Gestalten, mit Gott und Adam im Zentrum, und das Jüngste Gericht an der Altarwand mit fast 400 Figuren, rund 30 Jahre später von 1534 bis 1541 gemalt, sind die Hauptattraktion der Vatikanischen Museen (▶ S. 38) und vermutlich von ganz Rom.

Zwischen den beiden Werken lagen turbulente Zeiten. Leo X, der Medici-Papst, der bei seiner Wahl zwar Kardinal, aber nicht Priester war, hatte Martin Luther exkommuniziert. Die Kritik des deutschen Augustiner-Mönchs am verschwenderischen Kirchenstaat ließ ihn kalt. Bei Geldmangel ernannte er Kardinäle, so zum Beispiel 1517, als die 31 neuen Purpurträger je 500 000 Dukaten hinzublättern hatten.

800 QUADRATMETER SCHÖPFUNGSGESCHICHTE

Fünf Millionen Menschen pilgern jedes Jahr in die Kapelle und bestaunen die 1512 nach vier Jahre Arbeit enthüllten 800 Quadratmeter Deckenfresken: Der aktive Finger Gottes gibt im Zentrum dem ersten Menschen die Lebenskraft. Seine andere Hand ruht auf einem kleinen Kind. Die Figuren unter dem roten Mantel Gottes symbolisieren die kommenden Generationen. Rundum füllen sich die Bilder von der Altarwand bis zur Eingangswand mit immer mehr athletischen Körpern: Im ersten Bild scheidet Gott Licht und Finsternis. Im zweiten Feld sehen wir den Schöpfer zweimal, wie er rechts Sonne und Mond und links die Pflanzen und die Erde erschafft. Dann die Trennung von Luft und Wasser, die Schaffung Adams und Evas. Außerordentlich schön ist das Paar unmittelbar vor dem Sündenfall, bevor sie die Schlange verführt. Erbärmlich wirken die Zwei danach, als sie der herbeifliegende Racheengel mit gezücktem Schwert aus dem Paradies vertreibt. Die drei letzten Bilder zeigen die dramatische Sintflut und die Opfergaben Noahs. Rundum kolossale jüdische Propheten und heidnische Sibyllen, von denen eine die Geburt des Erlösers vorhergesagt haben soll.

MÄRTYRER UND NACKTE HAUT

Rund 30 Jahre nach dem Abschluss der Deckenfresken kam Michelangelo nochmals in diese Kapelle und bannte den erzürnt richtenden Christus, zwischen Maria, Engels- und Märtyrerfiguren »al fresco«, also auf nassen Putz, auf die Altarwand. Links erwecken Engel mit langen Trompeten die Toten zu neuem Leben und steigen die Seligen zum Himmel auf. Sie erheben sich aus den Särgen, werden auf halbem Weg von Engeln empfangen und nähern sich ihrem Richter. Die Märtyrer zeigt Michelangelo mit den Folterwerkzeugen, Lorenz mit dem Gitter, Bartholomäus mit den Zügen des Michelangelo, mit der eigenen Haut in der Hand, die Hl. Katherina von Alexandria mit dem gezahnten Rad, den knienden Sebastian mit den Pfeilen. Rechts malte Michelangelo die Todsünder. Teufel ziehen die Verdammten in die Hölle, Engel und Teufel scheinen zu streiten, wer die Verdammten ins ewige Inferno stürzen darf. Der mit einer Schlange umwundene Minos trägt im übrigen die Gesichtszüge vom Zeremonienmeister des Papstes, Biagio da Cesena, dem Michelangelo einfach nicht verzeihen konnte, dass er abwertend über die nackten Figuren geschimpft hatte. Biagio war auch kein Mann der Barmherzigkeit: Er rächte sich 1564 im Todesjahr Michelangelos und bekam mit seiner Forderung, die intimen Körperteile mit Lendentüchern zu übermalen, Recht.

GALERIE DER GROSSEN UND WAHLLOKAL

Schon vorher schufen große Künstler von 1481 bis 1483 die Fresken der Lebensgeschichten von Moses und Jesus an den Seitenwänden. An der rechten Wand »Taufe Jesu« (Perugino und Pinturicchio), »Opfer der Aussätzigen« (Botticelli), »Berufung des Petrus« (Ghirlandaio), »Schlüsselübergabe an Petrus« (Perugino), und »Abendmahl« (Rossini). Die linke Langsseite zeigt Szenen aus dem Leben des Moses: »Auszug aus Ägypten« (Pinturicchio), »Moses erschlägt den Ägypter und treibt die Midianiter vom Brunnen« (Botticelli), »Moses auf dem Berg Sinai« (Roselli), »Bestrafung Korahs« (Botticelli) und »Trauer um den toten Moses« (Signorelli).

Zuletzt wählten 115 Kardinäle unter diesen beeindruckenden Bildern im März 2013 den Argentinier Jorge Mario Bergoglio zum Papst. Mit dabei waren sechs Deutsche. »Ich musste mich manchmal in den Arm kneifen, um zu sagen, ist das Wirklichkeit?«, sagte der Erzbischof von München und Freising, Kardinal Reinhard Marx, nach dem Großereignis.

ZIMMER MIT STADTBRAND

Auf dem Weg zur Sixtinischen Kapelle ist ein Innehalten in den Stanzen (Zimmern) des Raffael Pflicht. Während Michelangelo die Schöpfung malte, pinselte sich hier gleichzeitig wenige Meter von der Sistina entfernt ein anderes Genie der Hochrenaissance ins Künstlerherz von Papst Julius II (1503-1513). Michelangelo beäugte Raffael argwöhnisch, denn sie waren erbitterte Rivalen. Überliefert ist, dass Michelangelo Raffael, der allzu gerne die Fresken des Florentiners sehen wollte, nicht in seinen Arbeitsraum ließ. Jeden Abend riegelte er die Kapelle nach getanem Tagwerk eifersüchtig ab. Besonders bitter war damals aber der Ruhm von Raffael für seine älteren Künstlerkollegen wie Perugino oder Signorelli, die ihre Malerkoffer packen mussten, als der 25-Jährige aus Urbino im Nu Papst Julius II mit seiner freundlichen Art und lieblichen Malerei überzeugte und sogar Fresken dieser Großen übermalen durfte.

Vier Räume malte oder entwarf Raffael im zweiten Stock des Vatikanpalastes, den Julius II als Wohnsitz erwählt hatte: Die Stanza della Segnatura (1508-1511) bepinselte er – just als Michelangelo am Sixtinischen Deckenfresco arbeitete – mit der »Schule von Athen« und ihren Philosophen: Platon mit seinem Buch »Timaios«, Aristoteles mit seiner »Ethik« und Sokrates mit Schülern. Die weiteren Stanzen sind die des Eliodoro (1511-1514), auf dem Engel den syrischen General Heliodor vertreiben, als der den Tempel von Jerusalem plündern will. Danach schuf Raffael die Stanza dell'Incendio (1514-1517) mit dem Fresko vom Brand des Viertels um St. Peter im Jahr 874. Schüler Raffaels schufen nach dessen Tod 1520 die Szenen in der Sala Costantino mit Szenen aus dem Leben des ersten christlichen Kaisers von Rom.

Die Stanzen waren im Übrigen schon vor Jahrhunderten ein beliebter Ort fürs Studium der Historie von Bildungsbürgern aus dem Norden: »Der Custode ward gut bezahlt, er ließ uns durch die Hintertür neben dem Altar hinein, und wir hausten darin nach Belieben. Es fehlte nicht an einiger Nahrung, und ich erinnere mich, ermüdet von großer Tageshitze, auf dem päpstlichen Stuhle einem Mittagsschlafe nachgegeben zu haben«, erinnerte sich beispielsweise Goethe.

NICHT ZU VERGESSEN!

Auch außerhalb der bekannten Touristenviertel hält Rom alte und neue Schätze bereit. 2000 Jahre zurück wandern Sie auf der Via Appia mit den uralten Katakomben der Christen, und einen König der Neuzeit erleben Sie im Stadion von AS Rom.

Und wieder führt der Weg zu Ruinen: zu den Gräbern der Regina Viarium, der Königin der Straßen. 312 v. Chr. ließ der Zensor Appius Claudius Caecus die Via Appia anlegen. Gut hundert Jahre später führte diese Straße aus Basaltstein bereits zweispurig 580 Kilometer in den Südosten bis Brindisi, zum Hafen des heutigen Apulien. Bald entstanden an der Königin der Straßen zahlreiche Grabstätten. Das Zwölftafelgesetz von 450 v. Chr. schrieb nämlich vor, dass Tote nur außerhalb der Stadt begraben werden durften. Grabmäler wurden daher zumeist an den Ausfallstraßen errichtet. Die Via Appia – als eine der wichtigsten, wenn nicht die wichtigste Straße des Römischen Reiches – bot den Bestatteten beziehungsweise ihren Familien mit ihren aufwändigen Grabbauten eine hervorragende Möglichkeit zur Repräsentation ihres Ansehens und Vermögens. Das bekannteste von diesen ist das Grabmal der Cäcilia Metella.

◀ Schon vor 2000 Jahren die Straße der Straßen: die Via Appia (▶ S. 129).

In den ersten Jahrhunderten nach Christi Geburt entstanden in dieser Gegend die Katakomben der Christen, häufig über noch älteren Gräbern. Heute können Sie immer noch ein ganzes Stück über mehr als 2000 Jahre alte Pflastersteine gehen und auf Ihrem Weg die riesigen Aquädukte Roms aus der Ferne bewundern.

2000 Jahre nach den Römern der Antike war es Diktator Benito Mussolini, der 1930 ein gewaltiges architektonisches Großprojekt in Auftrag gab: das Viertel EUR – Esposizione Universale di Roma – für eine Weltausstellung im Jahr 1942 zur Feier von 20 Jahren Faschismus. Eigentlich sollte sich das neue Quartier bis ins 15 km entfernte Ostia am Strand erstrecken. Doch dann kam der Zweite Weltkrieg und das Mammutvorhaben blieb genauso wie die Weltausstellung auf der Strecke. Immerhin aber wurden in nur drei Jahren riesenhafte Marmorpaläste sowie Statuen und Kolonnaden aus dem Boden gestampft. Nicht weit von EUR liegt eine der vier Papstkirchen: St. Paul vor den Mauern.

FUSSBALL ÜBER ALLES UND PONTE MILVIO

Rom ist »nur« die Hauptstadt einer Republik, aber einen unsterblichen König hat die Stadt dennoch: Francesco Totti, der 2013 mit 37 Jahren nochmals für zwei Jahre als Capitano des Fußballclubs AS-Rom verlängert hat. »Calcio« (Fußball) über alles – diese Leidenschaft ist zwar nach den Skandalen mit tiefroten Bilanzen und gefälschten Spielen etwas abgeschwächt, aber wenn der Starfußballer im Olympiastadion kickt, ist die Arena immer wieder voll. Unweit von hier ist eine der ältesten Brücken Roms, der Ponte Milvio, ein beliebter Treffpunkt für Nachtschwärmer.

SEHENSWERTES
**Catacombe di Priscilla
(Priscilla-Katakomben)** F2
Die schönsten Katakomben Roms: Die Fresken aus dem 2. Jh. in den 13 km langen unterirdischen Gängen der Katakomben der Priscilla, die zum Christentum übertrat, sind unglaublich gut erhalten. Auf den Wandmalereien in der **Capella Greca** sind Szenen des Alten Testaments dargestellt, etwa Noah mit der Taube, die drei Jünglinge im Feuerofen und das Opfer Abrahams. Im **Cubicolo della Velata** ist das Fresko einer jungen Frau, die zu predigen scheint, gut erhalten.

Salario | Via Salaria 430 | Bus: Cecilia Metella, Basilica San Sebastiano | www.catacombepriscilla.com | Di–So 8.30–12, 14.30–17 Uhr | Eintritt 8 €, erm. 5 €

Catacombe di San Callisto (Calixtus-Katakomben) 🧭 südl. F 10

Im 4. Jh. n. Chr. waren in der größten christlichen Grabanlage bis zu 170 000 Gräber auf vier Etagen über 20 Kilometer gestapelt. Achtung also, denn wer in diesem Tunnellabyrinth den Anschluss an den Führer verliert, verirrt sich schnell in den Gängen mit neun Papstgräbern in der **Cripta dei Papi**. Sehenswert sind die Fresken mit Darstellungen des Guten Hirten und die um Rettung der Menschheit betende Frau (Orans) in den Sakramentskapellen sowie die insgesamt fast 3000 Inschriften in der Gräberstadt.

Appia | Via Appia Antica 110/126 | Bus: Catacombe San Callisto, Largo Martiri delle Fosse Ardeatine | www.catacombe.roma.it | Do–Di 9–12, 14–17 Uhr, Mi und 30. Jan.–26. Feb. geschl. | Eintritt 8 €, erm. 5 €

Catacombe di San Sebastiano 🧭 südl. F 10

Der Komplex mit Katakomben und gleichnamiger Kirche an der Kreuzung zwischen der Via Appia Antica und der Via delle Sette Chiese birgt in der **Basilika** eine Marmorplatte mit dem angeblichen Fußabdruck von Jesus. Christus soll an dieser Stelle dem Apostel Petrus erschienen sein, als er vor Neros Verfolgungstruppen floh. Auf die Frage »Domine, quo vadis?« (Herr, wohin gehst du?) antwortete Jesus: »Ich komme, um mich ein zweites Mal kreuzigen zu lassen.« Petrus drehte daraufhin um, wurde in Rom gefangengenommen und starb den Märtyrertod, so die Überlieferung. In den Katakomben befinden sich christliche und heidnische Gräber.

Appia | Via Appia Antica 136 | Bus: Basilica San Sebastiano, Largo Martiri delle Fosse Ardeatine | www.catacombe.org | Mo–Sa 10–16.30 Uhr, So und meist im Dez. geschl. 8.30–12.30 | Eintritt 8 €, erm. 5 €

Dio Padre Misericordioso

Der Amerikaner Richard Meier hat sich im modernen Kirchenbau Roms verewigt. In der Chiesa Dio Padre Misericordioso oder auch Chiesa Tor Tre Teste – so benannt nach dem Vorstadtviertel Tor Tre Teste im Osten der Stadt – umschloss er das Gotteshaus weitgehend mit Glasfassaden, sodass man quasi ins Unendliche blickt. Der Bau wirkt mit seinen frei stehenden, schalenförmig gewölbten Betonwänden surreal, der Innenraum strahlt eine klare, helle Stimmung aus. Die weißen Wände sind leer, die scheinbar vom Wind gefüllten »Segel« dienen der Raumaufteilung und trennen die Taufkapelle ab. Trotz der Helligkeit fällt kein direkter Sonnenstrahl ins Innere. Nur am 21. Juli, dem Tag der Sommersonnwende, fällt am Nachmittag ein kleiner Sonnenstrahl durch ein Fenster und wirft den Schatten des Kreuzes auf den Boden.

Tor Tre Teste | Piazza Largo Terzo Millennio 8 | Tram/Bus: Gerani | tgl. 7.30–12.30 und 15.30–19.30 Uhr

Obelisk des Marconi 🧭 südl. D 10

Der Obelisk im Zentrum von EUR wurde 1959 zu Ehren des italienischen Physikers Guglielmo Marconi gebaut. Das Relief zeigt Szenen aus seinem Leben. Rundum stehen die marmornen faschistischen Bauten – auch das **Museo della Civiltà Romana** (▶ S. 138)

Kirchenkunst in Katakomben: Traumhafte Fresken schmücken die Wände in den Priscilla-Katakomben (▶ S. 125), wie hier das Opfer Isaaks aus dem Alten Testament.

Der Duce Mussolini, der das antike Rom liebte und sich selbst gerne als Nachfolger der größten Kaiser betrachtete, ließ diese Trabantenstadt mit neoklassizistischen Stilelementen und damals ultra-moderner Architektur errichten.

Via Cristoforo Columbo | Metro: EUR Fermi

Palazzo della Civiltà del Lavoro (Palast der Zivilisation der Arbeit)

Die Römer nennen diesen Bau mit seinen 216 Bögen auch Palazzo della Civiltà Italiana (Palast der italienischen Zivilisation) oder das quadratische Kolosseum. Zahlreiche Statuen symbolisieren verschiedene Berufsstände.

EUR | Quadrato della Concordia | Metro: EUR Fermi

Ponte Milvio B 2

Von Norden her führen die Via Cassia und die Via Flaminia in die Stadt, Kaiser und Reisende überquerten jahrhundertelang den Tiber an dieser Stelle. Die in republikanischer Zeit errichtete Brückenanlage wurde zuletzt vom italienischen Einheitshelden Giuseppe Garibaldi teilweise gesprengt.

Die vier mittleren Bögen stammen aus der Antike. Berühmt wurde die Brücke nach der Schlacht von 312 n. Chr., als Konstantin einen vernichtenden Sieg über seinen Mitkaiser Maxentius errang und damit einen bedeutenden Grundstein für den Vormarsch des Christentums legte. Am Abend ist das Areal ein beliebter Szenetreff für Jugendliche und am Tag stärken sich Einheimische gern bei bei I Fritti de Sora Milvia mit den biologischen »fritti«, beispielsweise ausgebackenen Zucchiniblüten oder Artischocken (Via Cassia 4, Mo geschl.).
Flaminio | Via Foro Italico | Tram/Bus: Mancini

San Paolo fuori le Mura 🚩 D 10
Der neoklassizistische Bau im alten Arbeiterviertel Ostiense stammt aus dem 19. Jh., als das Gotteshaus, in dem die Gebeine des Apostel Paulus aufbewahrt werden, nach einem Brand wieder errichtet wurde. Gerettet wurde das Apsismosaik aus dem 13. Jh. Rund um die Haupt- und Seitenschiffe befindet sich im Inneren die Ahnengalerie der Päpste. Vor Kurzem waren nur noch zwei Medaillons leer. Wenn auch diese eines Tages mit Bildern verstorbener Oberhäupter der Katholiken gefüllt sind, sagten die Römer, sei auch die Ära der Päpste vorbei. Inzwischen hat die Kirche aber vorgesorgt, indem man neue Medaillons anbrachte. Der angeschlossene Kreuzgang eines Benediktinerklosters ist wegen seiner unterschiedlichen Säulen mit Mosaiken aus verschiedenfarbigem Marmor (13. Jh.) reizvoll.
Ostiense | Via Ostiense 18 | Zug: Basilica S. Paolo | tgl. 7–18.30 Uhr

Stadio Olimpico (Fußballstadion) 🚩 A 2
Fußball über alles. Der beliebteste Mann in Rom nach Papst Franziskus ist ohne Zweifel der Capitano: Kapitän Francesco Totti. Der Kaiser der Kicker vom AS Roma spielt, seit er 16 alt war, für den Club seiner Stadt und macht auch mit 37 Jahren noch Bella Figura auf dem grünen Rasen. Beim zweiten römischen Erstligaclub, dem S. S. Lazio, jubeln die Fans neuerdings Miroslaw Klose zu, aber niemand wusste 2013, ob er bleiben will. Das Fußballstadion am Tiber, unweit vom Ponte Milvio, mit seinen 80 000 Plätzen wurde im Jahr 1960 für die Olympischen Sommerspiele in Rom gebaut und für die Fußball-Weltmeisterschaft 1990 modernisiert und erweitert. Von Oktober bis Mai spielt auf dem heiligen Rasen fast jeden Sonntagnachmittag entweder Roma oder Lazio. Daneben liegen das Foro Italico, während des Faschismus gebaute Sportanlagen, und das Haus des italienischen Olympiakomitees.
Flaminio, Via Foro Italico | Tram/Bus: Mancini | Eintrittskarten für Fußballspiele: www.asroma.it und www.sslazio.it

Tomba di Cecilia Metella (Grab der Cecilia Metella) 🚩 südl. F 10
»Wer war die Tote, dass sie ein Palast deckt?«, schrieb Lord Byron (1788–1824) über das Monumentalgrab der Cecilia Metella, einer reichen Signora aus dem 1. Jh. v. Chr. Diese letzte Ruhestätte ist das bedeutendste Grabmal an der Königin der Straßen.
Appia | Via Appia 161 | Bus: Basilica San Sebastiano | Di–So 9–16.30, Sammelticket mit Carcalla-Thermen 7 €, erm. 4 €

Via Appia

südl. F 10

Alle Wege führen nach Rom, lautet ein altes Sprichwort, das auch bei uns schon fast jedes Kind kennt. Als dieses geprägt wurde, meinte man damit aber: Alle Straßen führen weg von Rom. Denn Rom hat seine eroberten und zu erobernden Provinzen schon damals mit einem einmaligen Verkehrsnetz angebunden. Im südlichen Rom liegt die Regina Viarum, die Königin der Straßen. Zensor Appius Claudius Caecus ließ sie 312 v. Chr. mit unregelmäßigen Basaltquadern pflastern. 120 Jahre später führte sie über 580 Kilometer in den Süden bis Brindisi. Auch die Reste der großen Wasserleitungen sind höchst ehrwürdig. Immerhin brachten sechs der insgesamt elf antiken Aquädukte – darunter das von Kaiser Claudio im 1. Jh. n. Chr. errichtete mit 28 Meter hohen Arkaden – Wasser aus der Campagna über die Via Appia Antica in die Hauptstadt. »Das Grab der Cecilia Metella gibt einen erst einen Begriff von solidem Mauerwerk«, schwärmte Goethe. Denn da das Zwölftafelgesetz von 450 v. Chr. vorschrieb, dass Tote nur außerhalb der Stadt begraben werden durften, entstanden hier zahlreiche Grabstätten. Später begruben Christen ihre Gläubigen und Märtyrer in den unterirdischen Friedhöfen, den Katakomben. Inzwischen ist die Straße ein enormer archäologischer Park mit den Ruinen des Maxentius-Komplex (4. Jh. n. Chr.) zwischen dem zweiten und dritten Meilenstein.

Via Appia Antica | Bus: Catacombe San Callisto, Largo Martiri delle Fosse Ardeatine

Der Star mit dem Symbol seiner Stadt und seines Vereins: Francesco Totti, Kapitän der Fußballmannschaft AS Roma, und die römische Wölfin im Stadio Olimpico (▶ S. 129).

MUSEEN UND GALERIEN

Die reichhaltigen Kunstsammlungen der römischen Museen sind gleichermaßen Zeugnis der Stadtgeschichte wie der Sammelleidenschaft von Päpsten, Kardinälen und betuchten Adelsfamilien.

Eine ganze Woche wäre längst nicht genug, wollte man allen großen Museen Roms einen Besuch abstatten. Ganz zu schweigen von den vielen kleinen Sammlungen, die Kunst, Kultur und Historie der Ewigen Stadt in Szene setzen. Ruhetag für viele Museen ist in Rom – wie in ganz Italien – der Montag. Die Schlangen vor den Vatikanischen Museen sind allerdings gerade montags besonders lang, denn im Kirchenstaat sind die Pforten an Sonn- und Feiertagen geschlossen. EU-Bürger unter 18 und über 65 Jahre zahlen in den meisten Museen keinen Eintritt. Ermäßigt sind die Tickets für 18- bis 25-Jährige. Der Rom-Pass für 34 € berechtigt zu freier Fahrt mit den öffentlichen Verkehrsmitteln, zum Eintritt in zwei Museen oder archäologische Stätten und bietet Ermäßigungen für alle anderen. Über aktuelle Ausstellungen und verlängerte Öffnungszeiten bis spät abends informieren die Info-Kioske.

◀ Stufen zur Kunst: Treppenhaus in den Vatikanischen Museen (▶ S. 138).

MUSEEN

Casa de Chirico | D 6
»Rom ist das Zentrum der Welt und die Piazza di Spagna das Zentrum von Rom, man könnte also sagen das Zentrum des Zentrums«, schrieb der Maler Giorgio de Chirico, nachdem er sich dort 1947 einmietete. In dem Apartment blieb alles wie zu Lebzeiten des Künstlers: In den Räumen hängen seine Bilder, stehen seine Metallskulpturen und in der oberen Etage sieht man den Maestro auf Bildern, wie er sich in Posen und Kostümen darstellte.
Tridente | Piazza di Spagna 31 | Metro: Spagna | www.fondazionedechirico.org | nur mit Führung und nach Vorbestellung unter Tel. 06/6 79 65 46 | Eintritt 7 €, erm. 5 €

Casa di Goethe (Goethe-Haus) | C 5
Der Maler Johann Heinrich Wilhelm Tischbein vermittelte Goethe, der in Rom incognito lebte, ein Zimmerchen bei seinen Vermietern in der Via del Corso. Goethe zögerte nicht lange, sich bei dem Bekannten einzuquartieren. Tischbein erinnerte sich später an ihr erstes Treffen: »Aber nie habe ich größere Freude empfunden, als damals wo ich Sie zum ersten Mal sah. Ich erkannt im Augenblick den Mann, der das Wellen-Getöse des menschlichen Gemüts in seiner Tiefe kennt.« Tischbein malte auch das berühmteste Bild des Künsterkollegen. Entspannt ruht der Geheimrat aus Weimar auf einer Ruine und lässt die Eindrücke auf sich wirken. Eine Kopie des Bildes hängt in der Wohnung nahe der Piazza del Popolo samt Andy Warhols Variation zum Thema. Goethes römisches Heim ist mit Wechselausstellungen, Konzerten und Lesungen ein Kulturzentrum für italienisch-deutsche Beziehungen.
Tridente | Via del Corso 18 | Metro/Tram/Bus: Flaminio | www.casadigoethe.it | Di–So 10–18 Uhr | Mo geschl. | Eintritt 5 €, erm. 3 €

Centrale Montemartini | südl. D 10
Nur ein kurzer Ausflug sollte es für Athene, Aristoteles, Kaiser- und Patrizier-Büsten werden, solange die Kapitolinischen Museen fürs Heilige Jahr 2000 renoviert wurden. Doch die Notunterkunft der antiken Kunstwerke im ausrangierten E-Werk, der Kontrast zwischen hellem Marmor und dunklen Maschinen, begeisterte die Besucher. So fanden 400 Meisterwerke hier einen festen Wohnsitz. Seitdem stehen die Götter, Kaiser und Philosophen, strahlend wie neugeboren, schön wie seit 2000 Jahren, vor schwarzen Turbinen und Dieselmotoren. Unter den Köpfen aus republikanischer Zeit ist der Togato Barberini besonders reizvoll, denn er hält das Porträt seines Großvaters in der Hand. Ein Unikum hellenistischer Handwerksarbeit ist das Bett mit bronzenen Verzierungen aus dem 1. Jh. v. Chr.
Ostiense | Via Ostiense 106 | Metro: Garbatella | www.centralemontemartini.org | Di–So 9–19 Uhr, im Winter Sa meist bis 1 Uhr nachts | Eintritt 6,50 €, erm. 5,50 € oder Sammelticket mit den Kapitolinischen Museen für 15 €, erm. 13 €

Explora (Kindermuseum) 🚻 C 4

Das Museo dei Bambini di Roma ist eine Art Open-Indoor-Spielplatz für Kinder bis zehn Jahre, die hier im Mini-Supermarkt einkaufen, eine Plastikkuh melken oder auch kleine technische Tricks entdecken können. Einlass ist jeweils um 10, 12, 15 und 17 Uhr, der Besuch ist auf 75 Minuten begrenzt.
Flaminio | Via Flaminia 82 | Tram: Ministero Marina | www.mdbr.it | Mo geschl. | Eintritt ab 3 Jahre und auch für Erwachsene 8 €

Galleria Borghese E 4

Kunstfan Kardinal Scipione Borghese hatte im 17. Jh. ein exzellentes Gespür für die Avantgarde seiner Zeit. Er war Mäzen des jungen Bildhauers Gian Lorenzo Bernini und schätzte die neue Hell-Dunkel-Kontrast-Kunst des Caravaggio. Wenn ihm ein Werk gefiel, kannte er keine Skrupel. Den Maler Domenichino, der ihm ein Bild verweigerte, soll er 1616 sogar ein paar Tage in den Knast gesteckt haben. Dank eines Papstonkels erfreute er sich überdies voller Kassen, und so rühmte man seine Hinterlassenschaft noch Ende des 19. Jh. als größte Privatsammlung der Welt, obwohl Nachfahre Camillo 500 bedeutende Werke an seinen drängelnden französischen Schwager Napoleon verscherbelte.

In dem prunkvollen Lustschloss aus dem 17. Jh. ist in Saal 1 die Ehefrau des Camillo Borghese wunderbar von Antonio Canova verewigt. Skandalös war es, dass Paolina splitternackt als siegreiche Venus posierte, und so soll Camillo der Gemahlin nach der Fertigstellung der Skulptur 1808 verboten haben, Maestro Canova wiederzusehen. Erfreulich war der Skandal für die Dienerschaft, denn die neugierigen Römer schmierten sie großzügig für einen Blick auf die nackte Marmorne, die sich über einen Mechanismus der Liege sogar drehte.

Mit der biblischen Figur des »David« (1623–1624) meißelte sich Bernini selbst in Marmor. Sein »Raub der Proserpina« (1622) schmückt die Galerie der Imperatoren. Saal 3 beherrschen »Apoll und Daphne«, die Bernini als eines seiner schönsten Jugendwerke schätzte: »Wie wenig habe ich doch in der Kunst gelernt, wenn ich schon als Jüngling so mit dem Marmor umzugehen wusste«, urteilte er selbst.

Saal 8 überwältigt mit sechs Caravaggio-Gemälden die Besucher. In poppigen Farben leuchten im oberen Stock die »Totenfeier mit dem Leichnam Christi« und eine in Ohnmacht fallenden Madonna der »Grablegung« (Sala di Didone), die Raffael 1507 in Florenz kurz vor seinem Umzug nach Rom malte. Aus Kunstbüchern vertraut ist auch Tizians Gemälde »Amor Sacro e Amor profano« (um 1515), das allerdings die Frage aufwirft: Welche der beiden Figuren ist der Amor Sacro, die himmlische Liebe, welche der Amor profano, die irdische Lust?
Villa Borghese | Piazzale del Museo Borghese 5 | Bus: Pinciana-Museo Borghese | www.galleriaborghese.it | Di–So 8.30–19.30 Uhr, Besichtigung nur mit Vorbestellung online oder unter Tel. 06/3 28 10 | Eintritt 11 €

Galleria Doria Pamphilj D 7

Der Weg zur Bildergalerie führt durch die im 18. Jh. reich dekorierten Empfangszimmer, den großen Ballsaal und

Ein Meisterwerk der Bildhauerkunst: Napoleons Schwester Paolina Borghese, von Canova als ruhende Venus dargestellt, findet sich in der Galleria Borghese (▶ S. 132).

die kleine Kapelle (17. Jh.) des prächtigen Palazzos, der seit seiner Grundsteinlegung im Jahr 1435 bis zum 17. Jh. ständig erweitert wurde. 400 Meisterwerke italienischer und europäischer Künstler aus dem 16., 17. und 18. Jh. schmücken die Räume mit den imposanten Wandmalereien.

Im Primo Braccio, dem ersten Flügel, blickt »Innozenz X.«, vom Spanier Diego Velázquez zum Heiligen Jahr 1650 gemalt, auf seine eigene Büste vom Bildhauer Bernini im Kabinett von Velázquez. Guercino (Giovanni Francesco Barbieri) fertigte »Erminia findet den verletzten Tancredi« (ca. 1618) nach einem Thema des italienischen Dichters Torquato Tasso an. Der zweite Flügel mit dem Deckenfresko von Aureliano Milani »Die Taten des Herkules« und »Sturz der Titanen« vermittelt einen Eindruck von den römischen »fasti«, dem Reichtum des sogenannten Schwarzen Adels, dem nicht Könige, sondern Päpste die begehrten Titel verliehen.

Tridente | Via del Corso 305 | Bus: Corso-Minghetti, Corso-Santissimi Apostoli | www.dopart.it/roma/ | tgl. 9–19 Uhr | Eintritt 11 €, erm. 7,50 €

Galleria Nazionale d'Arte Antica – Palazzo Barberini 🏛 E 6

Fast 1500 Gemälde präsentieren ein Panorama der Malerei vom 13. bis zum 18. Jh. im prächtigen Barockpalast des Barberini-Papstes Urban VIII. Sie stammen aus dem Nachlass mehrerer Adelsfamilien. Im Thronsaal mit Pietro da Cortonas Deckenfresko »Triumph der Göttlichen Vorsehung« (1633-1639) tragen die »Tugenden« das Wappen der Familie, drei Bienen, in den Himmel. Links davon eröffnen die Gemälde der »Primitiven« – von Raffael – darunter die »Madonna mit Kind« (1437) und die »Verkündigung« von Filippo Lippi die Pinakothek. Zu den herausragenden Gemälden des 16. Jh. zählt Raffaels »La Fornarina« (1518-1519). Der Künstler soll so unendlich in die schöne Bäckertochter verliebt gewesen sein, dass er ohne sie nicht arbeiten konnte oder wollte. Mäzene ließen deshalb die Angebetete zum malenden Raffael bringen. Am Armband der Frau, die ihre Nacktheit eher unwillig mit dem Schleier bedeckt, signierte Raffael das Bild.

Hans Holbein malte »Heinrich VIII. von England« (1540), Caravaggio das Drama von »Judith und Holofernes«. Zu den berühmtesten Caravaggio-Gemälden gehört auch der »Narziss«, der Hirte, der sich im Wasser spiegelt. Die venezianische Malerei illustrieren aufs Glanzvollste »Venus und Adonis« von Tizian sowie »Christus und die Ehebrecherin« von Jacopo Tintoretto. »Et in Arcadia ego« (1618-1622) von Guercino, auf dem Jünglinge in einer anonymen Landschaft nachdenklich den Tod betrachten, wurde zum Symbol der Vergänglichkeit.

Quirinale | Via delle Quattro Fontane 13 | Metro: Barberini | www.galleriabarberini.beniculturali.it | Di-So 8.30–19 Uhr | Eintritt 7 €, erm. 3,50 €, mit Galleria Corsini 9 €, erm. 4,50 €

Galleria Nazionale d'Arte Moderna 🏛 D 4

Der für die Weltausstellung 1911 gebaute Palazzo delle Belle Arti am Rande des Stadtparks Villa Borghese ist das Hauptmuseum der Moderne. Es präsentiert einen Querschnitt durch die italienische Kunst vom Neoklassizismus bis in die 1960er-Jahre mit Werken des 19. und 20. Jhs., Skulpturen und Historienmalereien.

Pinciano/Villa Borghese | Viale delle Belle Arti 131 | Tram/Bus: Galleria Arte Moderna | www.gnam.beniculturali.it | Di-So 8.30–19.30 Uhr | Eintritt 8 €, erm. 4 €

Galleria Spada 🏛 C 7

In der Sammlung von Kardinal Bernardino Spada aus dem 17. Jh. ist ihr Gründer dreimal porträtiert: von Guido Reni, Peter Paul Rubens und Guercino. Im ersten Innenhof enthüllt der Blick durch ein Fenster der Bibliothek den spektakulären Kolonnengang von Borromini, der aufgrund einer raffinierten optischen Illusion viel länger erscheint als er ist. Die Täuschung ermöglichen ein leicht ansteigender Fußboden, konvergierende Wände, die nach unten laufende Decke und die Säulen, die nach hinten kleiner werden.

Centro Storico | Piazza Capo di Ferro 13 | Tram/Bus: Arenula/Cairoli | Tel. 06/68 74 896 | www.galleriaspada.beniculturali.it/ | Di-So 8.30–19.30 Uhr | Eintritt 5 €, erm. 2,50 €

Den spektakulären Bau des MAXXI (▶ S. 136) entwarf die Architektin Zaha Hadid. Sogar die Blumen vor dem Museum für Moderne Kunst sind von Menschenhand geschaffen.

MACRO (Städtisches Museum für Zeitgenössische Kunst) F5

Im Viertel Salario hatte früher die Bierfabrik Peroni ihr Quartier. Heute sind die Häuser renoviert und werden teils als Wohnungen genutzt. In den früheren, von der französischen Stararchitektin Odile Decq renovierten Kühlanlagen und Ställen bietet das Museum für Zeitgenössische Kunst MACRO auf 15 000 Quadratmetern meist fünf verschiedene Wechselausstellungen. Das Foyer darf man auch gratis betreten und dort auf einer kleinen gemütlichen Couch Video-Filme ansehen.

Salario | Via Nizza 138 | Tram/Bus: Viale Regina Margherita-Nizza | www.museomacro.org | Di–So 11–19, Sa 11–22 Uhr | Eintritt 12,50 €, erm. 10,50 €

MACRO Future C 9/10

Die Dependance des MACRO zeigt gute Ausstellungen und zeitgenössische Installationen. Im alten Schlachthof Mattatoio wurden Ställe zu zwei Museumspavillons umgebaut. Besonders lebhaft ist das Areal sonntags, wenn Bio-Bauern aus der Umgebung Roms im Freien Gemüse, Obst und Schinken verkaufen, und bis zum spä-

ten Abend – wegen der teils ungewöhnlichen Öffnungszeiten (16 bis 24 Uhr).
Piazza Orazio Giustiniani 4 | Tram/Bus: Marmorata-Galvani | www.macro.roma.museum | Uhrzeit je nach Ausstellung | Eintritt 6 €, erm. 4 €

MAXXI (Nationalmuseum für Moderne Kunst und Architektur) B3

Mit diesem Museum kam Rom in der Gegenwart an. Alleine der futuristische Bau der anglo-irakischen Stararchitektin Zaha Hadid ist ein sehenswertes Kunstwerk. Hier gibt es keine rechten Winkel, nur fließende Linien und geschwungene Wände aus hellgrauem Sichtbeton. Jeder Raum fließt in den nächsten mit oft schrägem Boden und schiefer Wand. Schwarze, mit Stahl verkleidete Laufgänge führen wie Wellen nach oben, wo Glasfassaden einen atemberaubenden Blick freigeben und Lichteffekte hineinlassen. Neben den Dauerausstellungen mit Werken u. a. von Francesco Clemente, William Kentridge, Mario Merz und Gerhard Richter finden regelmäßig Schauen bedeutender zeitgenössischer Künstler und Events zu Mode, Film oder Tanz statt.
Flaminio | Via Guido Reni 4 A | Tram/Bus: Flaminia-Reni, Apollodoro | www.fondazionemaxxi.it | Mo–So 11–19, Sa 11–22 Uhr | Eintritt 11 €, erm. 8 €

Musei Capitolini (Kapitolinische Museen) D7

Im Jahr 1471, als alte Kunstwerke das Interesse von Sammlern weckten und nicht mehr nur – wie im Mittelalter – als Baumaterial betrachtet wurden, schenkte Papst Sixtus IV. der Stadt die ersten Skulpturen. Andere Päpste entledigten sich weiterer heidnischer Schätze und brachten sie vom Vatikan aufs Kapitol. 1733 wurden die zwei Paläste offiziell zum Museum, heute lautet die Bilanz: 10 000 Quadratmeter voller Skulpturen und Malerei.

Der **Konservatorenpalast** ist ein Wahrzeichen Roms und historisches Highlight. Im ersten Saal der Horatier und Curatier im ersten Stock unterzeichneten europäische Politiker 1957 die ersten Europa-Verträge. Hier finden Sie die Wandmalereien vom Mythos der Zwillingsbrüder Romulus und Remus. Im Saal der Trionfi steht der rührende bronzene »Dornauszieher«, der Jüngling, der lief und lief, so die Sage, um die Römer vor Feinden zu warnen. Die Diva des Palazzo, die Wölfin mit Romulus und Remus, triumphiert in der Sala della Lupa. Der Saal Hannibals mit den Fresken des Feldherrn aus Karthago hat die älteste Decke des Palastes.

Ein weiteres Highlight ist der neue Flügel mit dem einzigen erhaltenen Bronzestandbild der Antike: Der Philosophenkaiser Marc Aurel (121–180) thront auf seinem Ross neben den alten Mauern des Jupiter-Tempels. Dass Marc Aurel nicht wie andere Patrizier im Mittelalter eingeschmolzen wurde, verdanken wir dem Zufall einer Verwechslung der Geschichte: Das päpstliche Rom hielt den Kaiser mit der erhobenen segnenden Hand für Konstantin, jenen Imperator, der das Christentum als Religion des Reiches anerkannte, und ehrte ihn gebührend auf dem Platz vor der Lateransbasilika (▶ S. 147).

Über die Räume mit den wunderschönen Skulpturen aus den Horti Romani, verschiedenen Villen des Esquilin-Viertels, geht es zurück in die Pina-

Der gewaltige Fuß, den es im Innenhof der Kapitolinischen Museen (▶ S. 136) zu bewundern gilt, gehörte zu einer Kolossalstatue Kaiser Konstantins.

kothek im zweiten Stock, ins Erdgeschoss und in den Keller, was in Rom natürlich antike Mauern und Historie heißt. Der unterirdische Gang mit Erklärungen zum römischen Leben, den Spielen der Antike, Aquädukten und Rechtsnormen führt zum gegenüberliegenden Palazzo Nuovo. Die Treppen auf halbem Weg bieten einen herrlichen Blick über die Foren.

Im **Palazzo Nuovo** verführt im ersten Stock rechts vom Aufgang im Gabinetto della Venere die »Kapitolinische Venus«, eine Kopie der berühmten Knidischen Aphrodite von Praxiteles aus dem 2. Jh. v. Chr., die Besucher. Der Saal der Tauben erhielt den Namen vom kleinen Fußbodenmosaik und nicht weniger beeindruckend ist das Mosaik mit den Theatermasken. Die 66 Büsten von römischen Kaisern und ihren Familienangehörigen in der Sala degli Imperatori veranschaulichen die Porträtkunst und die Moden jener Zeit. Die berühmte Statue des »Sterbenden Galliers« in der Sala del Gladiatore soll Cäsar bei kleinasiatischen Künstlern zur Erinnerung an seine Siege über die Gallier in Auftrag gegeben haben.

Centro Storico | Piazza del Campidoglio | Tram/Bus: Venezia | www.museicapitolini.org | Di–So 9–20 Uhr | Eintritt 12 €, erm. 10 €, mit Ausstellung 15 €, erm. 13 €

Musei Vaticani (Vatikanische Museen) A6

Der Kulturmarathon durch die 13 Museen plus Sixtinische Kapelle (▶ S. 120), Stanzen des Raffael (▶ S. 123) plus Pinakothek sollte dort beginnen, wo 1506 der Grundstein für diesen Kunstparcours gelegt wurde: Die Statuengruppe des Laokoon (1. Jh. v. Chr.) steht im **Cortile del Belvedere** (Museo Pio Clementino). Das Marmor-Ensemble zeigt den Priester Laokoon und seine Söhne im Kampf gegen Riesenschlangen – von der griechischen Göttin Athena bestraft, weil sie die Trojaner vor dem hölzernen Pferd gewarnt hatten. Daneben thronen der Apoll von Belvedere, eine römische Kopie eines griechischen Bronzeoriginals, und der Torso, den Michelangelo als Vorbild für mehrere Figuren in der Sixtinischen Kapelle studierte.

Nun mag der Weg zurück zur **Pinakothek** führen, rechts vom oberen Zugang mit Meisterwerken von Giotto, Raffael, Leonardo da Vinci, Tizian und Caravaggio. Oder durch das **Museo Chiaramonti** und den **Braccio Nuovo** mit mehr als 1000 Skulpturen, durch das **Museo Profano** mit historischen Dokumenten und Huldigungsschreiben an Päpste, durch das **Museo Sacro** mit Reliquien, durch die **ägyptische und etruskische Sammlung**. Treppen führen hinunter zum **Museum für Moderne Kunst,** das Papst Paul VI. gründete, um Künstler zum Engagement für religiöse Themen zu bewegen. Ein Teil der Sammlung ist in den von Pinturicchio und seinen Schülern ausgemalten **Appartamenti Borgia** ausgestellt.

Mit einer Online-Buchung unter mv.vatican.va vermeiden Sie die langen Schlangen, die sehr oft an den Kassen anzutreffen sind. Am letzten Sonntag des Monats ist der Eintritt frei.

Vatikan | Viale Vaticano 28 | Metro: Ottaviano, Tram: Risorgimento-San Pietro | mv.vatican.va (Online-Tickets, Konzerte und außerordentliche Öffnungszeiten am Abend) | Mo–Sa 9–18 Uhr (letzter Einlass 16 Uhr), So und feiertags geschl. – außer am letzten So des Monats (9–14 Uhr), wenn der Eintritt frei ist | Eintritt 16 €, erm. 8 €, Audioguide 7 €

> **Am Abend in die Vatikanischen Museen** 13
>
> Im Mai, Juni, Juli, September und Oktober können Sie freitags von 19 bis 23 Uhr die Vatikanischen Museen besuchen und dabei auch einem einstündigen Konzert lauschen (▶ S. 15).

Museo della Civiltà Romana D7

Zu sehen sind hier u.a. Rekonstruktionen aus Gips vom alten Rom, darunter ein 400 qm großes Modell der Stadt aus dem 4. Jh. n. Chr. 59 Räume beleuchten Landwirtschaft, Städtebau, Kunst, Religion, Recht, Familie und Spiele. Der 200 Meter lange Gipsabguss des »entrollten« Reliefbandes von der Trajanssäule erlaubt es, die Details der 250 Figuren zu studieren. Im Haus befindet

Im Auge der Kunst: Die Vatikanischen Museen (▶ S. 138) sind ein riesiger Quell an Kunstwerken und Architektur. Sie umfassen 13 Museen und weitere kulturelle Glanzlichter.

sich auch das Planetarium, ein eher bescheidenes Astronomiemuseum, aber beliebt bei römischen Kindern.
EUR | Piazza G. Agnelli 10 | Metro: Laurentina | www.museociviltaromana.it | Di–So 9–14 Uhr | Eintritt 8,50 €, erm. 6,50 €, inkl. Astronomiemuseum/Planetarium 10,50 €, erm. 8,50 €

Museo Corsini B7
Die zweite Sammlung der Galleria Nazionale befindet sich im Palazzo Corsini, den die Familie Corsini zwischen 1730 und 1740 prachtvoll ausgestaltete. Das Tryptichon »Christi Himmelfahrt« von Fra Angelico, »Madonna della Paglia« (Anthonis von Dyck) und »Der heilige Sebastian, von Engeln gepflegt« (1602 bis 1603) des jungen Peter Paul Rubens gehören hier zu den wertvollen Exponaten. Ein Meisterwerk in Saal 3 ist Caravaggios »Johannes der Täufer« (1603). Weitere Highlights sind »Christus mit Dornenkrone« von Guercino, eine »Salome mit dem Kopf von Johannes« des Guido Reni, »Venus entdeckt den toten Adonis« (1637) von Jusepe de Ribera und »Christus unter den Doktoren« von Luca Giordano.

Trastevere | Palazzo Corsini, Via della Lungara 10 | Bus: Lungara-Orto Botanico | www.galleriacorsini.beniculturali.it | Di–So 8.30–19.30 Uhr, Mo geschl. | Eintritt 5 €, erm. 2,50 €, mit Palazzo Barberini 9 €, erm. 4,50 €

Museo Etrusco di Villa Giulia (Etruskisches Museum) C/D 4

»In dieser Villa, der schönsten, wenn nicht der Welt, so dieser Stadt, möge jeder nach seinem Gutdünken lustwandeln und ruhen.« Die Inschrift zeigt, dass auch Bürger diesen Park um die Sommerresidenz von Papst Julius III. genossen. 1889 wurden wertvolle etruskische Exponate aus Latium und der Toskana in das Lustschloss gebracht. Die Kunstwerke zeigen den Einfluss der damaligen Kulturen, der berühmte Apollo (5. Jh. v. Chr.) lächelt wie ionische Statuen, viele Vasen sind kaum von griechischen zu unterscheiden. Die ersten fünf Säle füllen Fundstücke aus der Stadt Vulci, darunter das Grab des Kriegers aus dem 6. Jh. v. Chr. mit seinen Bronzerüstungen und Waffen. Apoll, der mit Herkules um einen Hirsch kämpft, und die Göttin mit Kind in Saal 7 zählen zu den Meisterwerken der hoch entwickelten Kultur. Das berühmteste Stück, der »Sarcofago degli sposi«, der Terrakotta-Sarkophag der Eheleute aus dem 6. Jh. v. Chr. (Saal 9), überliefert die hohe Stellung der Frauen in der etruskischen Gesellschaft. Dass sie ihr Äußeres sehr pflegten, belegt in Saal 11 auch die »Cista Ficoroni«, ein raffinierter Toilettenkoffer aus Bronze (4. Jh. v. Chr.) mit Bacchus und zwei Satyren als Griff und der Argonautenlegende am Behälter. Echte Juwelen liegen in den Vitrinen der Säle 24 und 25: raffinierter Goldschmuck, Armbänder, Halsketten und Ringe, die im Lauf der Jahrhunderte bis in die Neuzeit hinein vielfach kopiert wurden, wie neuere Modelle in den Vitrinen daneben veranschaulichen. Mit Saal 30 beginnt der Blick auf die Heiligtümer, auf Tempelruinen und Statuen.

Borghese | Piazzale di Villa Giulia 9 | Tram: Museo Etrusco Villa Giulia, Belle Arti | www.villagiulia.beniculturali.it | Di–So 8.30–19.30 Uhr | Eintritt 8 €, erm. 4 €

Museo di Roma C 7

»Roma sparita«, das »verschwundene Rom«, ist hier zu bestaunen: Prozessionen, Volksfeste, Feuerwerke, Feiern und Plätze, wie wir sie nicht mehr kennen. Sie sehen etwa die Prozession vor dem Petersdom noch ohne die Säulenreihen von Bernini auf dem Platz und das Bild vom 1.-Mai-Fest auf dem Kapitol. Das Forum Romanum ist als Campo Vaccino wiedergegeben, auf dem Kühe weideten (Saal 9).

Centro Storico | Piazza San Pantaleo 10 | Bus: Corso Vittorio-Sant'Andrea della Valle, Corso Rinascimento | www.museodiroma.it | Di–So 10–20 Uhr | Eintritt 10 €, erm. 8 €

Museo Storico della Liberazione (Museum der Befreiung Roms) F 8

Im ehemaligen Hauptquartier von Hitlers SS-Offizieren erinnert eine Ausstellung an die dramatische Besatzungszeit von 1943–45. Hier lagen nämlich neben den Büros die Folterzellen für die Widerstandskämpfer. Beeindruckend sind die Botschaften, die die Gefangenen an den Mauern hinterlassen haben.

Esquilino | Via Torquato Tasso 145 | Metro/Tram/Bus: Manzoni | www.viatasso.eu | Di–So 9.30–12.30 Uhr, Aug. geschl. | Eintritt frei

Scuderie Papali del Quirinale D7

Die früheren Ställe der päpstlichen Residenz auf dem Quirinalhügel warten kunstvoll renoviert mit spektakulären Ausstellungen italienischer und internationaler Künstler auf.
Quirinale | Via XXIV Maggio 16 | Bus: Nazionale-Palazzo Esposizioni | www.scuderiequirinale.it | Di–So 10–20, Fr, Sa 10–22.30 Uhr | Eintritt 12,50 € erm. 9,50 €, mit Palazzo Esposizioni 20 €, erm. 16 €

Villa Farnesina B7

Ein hübsches »Wochenendhäuschen«, erbaut im 16. Jh. vom Bankier Agostino Chigi, der es von Raffael ausmalen ließ. Legendär waren die Feste und das verblüffende Finale: Nach dem Mahl ließ der Bankier das Tafelsilber in den Tiber schütten. Sobald aber der letzte Gast aus dem Haus war, fischten Diener das Besteck wieder aus dem Wasser.
Trastevere | Via della Lungara 230 | Bus: Lungara-Orto Botanico | www.villafarnesina.it | Mo–Sa 9–14 Uhr | Eintritt 6 €

Vittoriano D7

Das Monument birgt eine kleine ständige Ausstellung über das italienische Risorgimento, die Einheitsbewegung, sowie wechselnde Ausstellungen.
Tridente | Piazza Venezia | Tram/Bus: Venezia | www.romartguide.it | Winter tgl. 9.30–16.30, Sommer 9.30–17.30 Uhr | Eintritt Museum frei, Ausstell. 10 €, erm. 7,50 €

Das herrliche Fresko »Hochzeit Alexanders des Großen mit Roxane«, um 1517 gemalt von Francesco Primaticcio, ist eines der Highlights in der Villa Farnesina (▶ S. 141).

Im Fokus
Museo Archeologico Nazionale

Das Archäologische Nationalmuseum erstreckt sich über vier große Ausstellungshäuser in Rom. Vielschichtige Eindrücke aus der Geschichte Italiens vermitteln nicht nur die wertvollen Exponate, sondern auch die Palazzi, in denen sie untergebracht sind.

Der einfache Bauer Felice de Fredis ahnte am 31. Januar 1506, dass er auf seinem Weinberg nahe dem Kolosseum gerade Sensationelles gefunden hatte. Umgehend informierte er Papst Julius II. Dieser schickte Michelangelo zur Inspektion der Marmorgruppe. Und der große Maestro war fassungslos: »Ein Wunder der Kunst«, soll er gerufen haben. De Fredis hatte nämlich die berühmte frühhellenistische Laokoonstatue entdeckt. Es war der erste ganz große Fund im römischen Bauch, und viele sollten folgen. Viele im Kirchenstaat ausgegrabene Marmorstatuen befinden sich heute in den Vatikanischen Museen (▶ S. 138). Zahlreiche andere antike Statuen ließen die damaligen Herrscher in die Kapitolinischen Museen (▶ S. 136) bringen.

Bald nach der Vereinigung Italiens wurde die Hauptstadt durch große Bauprojekte umgekrempelt. Dazu gehörte die Rettung Roms vor Überschwemmungen mit dem Bau der Tibermauern. Dabei schaufelten Archäologen Tausende Münzen, vornehme Häuser mit Fresken, unzäh-

◀ Der Palazzo Altemps (▶ S. 144) beherbergt eine berühmte Skulpturensammlung.

lige Ikonen des Imperiums, Marmorköpfe von Kaisern, Patriziern und Philosophen ans Tageslicht. Und Roms Boden ist noch heute eine Fundgrube. Der Bau der U-Bahnen musste immer wieder gestoppt werden, weil antike Häuser, Vasen, Teller, Büsten, Köpfe ans Tageslicht kamen. Noch 2009 wurde Neros Speisezimmer entdeckt. All diese Funde brachte man ins Archäologische Nationalmuseum, das vier große Ausstellungshäuser umfasst: den Palazzo Altemps mit traumhaft schönen Deckendekorationen, den Palazzo Massimo mit dem schönsten Speisezimmer der Welt, das Thermen-Museum mit der antiken Inschriftensammlung und der kleinen faszinierenden Aula Ottagona, dem achteckigen Saal der Diokletian-Bäder, und die Crypta Balbi mit weniger spektakulären, aber raren frühmittelalterlichen Fundstücken.

MUSEO ARCHEOLOGICO CRYPTA BALBI

Nicht viel blieb in Rom vom Mittelalter. Die Häuser wurden abgerissen oder verfielen. Dieses Haus nahe dem Largo di Torre Argentina liegt zwar in und über beeindruckenden antiken Ruinen, veranschaulicht aber auch das Leben bis ins 9. Jh. durch mittelalterliche Häuser, Geschäfte und Kalkbrennöfen. Im Lauf der Jahrhunderte entstanden über dem Theater eine Nekropole, ein Kloster, eine Burg und der heutige Palazzo. In den Museumssälen zeigen Stadtansichten und Fundobjekte aus den verschiedenen Epochen die Entwicklung des Alltags von der Antike bis ins Mittelalter mit Amphoren, in denen Wein und Öl übers Mittelmeer transportiert wurden, Küchengerät, Münzen, Statuen, Handwerksarbeit, Stadtkarten. Zu sehen sind auch Fresken der frühchristlichen Kirche S. Maria in Lata und Hausgeräte junger Frauen, meist Töchter von Prostituierten, die im 1550 für sie eingerichteten Kloster Santa Caterina dei Funari lebten.

MUSEO DELLE TERME

40 000 Christen verpflichtete Kaiser Diokletian im 4. Jh. zur Zwangsarbeit für den Bau der mit 13 Hektar größten Thermen Roms, in die zwölf Jahrhunderte später die Kirche Santa Maria degli Angeli und ein Kartäuserkloster gebaut wurden. Die alten Mauern gegenüber vom Bahnhof beherbergen heute die römischen Inschriftensammlungen. Die 10 000 Epigrafen schildern Kulthandlungen, die Verwaltung, organisato-

rische Details der Römischen Republik, des Imperiums und der Römerstädte im Umfeld. Schriften auf Wasserrohren und Denkmälern zur Glorie der Imperatoren, aber auch Grabinschriften vermitteln Anekdoten aus dem Alltag. Auf einem Grabstein lobt beispielsweise ein Römer die Sanftmut und den herrlichen Busen seiner Kurtisane. Der Kreuzgang des Klosters von Santa Maria degli Angeli, nach Plänen von Michelangelo entworfen, wird nach dem Geschmack des 19. Jhs. präsentiert, als man zwischen den Säulen Basreliefe und Altäre ausstellte. Die Abteilung der Frühgeschichte gewährt einen Einblick in die römische Siedlungsgeschichte der Bronze- und Eisenzeit ab dem 10. Jh. v. Chr.

Gleich um die Ecke befindet sich die **Aula Ottagona** in der Via Romita 8, die nur wenige, aber besonders wertvolle Statuen schmücken. Umwerfend sind der Faustkämpfer, ein griechisches Bronzeoriginal und die Marmorskulptur eines Kindes auf dem Pony.

PALAZZO ALTEMPS

Der Ruhm der sagenhaften Skulpturensammlung der Familie Ludovisi drang im 18. Jh. bis in den Norden, und zahlreiche Gelehrte überquerten mühsam die Alpen, um einen Blick auf diese Meisterwerke werfen zu können. Heute steht die Sammlung im Palazzo Altemps, der schon für sich einen Besuch lohnt wegen seiner Wandmalereien, schönen Holzkassettendecken und einer lauschigen offenen Loggia. Der österreichische Kardinal Hohenems, in Rom zum Signor Altemps umgetauft, kaufte 1568 den Palazzo neben der Piazza Navona und putzte ihn zu einem wahren Prunkstück heraus. Schon in der Sala delle Prospettive dipinte im ersten Stock, mit gemalten Fenstern und Säulen, Obelisken, Landschaften und Jagdszenen, gewinnt man vor den Freskenresten einen ersten Eindruck vom außergewöhnlichen Geschmack des Geistlichen.

In der Sala della Piattaia eröffnet der marmorne Ares, ein nach Lysipp in Marmor gemeißelter Achill, die berühmte Boncompagni-Ludovisi-Skulpturensammlung. Die berühmteste Skulptur ist der Ludovisi-Thron, vermutlich ein griechisches Original aus dem 5. Jh. v. Chr. mit der Geburt der Venus im Relief. Dieser Thron dominiert den Saal des Moses mit den Friesen der zehn Plagen und dem Exodus. Juno oder Hera, in die sich Goethe so sehr verguckte, dass er mehrere Gipskopien in sein römisches Heim an der Via del Corso stellte, blickt die Besucher daneben streng an. Den Vorraum zum Schlafzimmer des Kardinals und das Schlafzimmer selbst schmücken herrliche Holzdecken. Im Salone delle Feste (Festsaal) feierte der Kardinal Hohenems rauschende Feste. Der hier ausgestellte Sarkophag mit einer Schlacht zwischen Römern und Barbaren (250 v. Chr.) wurde zum Vorbild für christliche Kunst: die Sieger oben, die Krieger in der Mitte und unten die Besiegten.

PALAZZO MASSIMO

Es ist ein Pardiesgarten mit hohen Zypressen, Tannen, Pinien, Eichen, Granatapfelsträuchern, Quittenbäumen und bunten Blumen. Ein botanischer Traum, der die Campagna vor 2000 Jahren verherrlicht und doppelt reizvoll ist, weil auf den Fresken alle Pflanzen ohne Berücksichtigung der Jahreszeiten gleichzeitig blühen. Livia, die erste Kaiserin Roms (58 v. Chr.–29 n. Chr.), ließ dieses Kunstwerk das Speisezimmer ihrer Landvilla schmücken. Hier tafelte sie mit dem Gatten Augustus an schwülen Abenden und konnte in dem fensterlosen Kellergewölbe ihre Augen mit den Malereien erfreuen. Die Fresken wurden im Palazzo Massimo als Zimmer aufgebaut. Daneben sind die Wandmalereien der 1879 am Tiber ausgegrabenen Villa Farnesina mit Dekorationen aus dem Leben von Frauen und erotischen Szenen im pompejanischen Stil rekonstruiert.

Am Eingang des Palastes wacht die Göttin Minerva über die fantastischen Schätze aus den ersten Jahrhunderten vor und nach Christus. Es folgen Büsten und Portraits realistischer Bildhauerkunst der Republik und anschließend die idealisierten Werke aus der Kaiserzeit, als Kunst zum propagandistischen Machtmittel geworden war. Saal V im ersten Stock birgt viele jener Statuen, die vornehme römische Familien damals nach griechischen Vorbildern für ihre Villen anfertigen ließen, darunter zwei Kopien des berühmten Diskuswerfers von Myron. Die wundervolle Replik des schlafenden Hermaphroditen (2. Jh. n. Chr.) fanden Archäologen in einer Privatwohnung. Ursprünglich ruhte der zum Zwitter gewordene Sohn von Hermes und Aphrodite vermutlich auf einer marmornen Matratze. Auch die Fresken aus der 1879 ausgegrabenen Villa Farnesina (▶ S. 141) im zweiten Stock mit erotischen Szenen im pompejanischen Stil sowie die antiken Mosaikböden vom 2. Jh. v. Chr. bis zum 1. Jh. n. Chr. sind echte Prachtstücke der Antike.

– www.archeoroma.beniculturali.it | alle vier Häuser Di–So 9–19.45 Uhr | Eintrittskarte für alle vier Häuser 7 €, erm. 3,50 €
– Centro Storico | Via delle Botteghe Oscure 31 | Bus 40, 62, 64, 87, 492
– Monti/Bahnhof | Largo di Villa Peretti | Metro/Tram/Bus: Termini
– Centro Storico | Piazza di Sant'Apollinare 44 | Bus: Zanardelli
– Monti/Bahnhof | Largo di Villa Peretti 1 | Di–So 9–19.45 Uhr, Mo geschl. | Bus 40, 64, H, Metro A und B: Stazione

KIRCHEN, THERMEN UND PANORAMA

Dieser Spaziergang führt vom Celio- zum Aventin-Hügel. Von der Lateranbasilika über Santo Stefano Rotondo geht's zu den Ruinen der berühmten Caracalla-Thermen. Außerdem sehen Sie ein 2000 Jahre altes Privathaus und gehen am Sportstadion Circus Maximus vorbei auf den Aventin-Hügel mit dem schönsten Schlüssellochblick der Welt. Da es auf diesem Weg – unüblich für Rom – keine Bars und Restaurants gibt, sollten Sie unbedingt eine Flasche Wasser mitnehmen. Und vielleicht ein Brötchen für's Picknick im Park.

◀ Das weite Hauptschiff der Lateranbasilika
(▶ S. 147) mit Blick zum Hauptaltar.

START Lateranbasilika, Piazza di Porta San Giovanni, Metro A: Stazione San Giovanni
ENDE Piazza Cavalieri di Malta am Aventin-Hügel
LÄNGE 4 Kilometer

🕓 Beginnen Sie Ihren Besuch im Laterankomplex so zeitig, dass Sie spätestens um 11.30 Uhr im antiken römischen Haus sind. Dieses hat nämlich mittags von 12 bis 15 Uhr geschlossen.

Im **Lateranpalast** wohnten bis 1377 jahrhundertelang die Päpste und neben dem Palazzo steht die Kathedrale Roms: »Mutter und Haupt aller Kirchen der Stadt und des Erdkreises« steht an der Fassade der Lateranbasilika, denn nicht der Petersdom, sondern dieses Gotteshaus ist die ranghöchste Basilika Roms. Besorgen Sie sich in der Vorhalle die Tickets für die Scala Santa (Heilige Treppe), den Chiostro und das Baptisterium (zusammen 8 €).

Gehen Sie jetzt zur **Scala Santa** im Gebäude rechts von der Fassade auf der anderen Seite der Straße. 28 holzverkleidete Marmorstufen, die aus dem Palast des Pontius Pilatus aus Jerusalem stammen und die Christus bei seinem Prozess hochgestiegen sein soll, führen zum **Sancta Sanctorum**, der früheren Privatkapelle der im Lateran residierenden Päpste. Hier können Sie einige wertvolle Fresken aus dem 13. Jh. bewundern (Okt.–März tgl. 6–12 und 15–17, April–Sept. tgl. 6–12 und 15.30–18 Uhr).

Die Kathedrale Roms

Dann geht's zurück zur **Lateranbasilika** (tgl. 9–18 Uhr). Für die Kirche **San Giovanni in Laterano** legte 313 angeblich Kaiser Konstantin persönlich den Grundstein, als er die freie Ausübung des Christentums im ganzen Reich gewährte. Von dieser alten Kirche, in der 774 Karl der Große getauft wurde, ist allerdings nach Plünderungen von Barbaren, nach Bränden und Erdbeben wenig geblieben. 904–911 wurde sie von Grund auf erneuert, 1644 bis 1655 entwarf Barockmeister Francesco Borromini sie neu mit der einzigen Auflage, dass das **Apsismosaik** (13. Jh.), der Kreuzgang mit der kostbaren Cosmatenkunst (13. Jh.) und die vergoldete Decke (15. Jh.) erhalten bleiben mussten. Unter dem Hochaltar werden angeblich die Schädel der Apostel Petrus und Paulus aufbewahrt.

Links vom Hauptaltar geht es zum **Kreuzgang**, dessen Doppelsäulen aus dem Jahr 1245 als Meisterwerk der Cosmatenarbeit gelten. Die Cosmaten waren Angehörige einer großen italienischen Künstlerfamilie, die für ihre kostbaren geometrischen Dekorations-, Mosaik – und Marmorarbeiten europaweit berühmt waren. Rechts vom Hauptaltar verlassen Sie bei diesem Nebeneingang die Kirche und gehen links am Komplex entlang zum **Baptisterium** aus dem 4. Jh. Es ist das älteste und schönste Taufhaus Roms mit Fresken aus dem Leben des Kaisers Konstantin und von Johannes dem Täufer sowie dem großen Taufbecken, weil damals viele Erwachsene – und zwar durch volles Untertauchen – getauft wurden (tgl. 9–12.30, 16–18 Uhr). Auf der Piazzetta davor steht der **Obe-**

lisk, einer von 13 in der Stadt, die Römer aus Ägypten in ihr Reich schifften. Dort überqueren Sie die Straße an der Ampel und biegen dann nach dem Eckgebäude links in die Via Santa Stefano Rotondo ein.

Santo Stefano Rotondo: Kleine Kirche, großer Horror

Hier am **Celio-Hügel** wurden im Mittelalter mehrere Klöster und Kirchen gebaut. Der »Caelium« war damals ein unbewohntes Areal. Die Römer – im Mittelalter waren es zeitweise nur 40 000, zur Zeit des Imperiums allerdings bis zu 1,5 Mio. – wohnten in den Quartieren am Tiber, der südöstliche der sieben Hügel nahe der Papstresidenz wurde zur Gartenlandschaft mit Klöstern und Kirchen.

Die Via di Santo Stefano Rotondo bringt Sie zur Kirche Santo Stefano Rotondo. Links liegt das große Krankenhaus San Giovanni, danach spazieren Sie am Aquädukt des Nero entlang bis zur Titelkirche des früheren Erzbischofs von München und Freising, Kardinal Friedrich Wetter. Jeder Kardinal ist sozusagen auch Pfarrer von Rom und hat deshalb eine Titelkirche. Santo Stefano Rotondo ist eine besondere Kirche. An keiner anderen Gedenkstätte in Rom sind die unsäglichen Leiden von Märtyrern so brutal an Kirchenwände gemalt wie in Santo Stefano Rotondo.

Der Künstler sollte die Leiden der Märtyrer erschütternd darstellen, und das ist ihm mit den Bildern von der Steinigung des Stefanus, der Hinrichtung des Jakobus, mit den Männern, die ihre Hände für Christus ins Feuer legen oder neben Löwen ihr letztes Gebet

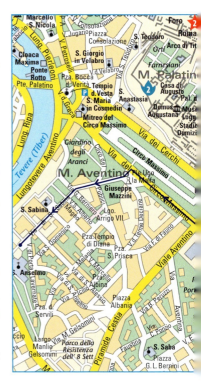

sprechen, bestens gelungen. Sogar der Marquis de Sade soll 1775 den Bau ziemlich verstört verlassen haben. Die brutalen Bilder aber waren gewollt. Den Auftrag zum Freskenzyklus gaben die Jesuiten im 16. Jh., weil sie ihre Mönche darauf vorbereiten wollten, was ihnen in heidnischen Missionsländern blühen könne.

Berühmt ist Santo Stefano auch wegen seiner beeindruckenden Architektur. Papst Simplicius (468–483) ließ den kreisrunden Bau nach dem Vorbild der Kirche vom Heiligen Grab in Jerusalem errichten. Davor war an dieser Stelle der in Persien und Indien verehr-

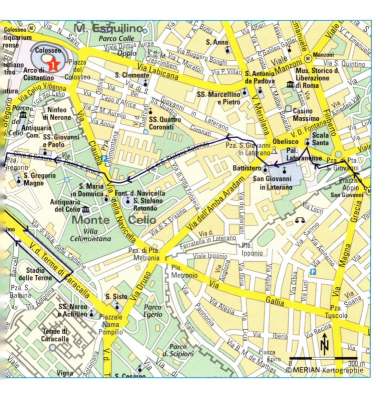

te arische Lichtgott Mithras angebetet worden, und bei Grabungen fanden Archäologen einen vergoldeten Kopf von ihm. Im unterirdischen **Mithräum**, das zu einem antiken römischen Haus aus dem 1. Jh. n. Chr. gehörte, befinden sich Reste einer Opferstätte für Mithras, dessen Kult römische Soldaten im 2. Jh. n. Chr. aus Asien in ihre Heimatstadt gebracht hatten. Im Relief ist der Kult für den Fruchtbarkeitsgott gemeißelt: Mithras tötet den Urstier, Hund und Schlange lecken das Blut, ein Skorpion beißt in die Hoden des Stiers, durch dessen Samen die Welt entsteht.

Via di Santo Stefano di Rotondo 7 | im Sommer Di–So 9.30–12.30 und 15–18, im Winter 9.30–12.30 und 14–17 Uhr, 1.–15. Jan. und die drei letzten Augustwochen geschl.

Grüne Oase auf dem Celio: Villa Celimontana

Gehen Sie von der Kirche aus an der linken Straßenseite weiter, vorbei an den Ruinen eines Aquädukts, dort über die Straße Via Navicella und links ab 30 m weiter zum Haupteingang der Villa Celimontana an der Hausnummer 12. Den antiken marmornen Springbrunnen in Form einer Barke davor spendeten übrigens Matrosen, die hier wohnten, weil bei Schlechtwetter das Spannen des Zeltdaches über dem nahen Kolosseum zu ihren Aufgaben gehörte.

Die Villa Celimontana, ein gepflegter Stadtpark mit der **Palazzina Mattei**, gehörte zuletzt dem bayerischen Baron Richard Hoffmann und wurde von ihm als Staatsbürger eines Feindlandes nach dem Ersten Weltkrieg konfisziert. Links vom Haus, in dem heute das nationale geografische Institut residiert, laden schattige Wiesen und Bänke rund um einen Obelisken zum Verweilen ein. Vielleicht wollen Sie hier eine Picknickpause einlegen?

Der Park erstreckt sich bis zur antiken Straße Clivo di Scauro vor der Kirche SS. Giovanni e Paolo, wo der Nebeneingang liegt. Wegen Restaurierungsarbeiten ist der untere Teil zurzeit geschlossen. Sie gehen also zurück zum Haupteingang, dort links an der Kirche Santa Maria in Domnica vor dem Brunnen vorbei und halten sich weiter links bis zum Clivo di Scauro.

Wollen Sie's wagen?

Sie können diesen Spaziergang auch mit dem Elektrofahrrad machen. Der Verleih (▶ S.19) ist nicht weit von der Lateranbasilika entfernt und zum Schluss fahren Sie vom Aventin-Hügel runter Richtung Forum Romanum und am Kolosseum vorbei zurück zum Fahrradverleih. Das Rad während der Besuche von Kirchen und Monumenten gut abschließen!

Case Romane: Besuch in einem altrömischen Wohnhaus

Rechts sehen Sie an der **Piazza dei Santi Giovanni e Paolo** wieder eine Kirche. Sie ist zwei Märtyrern aus dem 4. Jh. gewidmet. Das Interessante sind hier aber die **Case Romane**, die Römerhäuser unter der Kirche (Eingang an der Straße Clivo di Scauro.) Hier wurden mehrere Wohnungen aus dem 3. Jh. n. Chr. freigelegt, einfache Wohnräume und eine vornehme Domus. Die Zimmer mit den schönen Wandmalereien waren Repräsentationszimmer. Im **Antiquario** sind vor Ort gefundene Marmorfriese und -säulen vom antiken Haus und einer frühen Kirche aufbewahrt. Gehen Sie jetzt den Clivio di Scauro weiter hügelab und werfen dabei einen Blick auf den Palatin mit den mächtigen Mauern des Kaiserpalastes.

Caracalla-Thermen: Baden und Unterhaltung bei den alten Römern

Am Fuße des Hügels angekommen liegt links die Kirche San Gregorio über den hohen Treppen. Gehen Sie weiter und nach links in die Via delle Terme di Caracalla über die kleine Grünfläche bis zur Ampel, die Sie über die stark befahrene Straße zu den besterhaltenen Thermen Roms bringt: die **Terme di Caracalla** aus dem 3. Jh. Es gab mehrere solcher Badeanstalten im alten Rom, diese 11 ha große war die luxuriöseste. Kaiser Caracalla eröffnete die Anlage 216 n. Chr. Das Motto war: Luxus und Muße für jedermann. In der Antike diente das öffentliche Bad der Hygiene und fasste 1600 Besucher. Die Therme bot Kalt-, Warm – und Heißwasserpools, Saunahallen, Gymnastiksäle und Bibliotheken.

Die Mischung aus Körper- und Geisteskultur folgte dem Prinzip des Dichters Juvenal »Mens sana in corpore sano«: ein gesunder Geist in einem gesunden Körper. Also unterhielten in den Thermen Schauspieler, Vorleser und Deklamatoren die Badegäste, fliegende Händler befriedigten in der elf Hektar großen Anlage die Kauflust der Badenden, die ungeachtet ihres sozialen Standes gemeinsam das Angebot der Thermen in Anspruch nahmen. In Betrieb waren die Thermen bis ins Jahr 537, als die einfallenden Goten bei der Belagerung der Stadt die Aquädukte abschnitten, um Rom durch Wassermangel zu bezwingen.

Die Ruinen der riesigen Säle und Tonnengewölbe überliefern bis heute ein überwältigendes Bild vom damaligen Badespektakel. Stuckverzierungen, Skulpturen und Fresken sowie 252 Säulen schmückten den Bade-, Sport-, Kultur – und Unterhaltungsort. Seit 2012 sind in den Caracalla-Thermen auch unterirdische Räume und Gänge zu sehen. Dort lagen in der Römerzeit die Zisternen, die das Wasser in die Becken verteilten, und die Heizkessel für die Erwärmung des Wassers. Die Räume, wo die raffinierte Technik zum Heizen lag, und die überdachten enormen Korridore, wo das Holz mit Wagen angeliefert wurde, können seit 2012 mit Voranmeldung beim Besuch der alten Thermen besichtigt werden (Reservierung unter www.coopculture.it/ticket.cfm).

Via delle Terme di Caracalla 52 | Metro B: Circo Massimo | Tel. 06/39 96 77 00 | Mo 9–13, Di–So 9 Uhr bis Sonnenuntergang | Eintritt 7 €, erm. 4,50 €

Der Circus Maximus (▶ S. 152) auf dem Palatin-Hügel war zur Zeit der alten Römer gleichzeitig Sportstadion und Kultplatz. Hier bestaunten Volk und Herrscher martialische Spiele.

Circus Maximus: die Formel-1-Arena der Antike

Am Ausgang der Thermen gehen Sie links und dann geradeaus zur größten Rennbahn der Antike. Sie spazieren an der linken Seite des 600 m langen und 200 m breiten **Circo Massimo** entlang, wo oft junge Leute singen oder knutschen, und bewundern nochmals die mächtigen Mauern des Kaiserpalastes auf dem Palatin. Der Circus Maximus war das öffentliche Stadion für die populären Pferdewagenrennen auf den »bigae«, den kleinen zweirädrigen Wagen. »Alle laufen am ersehnten Tag des Pferderennens, wenn das Licht der Sonne noch nicht so hell ist, Hals über Kopf in wildem Durcheinander dorthin, als ob sie die Rennwagen, die gleich starten werden, überbieten sollten«, schrieb der lateinische Autor Marcellinus im 4. Jh. n. Chr.

Auch Kaiser klatschten ihrem Team zu und manch eine Kaiserin hatte einen Flirt mit Wagenlenkern, die wahre Idole waren und reich wie heute Formel-1-Fahrer. Die Zuschauer waren wie heute im Sportstadion aufgeregt, spornten ihr Gespann an, jubelten oder verließen das Stadion mehr oder weniger verzweifelt, wenn sie kleinere oder größere Summen bei den vorab geschlossenen Wetten verloren hatten.

Lockeres Leben in den antiken »Boxengassen«

Die ersten Wagenrennen veranstaltete hier bereits der Etruskerkönig Tarquinius Prisco im 7. Jh. v. Chr. kurz nach der Gründung Roms. Cäsar wollte größere Sportfeste und ließ 46 n. Chr. den Circus Maximus für rund 175 000 Zuschauer bauen; später wurde er nochmals erweitert für 245 000 Tifosi. Vierspännige Wagen rasten sieben Mal gegen den Uhrzeigersinn um die 350 m lange Mittellinienmauer mit zwei Obelisken, darunter der aus dem ägyptischen Heliopolis, den Sie neben der Lateranbasilika gesehen haben. Rundherum vergnügte man sich in Kneipen, an Kiosken und im Rotlichtviertel des alten Roms. Zahlreiche Bordelle säumten die engen Straßen um den Circus, denn Sex lebte man damals sehr freizügig.

Götter und Kirche auf dem Aventin-Hügel

Auf etwa halber Höhe des Circus überqueren Sie die breite Straße links vom Circus, wo es durch ein geöffnetes Gitter durch den im Frühjahr herrlich blühenden **Rosengarten** in der Via di Valle Murcia zur Via di Santa Sabina geht. Spazieren Sie nach dem Rosengarten links hoch auf den Aventin-Hügel.

Hier oben bestimmten Geier den Urvater von Rom, so die Sage. Die Zwillinge Romulus und Remus riefen demnach die Götter zur Hilfe und baten sie um ein Zeichen. Tatsächlich sollen um Romulus und Remus bald nach dem Anruf der Götter Geier gekreist sein. In dem darüber ausgebrochenen Streit, wen die Göttergunst getroffen habe, tötete Romulus Remus.

Heute ist der **Aventino** ein vornehmes Wohnviertel und viele Angestellte der nahen UN-Organisation für Ernährung und Landwirtschaft (FAO) leben hier. An wunderschönen Liberty-Villen der Via di Santa Sabina vorbei, finden Sie oben angekommen wieder ein Kirchenjuwel: **Santa Sabina**. Hier zelebrieren Päpste den Aschermittwoch.

Die Kirche aus dem 4. Jh. wurde zwischen dem 9. und 12. Jh. neu errichtet. Von der alten Kirche stammt noch das Zypressenportal mit 18 Tafeln aus dem Alten und Neuen Testament. 24 korinthische Säulen, eine Kanzel aus dem 9. Jh. und ein Fresko von Zuccari aus dem 16. Jh. schmücken die Kirche.
Piazza Pietro D'Illiria 1 | tgl. 7–12.30 und 15.30–20 Uhr

Blick durchs magische Schlüsselloch

Rechts von der Kirche liegt der Eingang zum **Parco Savello**, den die Römer wegen seiner Bäume auch Orangengarten (Giardino degli Aranci) nennen. Hier erwartet Sie ein herrlicher Panoramablick: Rom liegt Ihnen zu Füßen. In der Mitte der Skyline überragt Michelangelos Kuppel von St. Peter die Dächer und Terrassen der Stadt zwischen dem Gianicolo (links) und dem Monte Mario (rechts). Rund 30 Meter weiter liegt an der **Piazza Cavalieri di Malta** Nr. 4 der magische Schlüssellochblick. Die Allee im Park, an dieser Stelle malerisch zurechtgeschnitten, bildet einen perfekten Rahmen für Michelangelos Meisterwerk. Lassen Sie sich überraschen!

Nun gehen Sie über die kleine Piazza und bei Nummer 5 in den Garten. Hier residieren die Benediktiner, der deutsche Abtprimas Notker Wolf, und rechts im Garten gibt es im »**Benediktiner-Shop**« Köstliches wie Limoncello, Grappa, Centerbe der Mönche, den Messwein Agnus Dei, Olivenöl, Seifen und Gesichtscremes (Mi–So 10–13 und 15–18 Uhr, im Sommer Mo, im Winter Mo und Di geschl.).

Die Marmormaske an der Mauer des Parco Savello (▶ S. 153) ist zwar schon etwas gealtert, spendet aber immer noch großzügig frisches Wasser.

Lieblingsplätzchen eines reichen Kardinals: die Villa d'Este in Tivoli (▶ S. 158).

DAS UMLAND ERKUNDEN

OSTIA ANTICA UND LIDO: VOM ANTIKEN HAFEN DER RÖMER ZUM MODERNEN STADTSTRAND

CHARAKTERISTIK: Getreide, wilde Tiere, Sklaven und Obelisken transportierten die alten Römer per Schiff über Ostia Antica nach Rom. Dort liegen die Ruinen der alten Hafenstadt und von dort können Sie zum Strand von Ostia weiterfahren. **ANFAHRT:** Mit dem Auto über die Via del Mare von Ostiense bis nach Ostia Antica. Öffentlich mit der Metro B bis Piramide. Von dort mit Zug von der Stazione San Paolo neben der Metro-Station alle 30 Minuten nach Ostia Antica. Das Ticket der Metro für 1,50 € oder die Bus- und Metrokarten für mehrere Tage gelten auch für diese Strecke. Von Ostia Antica fährt der Zug bis Ostia Lido weiter. **DAUER:** Halbtagesausflug nach Ostia Antica oder Tagesausflug mit Ostia Lido. **EINKEHRTIPPS:** Il Giardino degli Aranci, Ostia, Viale della Marina 40/42, Tel. 06/54 34 01 30, www.ilgiardinodegliaranci.it, nur abends, €€€ | Milk Bar, Ostia Lido, Viale dei Misenati 24, € **AUSKUNFT:** P.I.T. Ostia Lido, Lungomare Paolo Toscanelli, Mai–Sept. tgl. 9.30–19 Uhr, Okt.–April geschl.

In der Antike war für Rom der Hafen von Ostia das Eingangstor für Lebensmittel aus Afrika und Asien, für wilde Tiere, die im Kolosseum gegeneinander und gegen Gladiatoren kämpften, für Sklaven und Obelisken, die per Schiff aus Ägypten in die Kapitale geschleppt wurden. Um den Hafen an der Tibermündung entstand bald ein kleines Städtchen für Seeleute und Händler. Die Faszination des Ausflugs in den im 4. Jh. v. Chr. gegründeten Ort liegt im rund einstündigen Spaziergang durch diese alte Lebenswelt. Denn nirgendwo sonst im ruinenreichen Rom erschließt sich das Alltagsleben der Antike so gut wie hier.

Die Ausgrabungen im 19. Jh. und später unter Diktator Mussolini legten die **Nekropole** vor den Mauern frei und innerhalb dieser Mauern das Hafenstädtchen mit seinen Villen, Geschäften, dem Forum und einem gut erhaltenen antiken Theater, in dem im Sommer noch heute Aufführungen der Klassiker oder Konzerte stattfinden.

Von der **Porta Romana** spazieren Sie über die 2000 Jahre alte Hauptstraße Decumanus Maximus zu den **Neptun-Thermen** mit wertvollen Mosaikböden, weiter zur **Caserma dei Vigili**, der Polizei- und Feuerwache, und zu den großen **Lagerhallen** (Grandi Horrea), in denen Getreide, Öl und Wein aufbewahrt wurden.

Neben der **Osteria di Fortunato,** der Schenke des vermutlichen Besitzers Fortunatus, erheben sich die Stufen des **antiken Theaters.** An der unter Kaiser Augusts gebauten **Piazzale delle Corporazioni** (Platz der Zünfte) zeugen beeindruckende Mosaike mit Schiffsdarstellungen von blühenden Handelsgeschäften und einer Art Sponsoring der Antike: Die Mosaiken repräsentieren die Handelsvertretungen, die im Gegenzug für ihre Spenden ans Theater diese Werbeplätze bekamen. Handwerksbetriebe wie die Wäscherei und Färberei (Fullonica), der Schlachthof (Macellum) oder die Fischbuden (Tabernae die Pescivendoli) erinnern an die Alltagsgeschäfte der damaligen Hafenstadt, von der aus Rom über den Tiber beliefert wurde. Garküchen, Imbissstuben mit Theke, Mietshäuser und ein Fresko mit Speisen- und Getränkedarstellungen sind auch heute noch erkennbar. Zum grandiosen Capitolium Curia, dem Tempel, führt eine früher mit Marmor verkleidete Treppe. Weitere kleine Tempel- und Thermenruinen säumen außerdem die Gassen.

Nehmen Sie jetzt die Metro weiter Richtung Ostia, so gelangen Sie nach wenigen Minuten nach **Ostia Lido,** dem Stadtstrand Roms. Hier gehen Römer im Winter am Meer spazieren und tanken ab März in dicht aneinandergereihten Liegestühlen Sonne.

Besonders beliebt ist die Badeanstalt mit dem erstaunlichen Namen Kursaal mit Pool und Trampolin. Spätnachmittags wird der Strand beim Beach-Ball zum Sportplatz, und an heißen Wochenenden kommen auch Römer hierher, die kein Sonnenbad suchen, sondern das Eintauchen in die nächtliche Disco-Szene oder ins Pub-Vergnügen am Lido.

INFORMATIONEN
Ostia Antica
Viale dei Romagnoli 717 | Di–So 8.30 bis eine Stunde vor Sonnenuntergang | Eintritt 8 €, erm. 4 €

Spaziergang auf antikem Pflaster: In Ostia Antica (▶ S. 156) können Besucher mit allen Sinnen eintauchen in die Lebenswelt der alten Römer – inklusive Badeanstalt und Schenke.

TIVOLI: DIE VILLEN VOM KAISER UND VOM KARDINAL

CHARAKTERISTIK: Kaiser Hadrian ließ sich bei Tivoli eine prachtvolle Villa mit Prunkbauten errichten. Im Ort am Hügel darüber setzte sich Kardinal Ippolito d'Este mit Villa, Park und wunderbaren Wasserspielen ein Denkmal. **ANFAHRT:** Mit dem Auto über die Via Tiburtina bis zum Vorort Tivoli/Villa Adriana, von dort 2,5 km über die Via di Villa Adriana. Nach Tivoli weiter über die Via Tiburtina bis zur Villa d'Este. Öffentlich zur Villa Adriana mit Metro B (Richtung Rebibbia) bis zur Haltestelle Ponte Mammolo. Von dort fahren alle 15 Minuten Cotral-Busse, Haltestelle Villa Adriana. Von dort mit Cotral-Bus weiter in den Ort Tivoli. Lösen Sie die Cotral-Tickets für beide Strecken hin und zurück am Eingang der Metro. **DAUER:** Halbtagesausflug für Villa Adriana, Ganztagesausflug mit Villa d'Este und Tivoli **EINKEHRTIPP:** Pizzeria La Stazione, Tivoli, Viale G. Mazzini 18, Tel. 07 74/33 52 81, nur abends, So geschl., € | Sibilla, Tivoli, Via della Sibilia 50, Tel. 07 74/33 52 81, www.ristorantesibilla.com, Mo geschl., €€ **AUSKUNFT:** P.I.T. Tivoli, Piazzale Nazioni Unite, www.comune.tivoli.rm.it, Di–So 10–13 und 16–18 Uhr

Villa Adriana: Kaiser Hadrian (117–138 n. Chr.) war ein ausgezeichneter Feldherr, ein kluger und eher friedfertiger Regent und vor allem ein Mann mit Liebe für Multikulti und die Künste. Zwölf von 21 Regierungsjahren verbrachte Hadrian außerhalb Roms in seinem großen Reich. Er liebte die griechische Kultur und auch deren Offenheit für Homosexualität. Nie machte der Verheiratete ein Geheimnis aus seiner großen Liebe: dem Jüngling Antinoos. Ab 118 n. Chr. ließ sich der Globetrotter ein angemessenes Ambiente am Fuße des alten Tibur mit Prunkbauten errichten, wie er sie bei seinen Reisen in Griechenland oder Ägypten gesehen hatte. Als Antinoos starb, zog er sich ganz dorthin zurück.

Neben drei **Thermenanlagen,** deren Ruinen noch immer den Luxus einstiger Zeiten vermitteln, und seinem prächtigen **Kaiserpalast** schmückte etwa der nach einem Vorbild im berühmten ägyptischen Ort Kanapos gebaute, 119 m lange und 18 m breite **Wasserkanal** diese Residenz, gesäumt von wertvollen Statuen, und am Ende diente das gut erhaltene halbkreisförmige **Nymphäum** in lauen Sommernächten fürs Abendmahl. Wie raffiniert Hadrian seine Mußestunden genoss, zeigen die Reste des **Teatro Marittimo,** das in Wirklichkeit kein Theater war, sondern eine Insel-Villa.

Villa d'Este: Auch im Zentrum von Tivoli inszenierte sich ein ungewöhnlicher Mann. Ippolito d'Este, Enkel des Borgia-Papstes Alexander VII., war im Alter von zehn Jahren bereits Erzbischof von Mailand, mit 30 Kardinal – und zwar einer der reichsten des 16. Jh. 1550 wurde er zum Gouverneur von Tivoli ernannt und begann sofort mit dem Bau der Luxusvilla mit wertvollen Holzkasettendecken und

Fresken. Sein Lieblingsspielzeug aber war der Garten, der mit seinen Brunnen, Kaskaden und einer Wasserorgel als einer der schönsten Parks Europas gilt. In der Allee der 100 Brunnen plätschert das Wasser friedlich aus einer dreistufigen Anlage. Die Wasserorgel ertönt täglich um 10.30 Uhr und dann alle zwei Stunden.

Durch den **Stadtkern Tivolis** mit seinen mittelalterlichen Gassen können Sie weiter gehen über die Piazza del Duomo mit der **Kathedrale San Lorenzo,** das **gotische Haus** und die Kirche **San Silvestro** mit schönen Fresken (12. Jh.) zur **Villa Gregoriana**: Größte Sehenswürdigkeit der Parkanlage aus dem 19. Jh. sind die Aniene-Wasserfälle, die über 160 Meter in die Tiefe stürzen. Sehenswert ist auch der Sibylle-Rundtempel, eines der meist gemalten Bauwerke der Antike, den kaum einer der Landschaftsmaler, die im 18. und 19. Jh. nach Rom kamen, auslieβ.

INFORMATIONEN

Villa Adriana
Tivoli, Largo Marguerite Yourcenar 1 | www.villaadriana.beniculturali.it | Mo–So 9 Uhr bis eine Stunde vor Sonnenuntergang | Eintritt 11 €, erm. 7 €

Villa d'Este
Tivoli, Piazza Trento 5 | www.villadestetivoli.info | Di–So 9 Uhr bis 1 Std. vor Sonnenuntergang | Eintritt 8 €, erm. 4 €

Villa Gregoriana
Largo S. Angelo | www.villagregoriana.it | Di–So 10 Uhr bis eine Stunde vor Sonnenuntergang, Mo und Dez., Jan., Feb. geschl. | Eintritt 6 €

Mit der Villa Adriana (▶ S. 158) schuf sich Kaiser Hadrian den Palast seiner Träume. Inspirieren ließ er sich dabei von Kunstwerken in Ägypten und Griechenland.

… | DAS UMLAND

VITERBO: DIE STADT DER PÄPSTE

CHARAKTERISTIK: Hauptattraktion Viterbos ist der Saal, in dem mit drei Jahren das längste Konklave der Geschichte stattfand. Der Charme der Stadt liegt im intakten mittelalterlichen Viertel San Pellegrino mit Handwerkerläden, wo kein Geschäftsschild das alte Ambiente stört. **ANFAHRT:** Mit PKW über die Autobahn zur Ausfahrt Orte, von dort 25 km Schnellstraße nach Viterbo. Oder von Rom über die Via Cassia ca. 80 km bis Viterbo. Vom römischen Bahnhof Trastevere oder Ostiense fahren stündlich Regionalzüge und halten nach etwa 90 Minuten am Bahnhof Porta Romana von Viterbo (pro Strecke 5 €). **DAUER:** Tagesausflug **EINKEHRTIPPS:** Slowbar, Piazza del Gesu, € | 3DCGradi, Piazza Don Mario Gargiuli 11, Tel. 0761/305596, Mo geschl., €€ **AUSKUNFT:** Ufficio Turistico, Via Ascenzi 4, Di–So 10–13 und 15–18 Uhr

Diese Stadt wird einfach unterschätzt. Sie ist schöner als viele mittelalterliche Orte der Toskana – und dennoch verirren sich noch verhältnismäßig wenige Touristen hierher. Viterbo ist die »Stadt der Päpste«: Acht katholische Kirchenführer lebten in der mittelalterlichen Stadt zu Füßen der Monti Cimini, 75 Kilometer nördlich von Rom. Rom war im Hochmittelalter ein gefährliches Pflaster für Päpste, die nicht selten zwischen dem örtlichen Adel und dem Kaiser zerrieben wurden und immer von mindestens einer der beiden Seiten abhängig waren.

Wenn Sie von der **Porta Romana** (ca. 50 m vom Bahnhof) die Stadt betreten, liegt rechts gleich die Kirche **S. Sisto** mit steilen Treppen zum hoch gelegenen Altar (Mo–Sa 7.30–17.30, So 7.30–12 Uhr). Die Via Garibaldi führt an einem der zahlreichen Brunnen vorbei zur **Piazza del Plebiscito** mit dem **Palazzo dei Priori** und seinem wunderschönen königlichen Saal. Über die Via San Lorenzo links ab kommt man an der einfachen Chiesa del Gesu (nur Sa und So 11–17.30 Uhr) vorbei zur **Piazza del Duomo** mit Dom und **Palast der Päpste**.

Die Hauptattraktion ist der **Konklave-Saal** im Papstpalast. Hier fand von 1268 bis 1271 das berühmteste – weil längste – Konklave aller Zeiten statt: die Versammlung der Kardinäle, die den Papst wählt. Fast drei Jahre lang war der Stuhl Petri damals leer, denn die Kardinäle waren in zwei Lager zerstritten: die Guelfen, also die Papsttreuen, und die Ghibellinen, die Kaiseranhänger. Sie konnten sich nicht auf einen neuen Papst einigen, bis es den Einwohnern, die den Aufenthalt der Kardinäle mit ihren Steuern mitfinanzierten, zu dumm wurde. Sie setzten die Kirchenfürsten auf Wasser und Brot. Als selbst dies nicht half – obwohl die Kardinäle dort drinnen nicht einmal Toiletten hatten –, deckten die Einwohner das Dach ab. Gregor X wurde dann erst im September 1271 gewählt und beschloss als Papst, dass die Wahlen fortan »cum clave«, hinter verschlossenen Türen, stattzufinden hätten.

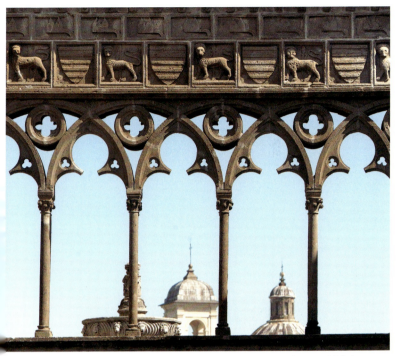

Viterbo war im Mittelalter ein Zufluchtsort für Päpste aus Rom. Wenn es dort zu gefährlich wurde, zogen sie sich gern in den Papstpalast von Viterbo (▶ S. 160) zurück.

Der Charme Viterbos liegt jedoch vor allem in seinem intakten mittelalterlichen Stadtkern mit den Geschlechtertürmen und Außentreppen der Häuser. Kein Geschäftsschild stört dieses stimmige Bild. Auf dem Weg vom Dom zum mittelalterlichen Viertel organisiert der Info Point auf der Piazza della Morte 1 halbstündlich 20-Minuten-Führungen in unterirdische Kanäle (tesoridietruria.it, 4 €). In der **Via del Pellegrino** haben sich Künstler und Handwerker niedergelassen. Im Haus Nummer 8 betreibt Daniela Lai ihre Töpferwerkstatt und verkauft schöne Zaffera-Fliesen, Teller, Töpfe und mehr (▶ S. 53). Berühmt ist in Viterbo auch die Prozession der Heiligen Rosa: Am 3. September abends tragen 100 Männer einen 30 Meter hohen Turm mit der Heiligen-Statue durch den Ort.

INFORMATIONEN
Konklave-Saal
Piazza del Duomo | tgl. 10–13 und 15–18 Uhr | Eintritt 7 € | Die Besichtigung organisieren junge Kunsthistoriker im Museum (links von der Domfassade, www.museocolledelduomo.com/info-e-prenotazioni).

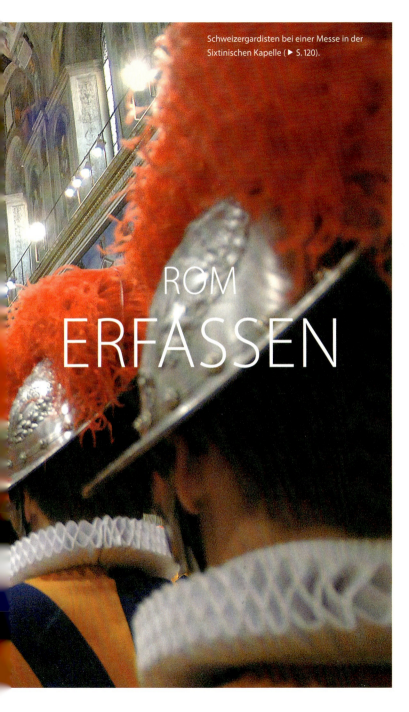

Schweizergardisten bei einer Messe in der Sixtinischen Kapelle (▶ S. 120).

ROM ERFASSEN

AUF EINEN BLICK

Hier erfahren Sie alles, was Sie über die italienische Hauptstadt wissen müssen – kompakte Informationen über Land und Leute, von Bevölkerung und Sprache über Geografie und Politik bis Religion und Wirtschaft.

DIE STADT MIT DEM STAAT IN IHRER MITTE

Rom ist die Hauptstadt Italiens, der Region Latium, der Provinz Rom sowie die flächenmäßig größte und bevölkerungsreichste Kommune Italiens. Sie liegt am Tiber und rund 30 Kilometer vom Meer. Weltweit ist Rom die einzige Stadt, die einen Staat in ihrem Gebiet einschließt: den Vatikan. Aus diesem Grund haben zahlreiche Staaten gleich zwei Botschaften in Rom. Manche Länder haben in der Stadt sogar noch einen dritten Botschafter bei der UN-Organisation für Ernährung und Landwirtschaft FAO akkreditiert.

EINWOHNER

Rom zählt 2,7 Millionen Einwohner – und der Trend geht seit Jahren nach unten. Junge Römer zogen in den letzten Jahren in kleinere Orte rund um Rom, weil die Mieten in der Stadt für junge Normalverdiener nicht mehr bezahlbar sind. Im gesamten Einzugsbereich allerdings ist die Zahl der Bewohner auf rund vier Millionen ange-

◀ Rom als Schmelztiegel der Kunstepochen: Statue neben modernem Werbeplakat.

wachsen. Frauen stellen wegen der höheren Lebenserwartung mit 53 % einen größeren Anteil an der Bevölkerung als die Männer. So waren 2012 von den 645 Über-Hundertjährigen 83,9 % Frauen. Von den in Rom lebenden Ausländern kommen 48,4 % aus Europa, 26,9 % aus Asien, 12,3 % aus Nord-, Zentral- und Südamerika sowie 12,2 % aus Afrika. Bei europäischen Einwanderern sind Rumänen mit 24,6 % die größte Gruppe. Nach ihnen stellen die Philippinen mit 9,8 % die stärkste ausländische Gemeinschaft.

BILDUNG

Rom hat vier öffentliche Universitäten, darunter die im 14. Jh. gegründete Sapienza mit über 100 000 Studenten, sowie Dutzende private, darunter die Päpstlichen Universitäten.

KULTUR

1980 wurde die Innenstadt Roms – das Zentrum innerhalb der Aurelianischen Mauern einschließlich des Vatikanstaates – zum UN-Weltkulturerbe erklärt. Dazu gehören über 25 000 zu schützende Monumente und Areale.

WIRTSCHAFT

Die italienische Hauptstadt lebt heutzutage vor allem vom Dienstleistungssektor, der 83 % der gesamten Wirtschaftleistung Roms ausmacht. Die Hauptsektoren sind Politik, Tourismus (fast 13 %), Banken, Medien und die Modebranche. Darüber hinaus erbringt die Landwirtschaft in der Campagna Romana 1,6 % der Gesamtleistung, der Rest fällt auf Industrie. Wie der Staat Italien hat auch die Kapitale einen aufgeblähten öffentlichen Apparat: Die Kommune zählt 25 000 Angestellte.

POLITIK

Im Juni 2013 gewann Ignazio Marino mit seiner Bürgerliste und der Unterstützung von Linksdemokraten und Grünen die Stichwahl gegen seinen Vorgänger Gianni Alemanno von Mitte-Rechts mit 63 % und zog so als Bürgermeister ins Rathaus auf dem Kapitol ein. Gewählt wird alle fünf Jahre. Der Magistrat hat zwölf Mitglieder, der Stadtrat 48. Davon entfallen zurzeit 29 auf die Linksdemokraten, zwölf auf Mitte-Rechts, vier auf Movimento 5 Stelle (Fünf-Sterne-Bewegung) und drei auf eine Bürgerliste.

TOURISMUS

2012 besuchten 11 997 323 Touristen Rom und blieben im Durchschnitt rund 2,5 Tage. Von diesen fast 12 Mio. waren fast fünf Millionen Italiener, 580 000 Deutsche, 77 000 Österreicher und 68 400 Schweizer.

AMTSSPRACHE: Italienisch
BEVÖLKERUNG: knapp 2,7 Millionen Einwohner, davon 12,2 % Ausländer
FLÄCHE: 1285 qkm
RELIGION: knapp 90 % Katholiken, von den 25 244 Neugeborenen im Jahr 2011 wurden etwa 75 % getauft
VERWALTUNG: 15 Stadtbezirke, die von »minisindaci« (»kleinen Bürgermeistern«) verwaltet werden
WÄHRUNG: Euro

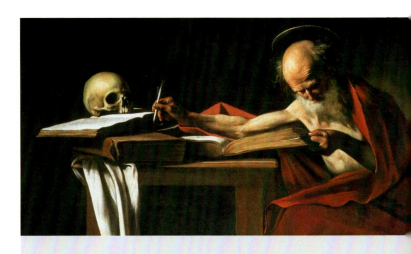

Im Fokus
3000 Jahre Kunst und Künstler

Ein Streifzug durch Rom ist eine Reise durch die abendländische Kulturgeschichte. Sie führt von den Etruskern und Griechen ins antike Rom, über die großartigen Werke der Renaissance zum Barock und über Klassizismus und Moderne bis in unsere Zeit.

Etrusker: Kunsthistorikern gelten sie als »Japaner der Antike«, weil sie zahlreiche Elemente anderer Hochkulturen übernahmen. Ihre raffinierte Bildhauerei, Bronze- und Goldschmiedkunst bestimmte seit dem 8. Jh. v. Chr. den Stil am Tiber. Ungeklärt ist, ob es sich um eine ursprünglich italienische Kultur handelt oder ob ihre ersten Künstler aus Kleinasien stammten. Am besten zeigt das Etruskische Museum in der Villa Giulia (▶ S. 140) die hoch entwickelte Epoche.

Römische Kunst: Mit der Eroberung griechischer Siedlungen zog die hellenistische Kunst in den Alltag der Römer ein. Man liebte griechische Kunst und ihre massenhaft hergestellten Kopien. In römischen Museen finden wir aber auch griechische Originale. Während der Kaiserzeit wurde Kunst zum Propagandamittel beispielsweise mit den Triumphbögen, Siegessäulen und der darauf dargestellten Verherrlichung der Kriege. Eine der größten Errungenschaften ist die Erfindung des Bogen-

◀ Dieses letzte Römische Werk von Caravaggio hängt in der Galleria Borghese (▶ S. 132).

baus wie etwa am Kolosseum (▶ S. 61). Die Entwicklung jener Jahrhunderte belegen am besten das Archäologische Nationalmuseum (▶ S. 142) und die Kapitolinischen Museen (▶ S. 136).

Christliches Rom: Die Vatikanischen Museen (▶ S. 138), aber auch Hunderte Kirchen mit ihren Mosaiken und Fresken ab dem 5. Jh. sind Orte, an denen die Geschichte des Christentums und des Katholizismus, aber auch der weltlichen Machtpolitik der Päpste lesbar wird. Päpste und Kardinäle waren über Jahrhunderte die größten Auftraggeber für Künstler.

Renaissance: Die Wiedergeburt der Antike, die im 15. Jh. Italien eroberte und ganz Europa ins Staunen versetzte, feierte ihre Geburtsstunde in Rom, als Päpste die größten Künstler Italiens an ihren Hof riefen. Der Architekt Bramante wurde mit dem Neubau von St. Peter beauftragt. Michelangelo soll die Uniform entworfen haben, die die Schweizer Garde noch heute trägt. Seine Skulpturen und Fresken sowie die Stanzen von Raffael (▶ S. 120) im Vatikan bilden die Höhepunkte des neuen Lebensgefühls, das den Menschen mit seiner individuellen Ausstrahlung ebenso zelebriert wie die großen Denker der Antike. Wir begegnen den beiden immer wieder in Rom.

Michelangelo Buonarroti (1475–1564): Die Gunst des kunstsinnigen Florentiners Lorenzo de Medici hatte er schon als Jüngling gewonnen, als 30-Jähriger galt er in der Toskana nach der Fertigstellung des »David« als größter Künstler neben Leonardo da Vinci. Seine Pietà im Petersdom vergrößerte den Ruhm. Früh im Malen geschult, bevorzugte er die Bildhauerei und malte trotzdem bei mehrjährigen Rom-Aufenthalten die berühmten römischen Fresken in der Sixtinischen Kapelle (▶ S. 120). Seine Werke gelten als Höhepunkt des geistigen und künstlerischen Umbruchs der Renaissancezeit. Michelangelo beherrschte die Darstellung des menschlichen Körpers wie kaum ein anderer vor oder nach ihm.

Raffaello Santi (1483–1520): Ganz anders beeindruckte Raffael die Machthaber in Rom. Als Maler von Madonnen eroberte der als liebenswürdiger Künstler geltende Maestro aus Urbino die Herzen mit den freundlich-humanen Gesichtern der Gottesmutter. In Rom hinterließ der

Maestro der Hochrenaissance mit den Stanzen im Vatikan (▶ S. 123) sein größtes Meisterwerk, als er die antike Dichter- und Denkerwelt quasi neu erfand und ihre größten Vertreter als Menschen nebeneinander stellte. Raffael gilt als vollkommener Meister des humanistischen Renaissance-Ideals von innerer Würde und ihm wurde sogar die Ehre der letzten Ruhestätte im Pantheon zuteil.

Barock: Die Gegenreformation war der Motor der römischen Barockkunst im 17. und 18. Jh., dieser Schaubühne der himmlischen Herrlichkeit mit dem allegorischen Formenreichtum, der die Spannung zwischen Diesseits und Jenseits wirkungsvoll ausdrückte und den Machtanspruch der Kirche nach den Protesten der Reformation zementierte. Diese Zeit prägte das Stadtbild mehr als alle anderen Epochen. Bernini und Borromini schmückten Plätze und Kirchen und gaben Rom seinen barocken Charakter. Der schönste Platz aus dieser Zeit ist sicher die Piazza Navona (▶ S. 98).

Caravaggio (1592–1606): Eigentlich hieß er Michelangelo Merisi, ein wahres Genie der Licht- und Schattenmalerei. Sein großer Beitrag zur neuen Barockmalerei war auch eine Hymne auf das eigene unruhige Dasein. Streitsüchtig, gewaltsam, mehrere Male verhaftet, wegen Mordes gesucht, malte der Norditaliener in 16 Jahren Rom-Aufenthalt 30 Bilder. Malerisch war er einer der größten Erneuerer seiner Zeit, aber viele Geistliche fanden seine Bilder zu realistisch, weil er den religiösen Themen das Hoheitsvolle und Verherrlichende zugunsten einer revolutionären Darstellung der oft brutalen Realität verweigerte. Sein größter Mäzen, Scipione Borghese, kaufte ihm zwölf Bilder ab, sechs davon sind in der Galleria Borghese (▶ S. 132) zu bewundern, drei andere hängen in der Kirche S. Luigi Francese, zwei in Santa Maria del Popolo (▶ S. 178).

Gian Lorenzo Bernini (1598–1680): Er ist der Architekt des schönen und fröhlichen Roms, wie es die Piazza Navona mit ihrem Vier-Ströme-Brunnen repräsentiert. Bernini ist Baumeister, Bildhauer und noch mehr Bühnenbildner von Brunnen, Büsten, Statuen, Fassaden und vom Petersplatz, der mit seinen Säulen die Pilgerscharen umarmt. Der Sohn eines neapolitanischen Steinmetzes hat das barocke Rom inszeniert, für alle großen Adelsfamilien und acht Päpste gearbeitet. Papst Urban VIII. schwärmte gar, die göttliche Vorsehung habe das Genie zum Ruhm Roms geschickt.

Francesco Borromini (1599–1667): Gleichzeitig mit Bernini führte im barocken Rom Francesco Borromini Regie, dessen fantasievolle, geschwungene Kirchen- und Palastfassaden zum Vorbild des Spätbarocks und Rokokos wurden. Der norditalienische Architekt litt lebenslang an der herausragenden Stellung seines Zeitgenossen und Erzrivalen Bernini, inzwischen aber wird Borromini als Architekt mindestens genauso hoch geschätzt wie sein Gegenspieler. Eine seiner Kunstperlen ist der spielend spiralenförmig geschwungene Kirchenturm von S. Ivo alla Sapienza.

Klassizismus: In der Galleria Borghese (▶ S. 132) ist der talentierte Künstler der klassischen Wiederentdeckung antiker Figuren zu bestaunen. Der Architekt und Bildhauer Antonio Canova (1757–1822) verzauberte Paolina Borghese, die Schwester von Napoleon, als Venus, lasziv und nackt, in eine der schönsten Statuen jener Zeit. Die Vorbilder der Antike, vor allem nach Ausgrabungen in den Römerstädten Pompeji und Herkulaneum, schätzten aber auch Architekten.

Moderne: Bei den unzähligen Schätzen des Altertums war es für die Moderne der Architektur in Rom nicht einfach. Diktator Mussolini wollte sich mit Großbauprojekten ein Denkmal setzen, zum Beispiel mit dem Viertel EUR und seinen neoklassizistischen und rationalistischen Bauten des damals bekanntesten Architekten Marcello Piacentini (1881–1960). In der Malerei suchten Futuristen wie Giacomo Balla in der technischen Revolution ihre Inspiration. Das MACRO (▶ S. 135) gibt zudem einen Überblick über die »Metafisica« von De Chirico, die »Arte Povera« etwa von Burri und die »Transavanguardia«.

Zeitgeist: In den letzten zwei Jahrzehnten öffnete sich Rom der zeitgenössischen Architektur. Renzo Pianos Auditorium Parco della Musica (▶ S. 44) mit seinen pilzförmigen Bleidächern ist in der italienischen Hauptstadt der neue Pol für Musik. Der US-Architekt Richard Meier entwarf den Überbau der Ara Pacis (▶ S. 77), dem Friedensaltar des Augustus, und verewigte sich auch im Kirchenbau mit der Chiesa Tor Tre Teste in der römischen Vorstadt. Ohne Übertreibung darf vor allem das futuristische MAXXI, Museum für Zeitgenössische Kunst und Architektur (▶ S. 136) der preisgekrönten Stararchitektin Zaha Hadid, zu den spektakulärsten neuen Museen des gesamten Globus gezählt werden. Und nun wartet Rom auf das neue Kongresszentrum vom Stararchitekten Massimiliano Fuksas. Es soll 2015 eröffnet werden.

GESCHICHTE

Kaum eine Stadt ist mit ihrer langen Geschichte den Europäern so vertraut wie Rom. Ihre Gründung durch Romulus und Remus fasziniert, Cäsar ist aus Lateinstunden und Comics bekannt. Und Päpste in Rom beeinflussen die Politik auch jenseits der Alpen.

753 v. Chr. Romulus und Remus gründen der Legende nach Rom

Am Anfang steht der Mythos von den Zwillingen Romulus und Remus, den Kindern des Gottes Mars, die zur Gründung der Stadt Rom auf dem Palatin einer Weisung von oben bedurften. Es war im Jahr 753 v. Chr. Die Kinder von Rhea Silvia, Romulus und Remus, riefen die Götter zu Hilfe, denn niemand konnte den beiden auf Erden sagen, wer der Erstgeborene mit dem Recht auf das Zepter war.

Schon ihre Geburt ist Legende: Mutter Rhea Silvia unterlag als Priesterin der Göttin Vesta dem Keuschheitsgebot. Sie beteuerte, Mars habe sie geschwängert und ließ schließlich zu, dass die beiden Babys am Tiber ausgesetzt wurden. Ihr drohte eigentlich für den Bruch des Keuschheitseids die Todesstrafe, mit der Notlüge von Mars rettete sie ihre Haut – und die Zwillinge überlebten auch. Am Tiber stillte, so der Mythos, eine Wölfin die Babys unter einem Feigenbaum am Palatin. Später tötete Romulus seinen Bruder Remus.

Forschungen zufolge wurde Rom vermutlich durch die Adelsfamilie der Romulier gegründet. Auf dem Palatin gab es bereits erste Siedlungen um 1000 v. Chr. Dennoch pilgern Touristen bis heute zur Rundhütte des Romulus auf dem Palatin und zum Wahrzeichen Roms in den Kapitolinischen Museen, der bronzenen Wölfin.

753 v. Chr.

Romulus und Remus gründen der Legende nach Rom auf dem Palatin-Hügel.

510 v. Chr.

Nach sieben etruskischen Königen beginnen fünf Jahrhunderte Römischer Republik.

264–146 v. Chr.

Nach drei Punischen Kriegen mit dem nordafrikanischen Karthago greift Rom übers Mittelmeer nach der Macht.

49 v. Chr.

Cäsar überschreitet den Rubikon, wird 45 v. Chr. Alleinherrscher im Römischen Reich.

49 v. Chr. »Der Würfel ist gefallen«: Entscheidung am Rubikon

Sieben etruskische Könige regieren Rom bis in das 5. Jh. v. Chr., bauten das erste Forum Romanum, legten Sümpfe trocken und zogen Befestigungsmauern. Ihre selbstherrliche Arroganz erboste die adeligen Römer allerdings so sehr, dass sie die Tyrannen verjagten. Rom wollte keine Könige mehr, und aus dieser entschiedenen Ablehnung entstand die Römische Republik, die bis Cäsar fünf Jahrhunderte währte. Cäsar war ihr letzter großer Politiker. Rom war in 150 Jahren die Herrin der Mittelmeerwelt geworden, Aufstände in Provinzen wurden blutig niedergeschlagen. Von außen blieb Rom unbesiegbar, im Inneren tobten Ständekämpfe, die erstmals mit dem Heer ausgekämpft wurden. Cäsar glaubte die Weltmacht in Gefahr, zog 49 v. Chr. im Alter von 51 Jahren nach der Eroberung ganz Galliens gegen Rom. Weil Provinzgouverneure die Hauptstadt aber nicht mit ihrem Heer betreten durften, warnte er seine Soldaten am Grenzfluss Rubikon unweit von Ravenna: »Noch können wir umkehren, jenseits jener Brücke entscheide das Schwert«. Das Heer willigte ein, Cäsar verkündete: »Alea iacta est« (»Der Würfel ist gefallen«) und kam, sah und siegte. Sein Bruch mit den Regeln der römischen Politik, der Versuch, die Macht der Aristokraten zu beschneiden, seine exzentrische Liebschaft zu Kleopatra wurden ihm zum Verhängnis. Gut 60 Senatoren, darunter Adoptivsohn Brutus, verschworen sich gegen ihn. Am 15. März 44 v. Chr. wurde er ermordet.

313 Das Jahr der Wende

Cäsar war tot und auch die Republik war nicht zu retten. 27 v. Chr. wurde nach Bürgerkriegen sein Adoptivsohn Octavian Kaiser und Rom zur Militärmonarchie, über die nach Augustus Tyrannen wie Nero, Feldherren wie Titus und Trajan, Bauherren wie Hadrian und Philosophen wie Marc Aurel regierten. Die meisten gaben dem Volk »panem et circenses«, kostenlose Lebensmittelversorgung und spektakuläre Spiele. Viele verfolgten die Chris-

---

64 n. Chr. Tyrann Nero regiert Rom, die Stadt brennt, Christen müssen büßen.

31 v. Chr. Octavian, sein Adoptivsohn, wird erster Kaiser Roms mit dem Ehrentitel »Augustus«.

313 Kaiser Konstantin gestattet die Ausübung der christlichen Religion.

ten als politische Unruhestifter und Leugner des Kaiserkults, bis Kaiser Konstantin 313 n. Chr. das Christentum zur Religion der Kaiser erhob und Kirchen erbaute. Als er 324 seine Residenz nach Byzanz, das heutige Istanbul, verlegte, wurde Rom zur leichten Beute für plündernde Barbaren. Nun erstarkte die Macht der Bischöfe, vor allem seit Papst Gregor dem Großen (540–604), dem Reorganisator der Kirchengüter. Ohne Schutzherren aber hätten die Päpste ihren Besitz nie verteidigen können, sie suchten sie bei den christlichen Franken, und Leo III. krönte in der Weihnachtsmesse im Jahr 800 den Frankenkönig Karl den Großen zum Kaiser eines erneuerten römischen Reiches. Das Mittelalter war für Rom eine dunkle Zeit der Machtkämpfe. Im 15. Jh. begann für die gedemütigte Stadt die Renaissance.

1503 Papst Julius II. verleiht Rom wieder Glanz

Zum Ende des 15. Jhs. wurde Rom Ziel von immensen Geldströmen aus der ganzen Christenheit. Die Werte des Humanismus und das Studium der Antike wurden auch in der Kapitale der Päpste aufgenommen und gefördert. Welche Folgen dies selbst für das höchste Amt der Christenheit hatte, zeigt die Karriere des langjährigen Kämmerers, des Finanzverwalters der Kirche, Rodrigo Borgia. Der Spanier wurde mit freizügiger Pöstchenverteilung und dem Versprechen hoher Geldsummen 1492 Papst Alexander VI. Über seinen damaligen Hof schrieb der Zeremonienmeister Joahnnes Burchard: »Preise wurden ausgeschrieben, welche Dirne den Akt am häufigsten vollziehen konnte.« Auch Alexanders Nachfolger Julius II., der nach seiner Wahl im Jahr 1503 mit dem Neubau von St. Peter begann und zum Bau seines Grabmonuments und zur Ausmalung der Sixtinischen Kapelle Michelangelo rief, die Vatikanischen Gärten anlegen ließ und 1506 die Schweizergarde und die Antikensammlung gründete, hatte drei Kinder. Unter ihm boomten Baukunst und der Geld beschaffende Handel mit Ablässen. Martin Luther war 1510 in der Ewigen Stadt so entsetzt,

Der fränkische König Pippin schenkt dem Bischof Roms Gebiete Mittelitaliens und begründet so die weltliche Herrschaft der Päpste.

756

1075

Investiturstreit: Papst Gregor VII. und Kaiser Heinrich IV. streiten über das Recht, Bischöfe einzusetzen.

Papst Julius II. verleiht Rom wieder Glanz, Neubau der Petersbasilika.

1503

1517/18

Martin Luther verurteilt die Geschäftemacherei mit Ablässen.

dass er Rom zum Hort des Antichristentums deklarierte und daraufhin vom Medici-Papst Leo X. exkommuniziert wurde. Die Gegenreformation, Antwort auf Luthers Kirchenkritik, veränderte jedoch das geistige und religiöse Leben zutiefst.

1585 Rom entwickelt sich langsam zum Kunstmuseum

Die Folgen der Kirchenreform schlugen sich auch auf das Stadtbild nieder. Seit Mitte des 16. Jhs. wurde ganz Rom zu einem sakralen Ort umgestaltet. Den Höhepunkt bildeten die Bemühungen von Papst Sixtus V., dem wohl bedeutendsten Papst der Neuzeit, der in seinem fünfjährigen Pontifikat (1585–1590) Gigantisches ins Werk setzte. Sixtus vollendete das geradlinige Achsennetz, das die Papstkirchen miteinander verband, die Pilgerkirchen wurden mit den alten Obelisken der Ägypter markiert, der alte Lateranpalast abgerissen und neu errichtet. Der Quirinalspalast wurde unter seiner Regie erbaut, eine neue Wasserleitung gelegt und die Kuppel von St. Peter in einem Großeinsatz endlich geschlossen. Auf andere Weise veränderte Alexander VII. im 17. Jh. die Stadt. Er und sein Architekt Bernini gaben ihr das heutige barocke Gepräge, in dem wie Solitäre die raffinierten Bauten von Berninis Gegenspieler Borromini ihren Platz fanden.

1870 Geburt des neuen Königreichs Italien

Mit der bevorstehenden Einigung Italiens waren die Tage des weite Teile Mittelitaliens umfassenden Kirchenstaates gezählt. Am 20. September 1870 zogen die Truppen des Königs von Piemont-Sardinien in Rom ein, Papst Pius IX. hisste die weiße Flagge über dem Petersdom und zog sich grollend über den Verlust von Kirchenstaat und weltlicher Macht in den Vatikan zurück. Er war gegenüber technischen Neuerungen aufgeschlossen, segnete den ersten Zug, der 1860 von Rom nach Frascati fuhr, ließ Telegrafen installieren, unterstützte Archäologen bei ihren Ausgrabungen. Er öffnete sogar zehn Jahre nach dem Ende des Kir-

| 1527 | »Sacco di Roma«: Plünderung Roms durch die Truppen Kaiser Karls V. | 1555 | Die Päpste errichten das Ghetto für Juden, das bis 1870 besteht. | 1585 | Unter Papst Sixtus V. wird ganz Rom zu einem sakralen Ort umgestaltet. | 1848 | Garibaldi nimmt mit seinen Freischärlern Rom ein. |

chenstaates seine Archive. Erst 1929 – fast 50 Jahre und vier Päpste später – schlossen der Vatikan und das italienische Königreich mit den »Lateranverträgen« Frieden.

1871 Immobilienrausch in der neuen Hauptstadt

Rom bekam nicht nur einen neuen Herrscher, es bekam auch ein neues Gesicht. 136 Jahre nach dem Einzug der Piemontesen in Rom ist kaum vorstellbar, wie die Stadt 1870 ausgesehen hat. Im Zentrum gab es einen Kern dicht gedrängter Paläste und Häuser, auf den Hügeln Felder und Weinberge inmitten von antiken Ruinen. Mit dieser Idylle war es endgültig vorbei, als die Regierung des vereinigten Königreichs zum 30. Juni 1871 in die neue Hauptstadt zog. Es sollte zunächst Platz für die 4396 Ministerialbeamten der Zentralverwaltung geschaffen werden. Der reiche kirchliche Grundbesitz, der einer Umgestaltung im Wege stand, wurde kurzerhand enteignet. Riesige Ministeriumspaläste und neue Wohnviertel entstanden.

1922 Die Diktatur unter Mussolini Italiens

Benito Mussolini wurde 1922 Regierungschef und sollte es bis 1943 bleiben. Dem faschistischen Diktator Mussolini – im Ausland mit Skepsis betrachtet – kam die Versöhnung des Königreiches Italien mit der katholischen Kirche zupass. Durch die Lateranverträge wurde am 11. Februar 1929 der Vatikanstaat gegründet. 1936 stand Mussolini auf dem Höhepunkt seiner Popularität in Rom, als nach dem Überfall auf Äthiopien die Großmachtpläne von der Wiederauferstehung des Imperiums ihren Anfang zu nehmen schienen. Den totalitären Staat nahm man in Kauf, die ersten Jahre der Mussolini-Macht bescherten Italien einen bescheidenen Wohlstand, nach der Weltwirtschaftskrise 1929 litt auch der Stiefelstaat, und der Krieg in Afrika war nicht zuletzt der Versuch des Duce außenpolitisch zu punkten. Doch die immer enger werdenden Beziehungen zu Hitlers Drittem Reich, die antisemitischen Rassengesetze von Mussolini, Italiens Eintritt auf der Seite der Deut-

---

1871 Rom wird Hauptstadt des geeinten Italiens.

1922 Nach dem »Marsch auf Rom« errichtet Mussolini den faschistischen Einparteienstaat.

1929 Gründung des Vatikanstaates durch die Lateranverträge.

1943 Waffenstillstand Italiens mit den Alliierten und Besetzung Roms durch Hitler-Truppen bis zur Befreiung 1944.

schen in den Zweiten Weltkrieg im Juni 1940 waren der Anfang vom Ende des Benito Mussolini. 1943 wurde er gestürzt.

1946 Bauboom in der Republik

1946 wurde Italien eine Republik. Rom hatte rund 1,5 Millionen Einwohner, der große Zustrom aus anderen Regionen in der Nachkriegszeit führte zu einem illegalen Bauboom mit Barackensiedlungen ohne Wasser und Strom rund um Rom, und als die erste Erhebung dieser Bauten in den 1980er-Jahren erfolgte, lebten ein Drittel der inzwischen auf beinahe drei Millionen Einwohner angewachsenen Bevölkerung in illegal hochgezogenen Wohnungen.

2000 Pilger strömen in die Heilige Stadt

Wie ganz Italien litt Rom unter der Misswirtschaft von Klientelismus und Korruption. Im Jahr 2000 fand mit Sonderfonds für das Heilige Jubeljahr der katholischen Kirche ein gründlicher Hausputz in der Innenstadt und rund um den Vatikan statt. Zu den Heiligen Jahren pilgern 20 Millionen oder mehr Gläubige nach Rom. Nach Jahren des Stillstandes, in denen man sich eigentlich fragen durfte, ob Rom überhaupt einen Bürgermeister und Stadträte hatte, begannen die Stadtväter Rom zu renovieren und modernisieren. Seit Juni 2013 ist dies die Aufgabe des linksdemokratischen Bürgermeisters Ignazio Marino.

Der Job ist nicht einfach. Wie auf nationaler Ebene stehen sich auch in Rom die Regierungsparteien und die Oppositionsgruppen als ständige Streithähne gegenüber. Es gibt auch in diesen wirtschaftlich schwierigen Zeiten kein gemeinsames Verantwortungsgefühl für das Allgemeinwohl. Und zu oft ist die Politik – wie der jüngste Skandal der Regionalregierung von Latium zeigte – ein gut gefüllter Selbstbedienungsladen für die Volksvertreter, die mit Steuergeldern nicht nur absurde und übertreuerte Projekte, sondern auch private Feten, Autos für den Eigengebrauch und teure lukullische Abende finanzierten.

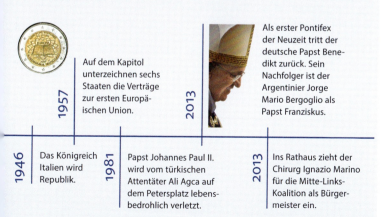

1957 Auf dem Kapitol unterzeichnen sechs Staaten die Verträge zur ersten Europäischen Union.

2013 Als erster Pontifex der Neuzeit tritt der deutsche Papst Benedikt zurück. Sein Nachfolger ist der Argentinier Jorge Mario Bergoglio als Papst Franziskus.

1946 Das Königreich Italien wird Republik.

1981 Papst Johannes Paul II. wird vom türkischen Attentäter Ali Agca auf dem Petersplatz lebensbedrohlich verletzt.

2013 Ins Rathaus zieht der Chirurg Ignazio Marino für die Mitte-Links-Koalition als Bürgermeister ein.

KULINARISCHES LEXIKON

A
abbacchio – Lamm aus dem Backofen
acciughe – Sardellen
aglio – Knoblauch
agnello – Lamm
agnolini – gefüllte Teigtaschen
amaro – Magenbitter
anatra – Ente
aragosta – Languste
aranciata – Orangenlimonade
arrosto – gebraten, Braten
arrosto di vitello al latte – mit Speck gespicktes Kalbsgericht

B
bagna cáuda – Sauce aus Butter, Knoblauch, Öl, Gewürzen
biscotto – Keks
bistecca – Beefsteak, Schnitzel
bistecca milanese – Wiener Schnitzel
bocconcini – Häppchen, Gulasch
bollito – gekochtes Fleisch
braciola – Kotelett, Rippenstück
brasato – gespickter Rinderbraten
bresaola – luftgetrocknetes Rind- oder Gämsenfleisch
bruschetta – mit Öl und Knoblauch geröstetes Brot
burro – Butter

C
cacio – (Schafs-)Käse
cannelloni – Teigröllchen aus dem Ofen
capperi – Kapern
caprese – Mozzarella und Tomaten
carciofi – Artischocken
carne – Fleisch
ceci – Kichererbsen
cicerchie – Platterbsen
cipolle ripiene di magro – pikant gefüllte Zwiebeln
coniglio – Kaninchen
cotoletta alla milanese – paniertes Kalbsschnitzel
coratella – Innereien
crostata – Obsttorte aus Mürbeteig

D
dolce – süß, Süßspeise

F
fagioli – Bohnen
fagiolini – grüne Bohnen
fegato – Leber
finocchio – Fenchel
fiori di zucca – Kürbisblüten
formaggio – Käse
forno (al) – im Ofen gebacken
fragola – Erdbeere
frappé – Milchshake
fritto – gebacken, frittiert
fritto misto – gebackener Fisch, Fleisch, Gemüse
frutti di mare – Meeresfrüchte
funghi porcini – Steinpilze
fusilli – kleine Schraubennudeln

G
gambero – Krebs, Krabbe
gelato – Eis
gnocchi – kleine Nockerl aus Kartoffelteig oder Grieß

I
insalata di tartufi – dünne Pilz- und Trüffelscheiben mit Zitrone
involtini – kleine Rouladen

L

lattuga – Kopfsalat
lenticchie – Linsen
linguine – schmale Nudeln
lombata – Lendensteak

M

maiale – Schwein
mandorla – Mandel
manzo – Rindfleisch
melanzane – Auberginen
miele – Honig
minestra – Suppe
minestrone – Gemüsesuppe

N

nasello – Seehecht
noce – Nuss

O

olio – Öl
orecchiette – Öhrchennudeln
ossobuco – Kalbshaxe mit Gemüse

P

paglia e fieno – Heu und Stroh, grüne und weiße Bandnudeln
pane – Brot
parmigiano – Parmesankäse
patate – Kartoffeln
patate fritte, patatine – Pommes frites
pepe – Pfeffer
peperoncino – scharfe Paprikaschoten, Peperoni
pesce – Fisch
pesce spada – Schwertfisch
pesto alla genovese – Basilikumsauce
piselli – Erbsen
polenta – Maisbrei
pollo – Hähnchen
porchetta – Spanferkel
prosciutto (crudo, cotto) – Schinken (roh, gekocht)

R

ragù – Ragout, Fleischsauce
riso – Reis

S

sale – Salz
salmone – Lachs
saltimbocca – Kalbsmedaillons mit Salbei
scaloppine – Schnitzelchen
seppie – Tintenfische
sogliola – Seezunge
spezzatino – Gulasch
spiedo, spiedino – Spieß
spremuta – frisch gepresster Saft
spuntino – Kleinigkeit, Brotzeit
stracciatella – Bouillon mit Ei, auch Eis mit Schokosplittern
stufato – Rinderschmorbraten mit Kräutern

T

tacchino – Truthahn
tartufo – Trüffel, Trüffeleis
timballo – Nudelauflauf
tonno – Thunfisch
tramezzino – Sandwich
trifolato – getrüffelt
trippa alla romana – Kutteln
trota – Forelle

U

uovo – Ei
uovo strapazzato – Rührei
uva – Trauben

V

verdura – Gemüse
vino bianco – Weißwein
vino della casa – Hauswein
vino rosso – Rotwein
vitello tonnato – Kalbfleisch in Thunfischsauce

SERVICE

Anreise und Ankunft
MIT DEM AUTO

Von Norden fährt man am besten bis zum GRA, dem Autobahnring um Rom (A90), und über die Via Flaminia Richtung »Centro«, weil es sich auf der Via Salaria mit ihren vielen Ampeln oft staut. Autobahnen sind in Italien mautpflichtig. Für die 715 km vom Brenner bis Rom beträgt die Gebühr für einen Mittelklassewagen 50,60 € (2013). Der Promillegrenzwert liegt bei 0,5.

MIT DER BAHN

Die meisten Züge aus Deutschland, Österreich und der Schweiz halten am Hauptbahnhof (Stazione Termini), Autoreisezüge am Bahnhof Scalo San Lorenzo. Fahrkarten müssen außer bei den superschnellen Eurostars immer am Bahnhof entwertet werden. Reserviert werden kann über www.ferrovie.it online per Kreditkartenzahlung, mit dem Code der Buchung bekommt man die Quittung dann im Zug. Zugauskunft, Reservierungen und Tickets unter Tel. 89 20 21 (24 h), vom Ausland 00 39/06/68 47 54 74. Gepäckaufbewahrung im Hauptbahnhof am »Ki-Point« im Untergeschoss, tgl. 6–23 Uhr.

MIT DEM FLUGZEUG

Leonardo da Vinci: Der Flughafen Roma-Fiumicino »Leonardo da Vinci« liegt 30 km westlich von Rom (www.adr.it, Tel. 06/6 59 51). Hier landen aus Deutschland die Fluggesellschaften Lufthansa, Germanwings und Air Berlin, aus der Schweiz die Swiss und aus Österreich die Austrian Airlines. Der Schnellzug Leonardo Express fährt vom Flughafen zwischen 6.38 und 23.38 Uhr für 14 € alle dreißig Minuten zum Hauptbahnhof (Stazione Termini). Zugtickets gibt's direkt vor dem kleinen Bahnhof am Flughafen. Billiger ist der langsamere Zug (8 €) mit mehreren Haltestellen, u. a. die Stazione Trastevere.

Ciampino: Billigflieger wie Ryanair landen auf dem kleineren Flughafen Ciampino. Von dort fahren die Terravision-Busse zum Hauptbahnhof (Stazione Termini) zwischen 8.40 und 0.20 Uhr alle 20 Min. und von Termini zum Flughafen ab 4.30 Uhr. Taxis in die Innenstadt kosten rund 30 €. Es geht auch per Bus zur Metrostation Anagnina und von dort in die Stadt.

Auskunft
Italienisches Fremdenverkehrsamt ENIT (www.enit.it)
– 60325 Frankfurt, Barckhausstr. 10 | Tel. +49/(0)69/23 74 34 | frankfurt@enit.it
– 1060 Wien, Mariahilfer Straße 1b | Tel. +43/(0)1/5 05 16 39 | vienna@enit.it
– 8001 Zürich, Uraniastr. 32 | Tel. +41/(0)43/4 66 40 40 | zurich@enit.it

Die offiziellen Internet-Seiten Roms www.turismoroma.it und www.060608.it informieren ausgiebig über Hotels, Museen und Veranstaltungen. Die Rom-Info-Hotline Tel. 06 06 08 informiert tgl. 9–21 Uhr auf Deutsch und Englisch. An Kiosken wird die Info-Zeitschrift »Wanted in Rome«

verkauft. Die Stadtverwaltung informiert über aktuelle Veranstaltungen und Museen auch an Kiosken (P. I. T) im ganzen Stadtgebiet, so etwa am Hauptbahnhof und an mehr als zehn weiteren Stellen.

Informationen über den Vatikan gibt's unter www.vatican.va. Außerdem informiert das deutsche Pilgerzentrum in Rom | Via del Banco di Santo Spirito 56 | Tel. 06/6 89 71 97/-98 | www.pilgerzentrum.net | Mo, Di, Do, Fr 10–18, Mi 8–18, Sa 15–18 Uhr

Buchtipps

Maike Albath: Rom, Träume. Moravia, Pasolini, Gadda und die Zeit der Dolce Vita (Berenberg, 2013) Die Aufbruchstimmung der Nachkriegsjahre in Rom, als sich Intellektuelle, der geniale Regisseur Fellini und Hollywoodstars auf der römischen Via Veneto trafen, fängt die Kulturjournalistin Albath mit literarischen Porträts und Zeitzeugengesprächen ein und schildert die Kulturlandschaft jener Jahre.

Robert Knapp: Römer im Schatten der Geschichte (Klett-Cotta, 2012) Der Amerikaner Robert Knapp befasst sich in seinem Buch mit dem Leben der einfachen Römer im Imperium, das zeitweise rund 50 Millionen Einwohner zählte – das heißt auch mit Banditen, Sklaven, Prostituierten und Piraten.

Alberto Moravia: Die Römerin (btb, 2003) Die Mutter der feschen Adriana will Ende der 1920er-Jahre die Schönheit der Tochter vermarkten und die wird dann vom Malermodell zum Straßenmädchen. Der erste große Erfolg von Moravia, ein Kultbuch erotischer und sozialer Kunst, das kurz nach Erscheinen auf dem Index der katholischen Kirche landete.

Peter Prange: Die Principessa (Droemer Knaur, 2003) Die junge Engländerin Clarissa findet im Rom des 17. Jh., im Rom der Kardinäle und Kurtisanen, die Liebe zu zwei Künstlern und so wird ihre Geschichte auch die der berühmtesten Barockarchitekten Bernini und Borromini. Ein Liebesdrama zum Amüsieren und Informieren.

Susanne Wess: MERIAN porträts Rom. Eine Stadt in Biographien (Travel House Media GmbH 2012). 20 ausgewählte Biografien zeichnen ein lebendiges, historisches wie auch aktuelles Bild der Stadt. Die Porträts werden durch Adressen ergänzt, die eine Stadterkundung auf den Spuren der beschriebenen Personen ermöglichen

City Cards (Ermäßigungskarten)

Der an Info-Kiosken und in Museen erhältliche **Roma Pass** ist drei Tage gültig und ermöglicht für 34 € den Besuch von zwei Museen sowie freie Fahrt in Bussen und U-Bahnen. Außerdem erhält man in allen übrigen Museen Eintritt zu einem ermäßigten Tarif (www.romapass.it).

Die **Appia Antica Card** ermöglicht für 7 € (erm. 4 €) den Eintritt in die Caracalla-Thermen und an der Via Appia Antica ins Mausoleum der Cecilia Metella und in die Villa dei Quintili.

Der Pass **Omnia Vatican & Rome** gewährt Eintritt in die Vatikanischen Museen, drei Tage Fahrt mit dem Roma Cristiana Open Bus und mit öffentlichen Bussen, Audioguides für die Kirchen und freien Eintritt für Kolosseum, Forum Romanum und Palatin sowie in ein weiteres Museum nach Wahl, dazu Ermäßigungen in anderen Museen und archäologischen Stätten. Kartenverkauf an der Piazza Pio XII 9 (St. Peter), Mo–Fr 9–18, Sa und So 9–16 Uhr, oder online unter www.omnia-vaticanrome.org, 90 €, Kinder von 6–12 Jahren 65 €.

Diplomatische Vertretungen

Deutsches Konsulat F 6
Via San Martino della Battaglia 4 | Tel. 06/49 21 31 | Notdienst 335/7 90 41 70 | www.rom.diplo.de | Mo–Fr 9–12, Di und Do auch 14–16 Uhr | Bus 75, 492

Österreichisches Konsulat E 4
Viale Liegi 32 | Tel. 06/8 41 82 12 | Mo–Fr 9–12 Uhr | Bus 63, Tram 3

Schweizer Konsulat D 3
Largo Elvezia 15 | Tel. 06/80 95 71 | www.eda.admin.ch | Mo–Fr 9–12 Uhr, telefonisch Mo–Do 14–17.30, Fr 12–14 Uhr | Bus 217

Feiertage

1. Jan. Primo dell'anno (Neujahr)
6. Jan. Epifania (Dreikönigstag)
11. Feb. Vatikanfeiertag (Staatsgründung mit Lateranpakt)
Ostermontag
25. April Giornata della Liberazione (Tag der Befreiung)
1. Mai Festa del Lavoro (Tag der Arbeit)
2. Juni Festa della Repubblica (Fest der Republik)
29. Juni San Pietro e Paolo (lokaler Feiertag für Roms Schutzpatrone, die Apostel Peter und Paul)
15. Aug. Ferragosto (Mariä Himmelfahrt)
1. Nov. Ognissanti (Allerheiligen)
8. Dez. Immacolata Concezione (Mariä Empfängnis)
25. Dez. Natale (Weihnachten)
26. Dez. Santo Stefano (Stefantag)

Geld

Italien hat den Euro. An Geldautomaten im gesamten Stadtgebiet lässt sich bequem Bargeld abheben. Meiden Sie am besten Bankautomaten in dunklen, abgelegenen Straßen. Die meisten Restaurants und Boutiquen akzeptieren Kreditkartenzahlung. Für Museen und Pausen an der Bar ist jedoch weiterhin Kleingeld nötig. Banken sind meist durchgehend von 8.30 bis 16.30 Uhr geöffnet.

Kleidung

Italien führt seit Längerem den Kampf gegen allzu leichte Kleidung, zum Beispiel Bikinis abseits vom Strand in Badorten. So leicht bekleidet geht in Rom ohnehin niemand durch die Stadt. Aber auch mit Shorts, zu tiefem Dekolleté oder zu knappen Tops riskieren Sie, dass Ihnen der eine oder andere Küster den Zutritt zu einem Gotteshaus verwehrt. Im Frühjahr und Herbst sollte man durchaus auch einen Regenmantel im Gepäck haben, in den heißen Sommermonaten eine leichte Baumwolljacke oder einen dünnen Schal, weil Römer die Klimaanlagen oft sehr kalt schalten.

Links und Apps

LINKS

www.turismoroma.it und
www.060608.it
Diese offiziellen Info-Seiten der Stadt Rom informieren ausgiebig über Hotels, Museen und Veranstaltungen.

www.venere.com
Auf dieser zuverlässigen Seite finden Sie Hotels und Bed&Breakfast-Unterkünfte aller Preisspannen.

www.ticketone.it
Über diese Webseite kann man Karten für Vorstellungen und Wanderausstellungen kaufen und so auch erfahren, was in Rom geboten wird (auch auf Englisch).

www.selectitaly.com
Auch hier können Sie Tickets für Museen und Konzerte online buchen.

www.romapertutti.it
Umfangreiche Informationen für mobilitätseingeschränkte Menschen (nur auf Italienisch).

APPS

Roma Capitale
Informationen der Stadt Rom auf Italienisch: Straßenplan, Bus, Infos über Hotels, Restaurants, Sehenswürdigkeiten, Wettervorhersage und auch die »bagni pubblici«, die öffentlichen Toiletten. Für iPhone und Android. Kostenlos.

Roma Wifi
Informationen über die Orte mit kostenloser Internetverbindung in Rom (italienisch). Für iPhone. Kostenlos.

iDotto Rome
Diese App erzählt auf Englisch, wo man sich bei der Erkundung Roms gerade befindet und was man sieht. Für iPhone. Kostenlos.

Medizinische Versorgung

KRANKENHAUS

Policlinico Universitario Agostino Gemelli westl. A 3
Das Krankenhaus des Vatikans, eines der größten Hospitäler der Stadt, hat einen guten Ruf und funktioniert wie ein öffentliches Krankenhaus. 24 Stunden Notdienst.
Largo Agostino Gemelli 8 | Tel. 06/30 15 11

APOTHEKEN

Viele Apotheken sind von 9–19.30 Uhr durchgehend geöffnet. Jedes Viertel hat eine Apotheke mit Notdienst rund um die Uhr. Einen 24-Stunden-Dienst bietet auch die Farmacia Internazionale (auch homöopathische Präparate) an der Piazza Barberini 49, Tel. 06/4 87 11 95 (Metro A: Barberini).

Nebenkosten

Die Kosten in der Bar sind am Tresen und an den Tischen unterschiedlich, in der Regel kostet es mit Tischservice rund 2,5 mal so viel. Preise im Zentrum Roms mit Tischservice:

1 kleiner Caffè .... 2,50 €
1 »cornetto« (Hörnchen) ..... ca. 2,00 €
1 Glas Bier (300 ml) .... ca. 7,00 €
1 Glas normaler bis guter Wein ....
.... 4,00–9,00 €
1 Glas Cola .... ca. 4,00 €
1 Teller Pasta .... 9,00–16,00 €
1 Taxifahrt pro Kilometer 7–22 Uhr ..
.... ca. 3,00 €
1 Taxifahrt pro Kilometer nachts ....
.... ca. 3,30 €
1 Liter Benzin .... ca. 1,80 €
Mietwagen/Tag mit Sonderangebot ...
.... ca. 25,00 €
Mietwagen/Tag .... ca. 60,00 €

Notruf

Carabinieri 112
Feuerwehr 115
Polizei 113
Rettungswagen 118

Post

Briefmarken erhält man in Postämtern und Tabacchi-Läden. Der Vatikanstaat druckt eigene Briefmarken. Post mit Vatikan-Briefmarken nur in die blauen Vatikanbriefkästen werfen! Ins Ausland können Sie nur »posta prioritaria« (Vorzugspost) schicken. Das Porto beträgt für Postkarte oder Brief 0,85 €.

Reisedokumente

Deutsche, Österreicher und Schweizer können mit einem gültigen Reisepass oder Personalausweis (Identitätskarte) einreisen. Kinder benötigen ein eigenes Reisedokument.

Reiseknigge

Fotografieren: Wo Fotografieren verboten ist, hängt ausdrücklich das Verbotsschild mit der durchgestrichenen Kamera. Meist lassen sich Italiener/innen auf der Piazza oder in den Straßen gerne ablichten.

Picknick auf der Spanischen Treppe: No, grazie. Bußgeld für Essen an historischen Stätten beträgt bis zu 500 €.
Piratenware: Oft bieten Händler gefälschte Markenware an. Ihr Kauf wird mit hohen Bußgeldern bestraft.
Rauchen: Rauchen ist in allen öffentlichen Räumen Italiens verboten.
Restaurant: Kellner weisen dem Gast immer den Tisch zu. Wer mit Italienern essen geht, zahlt »alla romana«, d. h. jeder zahlt die gleiche Summe.
Trinkgeld: In Bars gibt man am Tresen eine Münze in den ausliegenden Teller, im Sitzen addiert man wie in Restaurants rund 5 % des Rechnungsbetrags.

Reisezeit

Wettermäßig sind die besten Reisezeiten Frühjahr und Herbst mit Durchschnittstemperaturen von 16 bis 27 Grad. Im heißen Sommer sind Spaziergänge durch Rom bei hohen Temperaturen und erheblicher Luftfeuchtigkeit anstrengend, aber Rom bietet ein tolles Abendprogramm (Estate Romana ▶ S. 43). Im Winter sind die Hotels – außer in der Weihnachtszeit – billiger, allerdings weht dann oft der eisige Wind, die Tramontana.

Klima (Mittelwerte)

	Januar	Februar	März	April	Mai	Juni	Juli	August	September	Oktober	November	Dezember
Tagestemperatur	11	13	16	19	23	28	31	31	27	21	16	12
Nachttemperatur	4	5	7	10	13	17	20	20	17	13	9	5
Sonnenstunden	4	5	6	7	9	9	11	10	8	7	4	4
Regentage pro Monat	8	9	8	8	7	4	2	2	5	8	10	10

Sicherheit

Rom ist – zumindest in zentralen Vierteln – eine relativ sichere Stadt. In die Vorstadt sollte man zumindest am Abend nicht gehen. Touristen müssen sich auch im Zentrum vor Taschendieben schützen. Diese greifen besonders gern in vollen Autobussen und vor Sehenswürdigkeiten zu. Vorsicht auch bei grüner Ampel: Der Römer vergewissert sich immer, ob auch tatsächlich kein rücksichtsloser Auto- oder Mofafahrer kommt. Wer ein Fahrrad oder Mofa mietet, sollte unbedingt auf die schlechten Straßenverhältnisse mit vielen Schlaglöchern achten.

Stadtführung

Rote Doppeldeckerbusse mit der **Nr. 110** starten im 15-Minuten-Takt vom Hauptbahnhof (Stazione Termini) Richtung Kolosseum, Circo Massimo, Bocca della Verità, Piazza Venezia, Petersdom, Trevibrunnen, Piazza Barberini und zurück. Man kann beliebig oft ein- und aussteigen.
April–Sept. von 8.30–20.30 Uhr, Okt.–März von 10–18 Uhr | www.trambusopen.it | Tickets im Bus, für einen Tag 18 € (ohne Aussteigen 15 €), für 48 Stunden 20 €, für drei Tage inkl. Archeobus, der zur Via Appia fährt, 25 €. Kinder bis 10 J. gratis
Der Bus »**Roma Cristiana**« startet vor der Petersbasilika (via della Conciliazione 44) von 9.30 bis 18 Uhr und stoppt an der Piazza Navona, Pantheon, Piazza Venezia, Bahnhof, Santa Maria Maggiore, Lateranbasilika, Kolosseum, Circo Massimo, Tiberinsel und nahe dem Campo de' Fiori. Ticket ohne Ausstieg 15 €, mit Aussteigen 20 €, für zwei Tage 22 €. Beide Angebote haben Audio-Führer im Bus.

Unterschiedliche **Stadttouren auf Deutsch zu Fuß** organisiert Adelheid Heep-Wolbert (Tel. 3 35/6 10 56 03, www.stadtfuehrungen-rom-vatikan.de). **Carpe Diem:** Sandra Haarmann organisiert Privatführungen in Rom und ins Umland (Tel. 3 49/1 46 28 86, www.rome-guide.de).

Strom

Die Netzspannung beträgt 220 Volt Wechselstrom. Die deutschen Schukostecker passen nicht in italienische Flachsteckdosen, deshalb sollte ein Zwischenstecker dafür in den Koffer.

Telefon

VORWAHLEN
D, A, CH ▶ **Italien** 00 39
Italien ▶ **D** 00 49
Italien ▶ **A** 00 43
Italien ▶ **CH** 00 41
Rom 06
Die Ortsvorwahl 06 für Rom muss vom Ausland und auch in Rom immer mit gewählt werden. Handys haben in Italien keine Null vor der Vorwahl.

Mobiltelefon: Die Telefonkarte »New Welcome« bekommt man an Zeitungskiosken und in Tabakläden ab 5 €.

Verkehr

AUTO
Bei italienischen Autofahrern gilt häufig das ungeschriebene Gesetz, dass fahren kann, wer sich vordrängelt. Wichtig ist, sich immer zu versichern, ob der andere nach Vorschrift fährt. Dennoch lässt sich hier gut Auto fahren, denn alle rechnen damit, dass jede Verkehrssituation auch ohne Regeln bewältigt wird.

Die Innenstadt Roms ist tagsüber weitgehend für Autos ohne Sondergenehmigung gesperrt (ZTL-Zonen). An ihren Zufahrtsstraßen wird durch Videoüberwachung strengstens kontrolliert. Ausländer brauchen für die Zufahrt die Genehmigung, die man über das Hotel einholen kann (Kennzeichen am besten schon bei der Hotelreservierung angeben). Ansonsten droht bei jeder Einfahrt ein Knöllchen. Nach dem Ausladen des Gepäcks den Wagen am besten in einer Garage abstellen, denn Parkplätze sind rar und meist gebührenpflichtig (Preis normalerweise um 1 €/Std.).

Parkhäuser in der Altstadt:
Parcheggio Villa Borghese | Via del Galoppatoio 33, (in der Villa Borghese) | 2,20 €/Std., 18 €/Tag | rund um die Uhr geöffnet
Parking Ludovisi | Via Ludovisi 60 | 2,20 €/Std., 18 €/Tag | Mo–So 5.30–1.30 Uhr.

FAHRRAD

Wer sich die Fahrradwegseite unter www.piste-ciclabili.com/comune-roma ansieht, möchte meinen, ganz Rom sei mit Fahrradwegen versorgt. Dem ist nicht so. Radler sagen, die einzig guten Wege sind die am Tiber entlang vom Zentrum bis an den Stadtrand oder in den Parks. Allerdings kommt man in den kleinen Gassen der Innenstadt gut mit dem Fahrrad voran.

Fahrradverleih
Opera Unica C/D 7
Ideal für die Stadtrundfahrt am frühen Morgen: Claudio Andreoli ist Maler und Bildhauer und eröffnete im Herbst 2013 diesen zentral gelegenen Laden. Die Preise sind günstig und wer am Sonntag zur verkehrsberuhigten Via Appia radeln will, holt sich das Rad am Samstag ab, gibt es am Montag früh zurück und zahlt nur einen Tag, also 10 €.
Ghetto | Via della Reginella 26 | www.operaunica.eu | Bus 23, 40, 62

TopBike Rental & Tours E 7
Fahrradverleih für moderne superleichte Räder und sechsstündige Fahrradtouren für 75 € mit deutschem Führer von Juni bis Oktober jeden Sonntag um 14.30 Uhr.
Monti | Via dei Quattro Cantoni 11 | www.topbikerental.com | Tel. 06/48 82 983 | Metro B: Cavour

MIETWAGEN

Autovermietungen gibt es am Hauptbahnhof Termini und am Flughafen Leonardo da Vinci, von Deutschland aus über www.hertz.com, www.avis.com, www.e-sixt.com, www.europcar.com. Bei Eurorent gibt es kleine Elektroautos für eine Rom-Rundfahrt mit Navigationssystem; außerdem organisiert Francesco Roller-Touren und vermietet Vespas.
Borgo Pio | Via degli Ombrellari 51 | www.buzz4tours.com | www.romarentscooter.it | Bus 40, 62

ÖFFENTLICHE VERKEHRSMITTEL

Rom hat zwei chronisch überlastete, aber trotzdem effektive U-Bahnlinien. Ansonsten fahren überall Busse hin, sie lassen mitunter jedoch lange auf sich warten. Information bieten die städtischen Verkehrsbetriebe im Internet unter www.atac.roma.it, wo man bei Angabe des Abfahrts- und Ankunftsortes den zu nehmenden Bus bekommt. Die Übersichtskarte für Bus und Bahn (Roma Metro-Bus) für 5,50 € gibt es an Zeitungskiosken. Fahrkarten kosten 1,50 € und sind für U-Bahn und Bus insgesamt 100 Minuten gültig. Sie sind an Tabak- und Zeitungskiosken erhältlich und müssen beim Einsteigen entwertet werden. Tageskarten kosten 6 €, Drei-Tageskarten 16,50 €.

Taxi

Die offiziellen Taxis sind weiß. Nehmen Sie keine inoffiziellen, denn die sind in der Regel teurer. Bei Regen, am Samstag- und Sonntagabend und am Hauptbahnhof Termini bilden sich oft lange Schlangen an den Taxiständen. Taxiruf: Tel. 06/06 09, 06/35 70, 06/49 94 und 06/66 45.

Zeitungen

Fast alle Kioske in der Altstadt, am Bahnhof und Flughafen verkaufen die »Süddeutsche Zeitung«, »Frankfurter Allgemeine Zeitung«, »Bild«, »Welt« sowie »Neue Zürcher Zeitung«. Die österreichischen »Kurier« oder »Standard« bekommt man nur an großen Kiosken.

Zoll

Reisende aus Deutschland und Österreich dürfen Waren abgabenfrei mit nach Hause nehmen, wenn diese für den privaten Gebrauch bestimmt sind. Bestimmte Richtmengen sollten dabei jedoch nicht überschritten werden (z. B. 800 Zigaretten, 90 l Wein, 10 kg Kaffee). Weitere Auskünfte unter www.zoll.de und www.bmf.gv.at/zoll. Reisende aus der Schweiz dürfen Waren im Wert von 300 SFr abgabenfrei mit nach Hause nehmen, wenn diese für den privaten Gebrauch bestimmt sind. Tabakwaren und Alkohol fallen nicht unter diese Wertgrenze und bleiben in bestimmten Mengen abgabenfrei (beispielsweise 200 Zigaretten, 2 l Wein). Weitere Auskünfte unter www.zoll.ch.

Entfernungen (in Minuten) zwischen wichtigen Orten
*mit öffentlichen Verkehrsmitteln

	Campo de' Fiori	Campidoglio	Colosseo	Fontana di Trevi	Pantheon	Piazza Navona	San Pietro (Petersdom)	Santa Maria in Trastevere	Scalinata di Trinità dei Monti	Villa Borghese
Campo de' Fiori	–	25	40	35	15	10	35	35	45	60
Campidoglio	25	–	15	25	20	25	65	35	35	50
Colosseo	40	15	–	35	30	35	75	45	40	55
Fontana di Trevi	35	25	35	–	15	20	60	60	10	25
Pantheon	15	20	30	15	–	5	35	30	25	40
Piazza Navona	10	25	35	20	5	–	30	30	30	45
San Pietro (Petersdom)	35	65	75	60	35	30	–	35	60	75
Santa Maria in Trastevere	35	35	45	60	30	30	35	–	60	75
Scalinata di Trinità dei Monti	45	35	40	10	25	30	60	60	–	15
Villa Borghese	60	50	55	25	40	45	75	75	15	–

ORTS- UND SACHREGISTER

Wird ein Begriff mehrfach aufgeführt,
verweist die **fett** gedruckte Zahl auf die Hauptnennung.
Abkürzungen: Hotel [H] · Restaurant [R]

Ai Marmi Panattoni [R] 74
AlexanderPlatz 44
Anreise und Ankunft 178
Antico Caffè Greco 76, **81**
Apollo-Tempel 64
Aquädukt des Claudio 64
Ar Galletto [R] 105
Ara Pacis **77**, 169
Arco di Costantino 60
Armani **18**, 82
Art Studio Cafe [R] 51
Auditiorium Parco della Musica 8, 44, 45, **94**, 97, 169
Auf einen Blick 164
Augusto [R] 57, **74**
Auskunft 178
Aventin-Hügel 48, 146, 147, 150, 152

Baffetto [R] 105
Barock 168
Bernini, Gian Lorenzo 11, 13, 73, 86, 98, 102, 104, 105, 114, 117, 132, 140, **168**, 173, 179
Best Bed and Breakfast [H] 24
Bildung 165
Bio Bio Bar [R] 32
Bio Markt 32
Bioparco 97
Bocca della Verità 66
Borgo Pio 112

Borromini, Francesco 24, 56, 98, 134, **169**, 173, 179
Boulangerie MP **18**, 108
Boxengassen 152
Buchtipps 179

Campidoglio 60
Campo de' Fiori 99, **100**
Campo de' Fiori [H] 24
Campo Santo Teutonico 112
Cappella di S. Caterina 65
Cappella Sistina [MERIAN TopTen] 11, **120**, 138
Caput Mundi [MERIAN Momente] 12, **60**, 61
Caracalla-Thermen 17, 43, 45, **150**
Caravaggio **168**
Casa di Augusto 64
Casa de Chirico 131
Casa del Cinema 93
Casa di Goethe 131
Casa del Jazz 44
Casa di Livia 64
Casale di Martignano [H] 32
Case Romane 150
Case Romane (Kultur) 52
Caserma dei Vigili [Ostia Antica] 156
Castel Sant'Angelo [MERIAN Momente] 15, 110, **113**

Catello d'Auria 36
Catacombe di Priscilla 125
Catacombe di San Callisto 126
Catacombe di San Sebastiano 126
Celio-Hügel 146, 148, 149
Cenci 36
Centrale Montemartini 131
Chiesa dei Cappuccini 94
Chiostro del Bramante [MERIAN Momente] **14**, 104
Cimitero Acattolico 72
Circo Massimo/Zirkus Maximus 152
City Cards 179
Colonna di Marco Aurelio 100
Colosseo/Kolosseum [MERIAN TopTen] 7, 10, 17, 47, 57, 58, 60, **61**, 62, 64
Comitium 63
Coppedè-Viertel 94
Crypta Balbi 143
C.U.C.I.N.A. 36
Cul de Sac [R] 105

Da Cesare [R] 27
Da Gino [R] 105
Da Gino e Antonio [R] 106
Da Teo [R] 28
Dal Bolognese [R] 80

Dio Padre Misericordioso 126
Diplomatische Vertretungen 180
Dolce Vita auf der Piazza 13, 74
Domus Augustana 64
Domus Aurea 86
Domus Flavia 64
Donna Camilla Savelli [H] 24

Eataly [R] 51
Ecovia **19,** 67
Einkaufen 34
Einwohner 164
Engelsburg ▸ Castel Sant'Angelo
Esquilin 84, **85**
Essen und Trinken 26
Estate Romana 43
Etrusker 166, 171
Explora Kindermuseum 132

Fahrrad/Fahrradverleih 19, 31–33, 150, **184**
Feiertage 46–49, 180
Felice [R] 28
Fendi 19, **82,** 83
Ferragamo 76, 83
Festa della Primavera 48
Feste feiern 46
Festival di Musica e Arte Sacra 43
Filettaro [R] 106
Flohmarkt Porta Portese 35, 75
Fontana delle Tartarughe 100
Fontana di Trevi [MERIAN TopTen] 10, 77, **78**

Foro di Cesare 63
Foro Romano [MERIAN TopTen] 7, 8, 10, 12, 51, 57, 59, 60, 61, **62,** 140, 150, 171
Foro di Traiano 57, 62
Fortunato al Pantheon [R] 106
Forum Romanum ▸ Foro Romano
FrankLo **18,** 83

Galleria Alberto Sordi 83
Galleria Borghese 132
Galleria Doria Pamphilj 132
Galleria Nazionale d'Arte Antica – Palazzo Barberini 134
Galleria Nazionale d'Arte Moderna 134
Galleria Spada 134
Geld 76, 104, 108, 172, 180
Geschichte 170
Ghetto/Sinagoga 99, 100
Gianicolo [MERIAN TopTen] [MERIAN Momente] 10, 13, 57, 69, **72,** 153
Giardini Vaticani 114
Ginger [R] **18,** 81
Girarrosto Fiorentino [R] 97
Goethe, August von 72
Goethe, Johann Wolfgang von 7, 40, 76, 81, 96, 123, 131, 144
Grappolo d'Oro [R] 106
Grüner reisen 30

Il Genovino d'Oro 52
Isa Design Hotel [H] 24
Isola Tiberina 72

Jüdisches Museum 101

Kami Spa 52
Karneval 47
Klassizismus 169
Kleidung 19, 75, 83, 97, 180
Kolosseum ▸ Colosseo
Konklave-Saal 160, 161
Kultur 165
Kultur und Unterhaltung 42
Kurie 63

La Betulla 52
La Bottega di Cesare [R] 28
Lapis Niger 63
La Rosetta [R] 28
L'Asino d'Oro [R] 89
Lateranbasilika 147
Lateranpalast 147
Le Erbe del Boschetto 52
Le Talpe 36
Le Tele di Carlotta 35
L'Eccellenza [R] 118
Links und Apps 181

MACRO 69, 135
MACRO Future **17,** 135
Marc Aurel 60
Marino, Ignazio 8, 47, 57, 175
Marta Ray **18,** 75
Materie 36
Maxentius-Basilika 62
MAXXI 56, **136,** 169
Medizinische Versorgung 181
Melandri, Giovanna 56, 57
MERIAN TopTen 10

Orts- und Sachregister | 189

MERIAN Momente 12
Michelangelo 11, 13, 84, 88, 102,104, 120, 122, 123, 138, 144, 153, **167**
Miki Thumb Boutique 36
Moderne 169
Monti 84
Mura Serviane 86
Musei Capitolini 66, 136
Musei Vaticani [MERIAN Momente] 15, **138**
Museo Archeologico Nazionale 142
Museo della Civiltà Romana 138
Museo Corsini 139
Museo Etrusco di Villa Giulia 140
Museo di Roma 105, 140
Museo Storico della Liberazione 140
Museo delle Terme 143
Mussolini 174

Natale di Roma 48
Nebenkosten 181
Nekropole [Ostia Antica] 156
Neptun-Thermen [Ostia Antica] 156
Neu entdeckt 16
Notruf 182
Notte Bianca 48
Nuovo Sacher 44

Obelisk des Marconi 126
Obikà [R] 97
Officina Biologica [R] **18**, 118
Oliver Glowig [R] 28
Open Colonna [R] 29
Osteria dell'Angelo [R] 118

Osteria di Fortunato [Ostia Antica] 156
Ostia Antica 156
Ostia Lido 157
Outlet 36, 91, 108

Palatin [MERIAN Momente] 10, 12, 58, 59, 60, **64**, 152, 170
Palatin-Museum 64
Palazzo Altemps 144
Palazzo Barberini 134
Palazzo della Cancelleria 101
Palazzo della Civiltà del Lavoro 127
Palazzo Farnese 102
Palazzo Madama 102
Palazzo Massimo 145
Palazzo di Montecitorio 102
Palazzo del Quirinale 86
Palazzo Valentini **17,** 86
Pantheon [MERIAN TopTen] 7, 11, 48, 98, **102**, 168
Parco Savello 153
Perilli [R] 74
Petersdom ▸ San Pietro in Vaticano
Petersplatz ▸ Piazza San Pietro
Piazza Cavalieri di Malta 153
Piazza Farnese [MERIAN Momente] 14, **102**
Piazza Italia **19**, 83
Piazza Navona [MERIAN TopTen] 11, 35, 47, 57, 98, 99, **104**
Piazza del Popolo 78
Piazza San Pietro 47, 112, **114**

Piazza Santa Maria in Trastevere [MERIAN Momente] 8, 13, 68, 74
Piazza dei Santi Giovanni e Paolo 150
Piazza di Spagna ▸ Scalinata della Trinità dei Monti 80
Piazza Venezia 56, **80**
Piazzale delle Corporazioni [Ostia Antica] 156
Pietà 116
Piramide di Caio Cestio 72
Politik 165
Ponte Milvio 127
Ponte S. Angelo 115
Porta Romana [Ostia Antica] 156
Post 182
Prati 23, 110, 111, **116**

Quirinalspalast ▸ Palazzo del Quirinale

Raffael (Santi, Rafaello) 13, 14, 78, 103, **123,** 132, 133, 134, 138, **167**
Re(f)use **19,** 83
Reisedokumente 182
Reiseknigge 182
Reisezeit 182
Renaissance 167
Ripa Hotel [H] 24
Riserva Litorale Romano 33
RistorArte il Margutta [R] 81
Rom Marathon 48
Roma-Europa-Festival 43
Romulus und Remus 170
Rudern im Park 14, 96
Ruhepause im Chiostro del Bramante 14

San Clemente 64
San Francesco d'Assisi a Ripa 73
San Giovanni in Laterano 147
San Luigi dei Francesi 104
San Paolo fuori le Mura 128
San Pietro in Montorio 72
San Pietro in Vaticano [MERIAN TopTen] 11, 114, **116**
San Pietro in Vincoli 87
Sancta Sanctorum 147
Sant' Ignazio 104
Santa Cecilia 73
Santa Francesca Romana 47
Santa Maria degli Angeli 88
Santa Maria in Cosmedin 65
Santa Maria Maggiore 85, 88
Santa Maria sopra Minerva 104
Santa Maria in Trastevere 73
Santa Prassede 88
Santa Pudenziana 89
Santa Sabina 152
Santo Stefano Rotondo 148
Scala Quattordici 37
Scala Santa 147
Scalinata delle Trinità dei Monti [MERIAN TopTen] 10, 34, 48, 76, **80**
Scuderie Papali del Quirinale 141
Segway 33
Sentiero Verde 33
Serenella [R] 97
Sicherheit 183

Sisini [R] 75
Sixtinische Kapelle ▶ Cappella Sistina
Slow Food 31, 51
Spanische Treppe ▶ Scalinata delle Trinità dei Monti
St. Teodoro [R] 66
Stadio Olimpico 128
Stadtführung 183
Stanzen des Raffael 123
Strom 183
Studio Cassio 53
Synagoge 100

Talarico 37
Taxi 186
Teatro Argentina 45
Teatro India 45
Teatro di Marcello 66
Teatro dell'Opera 45
Telefon 183
Testaccio 68
That's Italia 108
Time Elevator 80
Titus-Bogen 64
Tivoli 158
Tomba di Cecilia Metella 128
Torre Colonna Guest House [H] 51
Totti, Francesco 8, 125, 129
Tourismus 165
Trajansforum ▶ Foro di Traiano
Trajanssäule 62
Trastevere 13, 23, 46, 56, **68**
Trattoria Luzzi [R] 66
Trevi-Brunnen ▶ Fontana di Trevi

Übernachten 22
Urbana [R] 89

Vatikan 9, 11, 15, 31, 69, 102, **110,** 120, 138, 165, 173, 174, 175, 179, 182
Verkehr 183
Vestalinnen [Tempel und Haus der] 62
Via Appia 31, 57, 124, **129,** 179, 183, 184
Via Condotti [MERIAN TopTen] 10, **76**
Via Giulia 14, 35, 99, **105**
Via Veneto 96
Villa Adriana [Tivoli] 158
Villa Borghese [MERIAN Momente] 14, 30, 33, 67, 92, **96,** 132
Villa Celimontana 149
Villa Doria Pamphilj 74
Villa d'Este 158
Villa Farnesina (Farnesische Gärten) 64, 69, 74, **141,** 145
Villa Giulia 140
Villa Gregoriana 159
Villa Laetitia Residence [H] 25
Villa Linneo [H] 32
Viterbo 160
Vittoriano 56, 80, **141**
Vivi Bistrot [R] 32
Volpetti Piu 35

Wein 27
Weinprobe 51
Wirtschaft 165

Zeitgeist 169
Zeitungen 13, 30, 74, 186
Zoll 186

Impressum | 191

Liebe Leserinnen und Leser,

vielen Dank, dass Sie sich für einen Titel aus unserer Reihe MERIAN *Momente* entschieden haben. Wir wünschen Ihnen eine gute Reise. Wenn Sie uns nun von Ihren Lieblingstipps, besonderen Momenten und Entdeckungen berichten möchten, freuen wir uns. Oder haben Sie Wünsche, Anregungen und Korrekturen? Zögern Sie nicht, uns zu schreiben!

Alle Angaben in diesem Reiseführer sind gewissenhaft geprüft. Preise, Öffnungszeiten usw. können sich aber schnell ändern. Für eventuelle Fehler übernimmt der Verlag keine Haftung.

© 2014 TRAVEL HOUSE MEDIA
GmbH, München
MERIAN ist eine eingetragene Marke der
GANSKE VERLAGSGRUPPE.

TRAVEL HOUSE MEDIA
Postfach 86 03 66
81630 München
merian-momente@travel-house-media.de
www.merian.de

Alle Rechte vorbehalten. Nachdruck, auch auszugsweise, sowie die Verbreitung durch Film, Funk, Fernsehen und Internet, durch fotomechanische Wiedergabe, Tonträger und Datenverarbeitungssysteme jeglicher Art nur mit schriftlicher Genehmigung des Verlages.

BEI INTERESSE AN MASSGESCHNEIDERTEN MERIAN-PRODUKTEN:
Tel. 0 89/4 50 00 99 12
veronica.reisenegger@travel-house-media.de

BEI INTERESSE AN ANZEIGEN:
KV Kommunalverlag GmbH & Co KG
Tel. 0 89/9 28 09 60
info@kommunal-verlag.de

1. Auflage

VERLAGSLEITUNG
Dr. Malva Kemnitz
REDAKTION
Richard Schmising
LEKTORAT
Marion Trutter
BILDREDAKTION
Nafsika Mylona
SCHLUSSREDAKTION
Edda Benedikt
HERSTELLUNG
Bettina Häfele, Katrin Uplegger
SATZ
Nadine Thiel, kreativsatz, Baldham
REIHENGESTALTUNG
Independent Medien Design, Horst Moser, München (Innenteil), La Voilà, Marion Blomeyer & Alexandra Rusitschka, München und Leipzig (Coverkonzept)
KARTEN
Gecko-Publishing GmbH für MERIAN-Kartographie
DRUCK UND BINDUNG
Firmengruppe APPL, aprinta Druck, Wemding

Ein Unternehmen der
GANSKE VERLAGSGRUPPE

PEFC/04-32-0928

BILDNACHWEIS
Titelbild: Konstantinstatue (mauritius images: Alamy)
Agefotostock: R. Sala 34 | akg-images 172l, akg-images/A. Held 127 | T. Anzenberger 67 | Bildagentur Huber: G. Baviera 157, P. Canali 81, M. Carassale 26, G. Croppi 6, C. Dutton 164, D. Fiore 13r, Kremer 117, Rellini 63, A. Saffo 54/55, A. Serrano 73, R. Spila 45, L. Vaccarella 58, 68, 110 | Corbis 49, 142 | dpa Picture-Alliance: DUMONT Bildarchiv 109, Prismaarchivo 172r, S. Spaziani 175r, E. Vandeville 120, 162/163 | F1online 93 | Getty Images 37, 103 | Ginger 16 | GlowImages 17, 38, 166, 171 | imago: Becker&Bredel 175l, insidefoto 129, A. Sesa 46 | Interfoto 170r | U. Koltermann 14r | Laif: A3/ A. Scattolon 91, Celentano 15, M. Galli 33, 135 M. Gonzales 14l, 29, hemis.fr/P.Hauser 2, F. Heuer 4/5, 12, 20/21, 56, 76, 141, G. Kloetzer 192 u, H. Madej, L Pesce 19, S. dal Pozzolo 42, F. Zizola 53, S. Zuder 119 | Look-foto 98, 124 | mauritius images: AGE 84, Alamy 13l, 65, 107, 149, 153, 192, imagebroker 146, R. Mirau 115, 133 | B. Mazerand 22 | Privat 57l, 57r | Ripa Hotel 25 | Schapowalow: Atlantide 137, Sime/S. Raccanello 151 | Shutterstock: Avdeenko 52 Z. Colantoni 50, C. Colombo 161 G. Fantini 154/155, luckyracoon 51, M. Montero 170l, O. Morozova 130 | vario images: TipsImages 139

ROM GESTERN & HEUTE

Tummelplatz seit Jahrhunderten: **Die Fontana di Trevi** (▶ S. 78), ein spätbarockes Kunstwerk in Carrara-Marmor und Travertin, ist einer der berühmtesten Brunnen der Welt. Wo schon im 18. Jh. die Römer und ihre Gäste flanierten, wo die Schauspielerin Anita Ekberg 1960 ihr berühmtes Bad nahm, tummeln sich heute vor allem Touristen. Es soll Glück bringen, Münzen mit der linken Hand über die rechte Schulter in den Brunnen zu werfen – für eine sichere Wiederkehr nach Rom.